I0752071

LE GÉOGRAPHE
PARISIEN,
OU
LE CONDUCTEUR
CHRONOLOGIQUE
ET HISTORIQUE
DES RUES DE PARIS.
TOME SECOND.

LE GÉOGRAPHE PARISIEN, OU LE CONDUCTEUR CHRONOLOGIQUE ET HISTORIQUE DES RUES DE PARIS;

Orné des sept Plans d'Accroissemens, de vingt Plans détachés, mis en tête de chaque Quartier & du Plan Général enluminé :

CONTENANT

L'Abrégé de la France, l'Origine de Lutéce, la situation de Paris, ses divers Accroissemens, l'Etymologie des Rues, leurs Tenants & Aboutissans; leurs longueurs & largeurs, les Anecdoctes, Epoques, Traits Historiques; les Paroisses, Couvents, Communautés, Colléges, Ecoles Publiques & Hôpitaux, leurs Fondations; les Monumens les plus remarquables; la Police, la sûreté de la Ville & de ses Habians; les Manufactures, Jurisdictions, Effets Curieux, les Etiquettes des Deuils, les Bibliothéques, Promenades, Spectacles, &c.

Considéré relativement à l'utilité publique & à l'agréable.

DÉDIÉ A MONSIEUR DE SARTINE.

TOME SECOND.

A PARIS,

Chez
VALLEYRE, l'aîné, rue de la vieille Bouclerie.
Veuve DUCHESNE, rue S. Jacques.
LAURENT PRAULT, Quai des Augustins.
DESAINT, rue du Foin S. Jacques.
DELALAIN, rue S. Jacques.

M. DCC. LXIX.

Avec Approbation & Privilége du Roi.

XII QUARTIER Nord S. DENIS Page

1. N.D. de bonne Nouvelle
2. Porte S. Denis
3. R. S. Claude
4. R. S. Philipe
5. R. bonne N.^le
6. R. Ste Barbe
7. R. S. Etienne
8. R. Recouvrance
9. Comedie Italienne
10. R. Françoise

11. C. S. Portes aux Peintres
12. la Trinité
13. Cour du Roi Fr.

LE GÉOGRAPHE PARISIEN,

OU

LE CONDUCTEUR

CHRONOLOGIQUE

ET HISTORIQUE

DES RUES DE PARIS.

XIIIe QUARTIER,

SAINT DENIS.

E Quartier est borné, à l'Orient, par la rue Saint Martin & celle du Fauxbourg exclusivement. Au Septentrion, par les Fauxbourgs Saint Denis & Saint Lazare inclusivement. A l'Occident, par les rues Sainte Anne, Poissonniere & Mauconseil, inclusivement.

Les nombreuses fabriques de galons d'or & d'argent, de rubans, dentelles, taffetas, gazes, de boutons de toutes espèces, de blondes, de broderies, &c. occupent un nombre d'ouvriers industrieux pour le luxe & les modes. Il y a aussi quelques Manufactures de Couvertures d'Angleterre; c'est aussi dans le commencement de ce Fauxbourg que se font les beaux vernis de Martin pour les Equipages.

Noms des Rues.	*Tenans & aboutissans.*
Rue du Grand Hurleur, 115. . . . . . c.	*Rue S. Martin.* *Rue Bourg-l'Abbé.*

Ce nom lui vient de ce qu'il y était permis aux femmes publiques d'y demeurer, & qu'on huait les hommes qui y entrait, & l'on disait aux enfans *hue-le*, crie après lui.

Rue Bourg-l'Abbé, 200. . . . . . cc.	*Rue aux Ours.* *Rue Grenetat.*
Rue Guerrin-Boisseau, 215. . . . . . c.	*Rue S. Denis.* *Rue S. Martin.*
Rue Grenetat ou Darnetal, 280. . . . . . cc.	*Rue S. Denis.* *Rue S. Martin.*

En 1202 il y avait dans le milieu de cette rue une Fontaine appellée *de la Reine*, ainsi nommée de la Croix de la rue S. Martin. François Miron la fit réparer en 1671. On l'ôta de la place où elle était, pour la placer contre un édifice d'une construction élégante, élevé l'an 1733. On l'appelle *la Fontaine de la rue Grenetat* : elle donne de l'eau du Pré S. Gervais.

L'Hôpital de la Trinité a été fondé en 1547, pour élever cent dix Garçons & trente-six Filles jusqu'à l'âge d'apprendre des métiers; tous orphelins de peres & de meres de Paris : en y entrant, les Garçons donnent 400 liv. & les Filles 50 liv. qu'on leur rend en sortant. Cet endroit est privilégié. L'enclos a 110 pas, sur 150.

Noms des Rues.	*Tenans & aboutissans.*
Rue Mauconseil, 260 . . . . . . cc.	*Rue S. Denis.* *Rue Comtesse d'Artois.*

Les Confreres de la Passion représentaient sur des échafauds dressés dans les rues, les mystères de la Passion depuis 1313, jusqu'en 1370, qu'ils vinrent dresser un Theâtre dans la grande salle de la Trinité. L'Hôtel de la Comédie Italienne est en partie bâti sur ce terrein & celui de l'Hôtel de Bourgogne, qui s'étendait jusques dans la rue S. Denis: le Duc de Bourgogne, à qui il appartenait, étant sans cesse agité par la crainte que l'on attentât à sa vie, fit bâtir à cet Hôtel une tour, dans laquelle il y avait une chambre sans fenêtre, & dont l'entrée était très-basse; il la fermait le soir & l'ouvrait le matin avec toutes les précautions que la terreur peut inspirer. En 1697, M. le Lieutenant de Police, par ordre du Roi, fit défendre à ces Comédiens de donner aucunes représentations; il fit mettre le scellé sur les portes du Théâtre & des Loges; la Troupe se dispersa, & n'a reparue dans cette ville qu'après la mort de Louis XIV, sous le regne de Philippe d'Orléans, qui les rétablit en 1716; & depuis ce tems, ils ont toujours joué.

L'Opera Comique est actuellement réuni à cette Troupe depuis 1762. De cette époque, le Public néglige volontiers les autres Spectacles, pour aller entendre les jolies Arriettes que cette Troupe s'efforce de donner.

Le prix des places est le même que celui de la Comédie Française, avec la différence que l'on ne tierce pas le mardi & le vendredi, qui sont des jours de Spectacles pour les Piéces Italiennes. En qualité de Comédiens Italiens ordinaires du Roi, ils vont jouer à la Cour.

Noms des Rues.	*Tenans & aboutissans.*
Rue aux Ours, 130. . . . . . . c c c.	*Rue S. Denis.* *Rue S. Martin.*

La rue aux Ours s'appellait anciennement rue aux Oues, parce qu'elle n'était habitée que par des Rôtisseurs qui ne vendaient que des Oies. Après la fameuse découverte des Indes Occidentales, les premiers Dindons furent apportés en France, & vendus dans cette rue : l'on ajoûte qu'aux noces de Charles IX, on servit le premier Dindon, qui fut regardé comme extraordinaire.

Le 3 Juillet 1419, un Soldat des troupes du Duc de Bourgogne étant à boire dans cette rue, perdit son argent au jeu; transporté de colère, s'emporta & donna plusieurs coups de couteau à une image de la Vierge qui était au coin de cette rue : on dit qu'il en sortit plusieurs gouttes de sang. Le malheureux fut sur le champ arrêté, & puni au même endroit. L'image fut transportée à S. Martin des Champs, où elle porte le nom de N. D. de la Carole. Il s'y fait tous les ans un cours de dévotion. Le 3 Juillet, le soir, on brûle un homme de paille devant une autre image de Vierge placée au même endroit où celle de la Carole était auparavant.

Il y a une Boete aux Lettres pour la Province.

Noms des Rues.	*Tenans & aboutissans.*
Rue du petit Hurleur, 80. . . . . . . d.*	*Rue S. Denis.* *Rue Bourg-l'Abbé.*
Rue de la Porte aux Peintres, 80. . . . . **	*Rue S. Denis.* *Rue Bourg-l'Abbé.*

Cette rue a conservé le nom de *la Porte aux Peintres*, qui était située vis-à-vis la rue du Petit Lion, à cause que les Peintres s'assemblaient dans une maison voisine, pour travailler & se perfectionner dans leur art par l'émulation. Froissard, Historien, dit qu'*à l'Entrée d'Isabeau de Baviere, il y avait à la Porte aux Peintres un Ciel nué & étoilé très-richement, & Dieu par figure séant en sa Majesté, le Pere, le Fils & le S. Esprit, & dans ce Ciel, petits enfans de chœur chantaient moulte doucement en forme d'anges; & lorsque la Reine passa dans sa litiere découverte sous la porte de ce paradis, deux Anges descendirent d'en-haut tenant en leurs mains une très-riche couronne d'or, garnie de pierres précieuses, & la mirent moulte doucement sur le chef de la Reine en chantant des vers à son honneur & gloire.*

Ce qu'il y eut de plus ſurprenant, fut le vol extraordinaire d'un homme qui, du haut des tours de Notre-Dame, deſcendit ſur une corde, paſſa entre les rideaux dont on avait couvert le pont, poſa une couronne ſur la tête de la Reine, & s'enleva enſuite en l'air : pour rendre ſa hardieſſe plus remarquable, il avait pris un gros flambeau de chaque main; & comme il faiſait déja très-ſombre, il fut remarqué de tout Paris.

Noms des Rues.	*Tenans & aboutiſſans.*
Rue du Petit Lion, 80. . . . . cc.	*Rue Pavée.* *Rue S. Denis.*
Rue Françaiſe, 60. . . . . ccc.	*Rue Mauconſeil.* *Rue Pavée.*
Rue Pavée, 95. . . . . cc.	*Rue Montorgueil.* *Rue du Petit Lion.*
Rue Tireboudin, 90. . . . . cc.	*Rues des Deux Portes.* *Rue Montorgueil.*

Cette rue s'appellait autrefois *la Rue Tire V...* Elle était affectée aux femmes publiques, & était une des mieux aſſortie en ce genre. Marie Stuart, femme de François II, paſſant un jour dans cette rue, en demanda le nom; & comme il n'était pas honnête à prononcer, le Page, à qui elle s'adressa, changea ce nom impropre en celui de *Tire-Boudin*. Depuis ce tems elle a été appellée de même.

Noms des Rues.	*Tenans & aboutissans.*
Rue Baurepaire, 120. . . . . . . c c.	*Rue des Deux Portes.* *Rue Montorgueil.*
Rue Saint Sauveur, 250. . . . . . . c c.	*Rue des Petits Carreaux.* *Rue S. Denis.*
Rue du Renard, 100. . . . . . . d*.	*Rue Beaurepaire.* *Rue S. Denis.*
Rue des Deux Portes, 220. . . . . . . c c.	*Rue S. Martin.* *Rue S. Denis.*
Rue Thévenot, 250. . . . . . . c c.	*Rue S. Denis.* *Rue des Petits Carreaux.*
Cul-de-sac de l'Etoile.	*Rue Thévenot.*
Rue de Bourbon, 340. . . . . . . c c c.	*Rue Neuve S. Eustache.* *Porte S. Denis.*
Rue Neuve S. Sauveur, 250. . . . . . . c.	*Rue des Petits Carreaux.* *Rue de Bourbon.*

La Boucherie de la Ville-Neuve a été établie l'an 1621; il y a aussi un Marché.

Noms des Rues.	Tenans & aboutissans.
Rue Sainte Foy, 50. . . . . . . c.	*Rue S. Denis.* *Rue des Filles-Dieu.*
Rue Saint Spire, 90. . . . . . . c.	*Rue des Filles-Dieu.* *Rue Sainte Foy.*
Cul-de-sac Grosse Tête.	*Rue Saint Spire.*
Rue S. Claude, 90. . . . . . . c.	*Rue Sainte Foy.* *Rue de Cléry.*
Rue S. Philippe, 30. . . . . . . ccc.	*Rue de Bourbon.* *Rue de Clery.*
Rue de Cléry, 700. . . . . . ccc.	*Rue Montmartre.* *Porte S. Denis.*
Rue Beauregard, 320. . . . . . . cc.	*Rue de Cléry.* *Rue Poissonniere.*
Rue de la Lune, 300. . . . . . . cc.	*Rue Poissonniere.* *Aux Boulevards.*
Rue de Bonne-Nouvelle, 90. . . . . . . cc.	*Rue Beauregard.* *Aux Boulevards.*

Notre-Dame de Bonne-Nouvelle était autrefois l'aide de S. Laurent. Elle a été érigée en paroisse l'an 1673. Cette Cure est à la nomination du Prieuré de S. Martin. Il y a un Curé & huit Prêtres habitués.

Noms des Rues.	*Tenans & aboutissans.*
Rue Sainte Barbe, 100 . . . . . c c.	*Rue Beauregard.* *Aux Boulevards.*
Rue Neuve S. Etienne, 110. . . . . . . c c.	*Rue Beauregard.* *Aux Boulevards.*
Rue Notre-Dame de Recouvrance, 130. . . . . . . c c.	*Rue Beauregard.* *Aux Boulevards.*
Cour des Miracles.	*Rue Neuve S. Sauveur.*

Dans tous les tems il y a eu des pauvres qui ont affecté d'être estropiés & infirmes, pour attirer la compassion du Public. Avant que l'Hôpital Général fût fondé, il s'en réfugiait la plus grande partie dans cette Cour; ce qui l'a fait appeller ainsi par ironie, *Cour des Miracles*, pour se moquer de ces gueux imposteurs qui se contrefaisaient pour avoir des aumônes.

Charlemagne fut le premier qui rendit une Ordonnance qui obligeait chacun à nourrir les pauvres de son territoire, à ne point souffrir que les mendians courussent le pays. Louis XIV & Louis XV ont rendu de pareilles Ordonnances.

Par Arrèt du Conſeil du 21 octobre 1767 il a été ordonné d'établir dans toutes les Généralités des maiſons deforce pour y renfermer les Vagabons & Gens ſans aveu, aux frais du Roi.

Le pieux Roi *Robert* avait toujours des pauvres à ſa ſuite; il en nourriſſait tous lés jours ſix à ſept cens, & il les habillait. C'eſt cependant le premier de nos Rois qui ait été excommunié par un Pape, & le premier qui ait été canoniſé par un autre.

Qu'on parcoure nos Annales Françaiſes, on ne verra, dans toutes les Provinces du Royaume, ſur-tout depuis *Charlemagne* juſqu'à nos jours, que des monumens élevés pour la ſubſiſtance & l'entretien des pauvres.

Noms des Rues.	*Tenans & aboutiſſans.*
Rue des Filles-Dieu, 80....... c.	*Rue S. Denis.* *Rue de Bourbon.*
Rué S. Denis, 1550.......ccc.	*De la Porte S. Denis.* *Au Grand Châtelet.*

Attenant la Porte Saint Denis, du côté du Fauxbourg, il y a un Depôt de Pompes pour les incendies.

La Porte S. Denis a été élevée ſur les deſſins de *Blondel*, Maître de Mathématiques de feu Monſeigneur le Dauphin : elle repréſente d'un côté le paſſage du Rhin, & de l'autre du côté du Faux-bourg, la priſe de Maſtricht. Elle fut exécutée en 1672 ; ſa hauteur eſt de 72 pieds ſur autant de large : le deſſus eſt découvert, comme les anciens Arcs de triomphes. Sa principale ouverture, ornée de trophées d'armes, *par Michel Auguier*, a 24 pieds ; c'eſt un morceau digne d'être admiré.

Les Filles de l'Union Chrétienne, dites de Saint Chaumont, furent fondées par Anne de Caze, qui les établit à Charonne dans une de ſes maiſons ; & en l'année 1683, la Communauté acheta l'Hôtel de S. Chaumont qu'elles occupent actuellement. Elles ſont dix-huit Religieuſes : leur enclos a 110 pas, ſur 105.

Les Filles-Dieu, Ordre de Frontevrault, furent fondées par Guillaume d'Auvergne, Evêque de Paris, l'an 1226 ; mais en 1495, elles s'établirent où elles ſont aujourd'hui : elles ſont vingt-cinq Religieuſes. Du tems que l'on exécutait les Criminels à Montfaucon, les patiens entraient dans la cour du Couvent pour recevoir l'eau bénite, boire un coup de vin, manger trois morceaux de pain, & baiſer un Crucifix de bois, dreſſé contre le chevet de l'Egliſe du Monaſtère : on appellait cela *le dernier morceau du Patient.* L'enclos a 200 pas, sur 40.

La Fontaine des Filles-Dieu, établie en 1265, fut détruite, & ensuite rétablie en 1605.

L'Eglise S. Sauveur est connue depuis l'an 1216; on l'appellait alors la Chapelle de la Tour parce qu'elle était située auprès d'une des Tours de la nouvelle enceinte, & elle servait de succursale à Saint Germain l'Auxerrois : Saint Louis la fit bâtir. Ce Roi faisait ses stations à cette Chapelle toutes les fois qu'il allait à pied à Saint Denis; elle fut bâtie dans le goût qu'elle est, sous le regne de François I, & érigée en paroisse l'an 1560. La Chapelle de la Vierge & la Sacristie, ont été réparées par *Noël & Nicolas Coypel*, qui ont réuni leurs talens à ceux de *le Moine & Blondel.* On estime l'art avec lequel la voûte de cette Chapelle est peinte, qui la fait paroître un véritable Dôme quoiqu'elle n'ait que quelques pouces de bombemens. La peinture du plafond, est composée de 18 figures. La Cure est à la nomination de l'Archevêque de Paris, depuis la réunion du Chapitre de S. Germain à celui de Notre-Dame. Il y a un Curé, trois Vicaires & vingt-cinq Prêtres habitués. Il n'y a guères plus de deux cens ans qu'*Alexandrt Nacart* était Curé de S. Sauveur & Procureur de la Cour, exerçant si bien cette derniere fonction, qu'il plaida contre le Chapitre de

S. Germain-l'Auxerrois, qui lui disputait ses droits, à cause de son peu de résidence dans sa Cure : l'Official accommoda tout, & il mourut Procureur au Parlement & Curé de S. Sauveur ; très-bon Procureur, mais l'on ne dit point s'il fut aussi bon Curé.

Gauthier-Garguille contemporain de *Turlupin* & de *Gros-Guillaume*, tous les trois prédécesseurs de *Guillot-Gorju*, tous célébres farceurs de l'Hôtel de Bourgogne, ont été tous les quatre enterrés dans cette Paroisse.

Noms des Rues.	*Tenans & aboutissans.*
Cul-de-sac de l'Empereur.	*Rue S. Denis.*
Cul-de-sac de Bafou.	*Rue S. Denis.*
Rue neuve d'Orléans, 150. . . . . . . cc.	*Porte S. Denis.* *Porte S. Martin.*
Rue des Egoûts & du Ponceau, 320. . . . . . . ccc.	*Rue S. Denis.* *Rue S. Martin.*

Au coin de la Rue du Ponceau, à la seconde maison à droite dans la rue S. Denis, l'on voit au-dessus de la porte le Buste de François I, posé en cette place l'an 1514. Cette maison était l'Hôtel de ses ébâtemens : aujourd'hui c'est une maison & passage appellé *la Cour du Roi François*, où il loge differens ouvriers. La Fontaine a été réparée en 1605; elle donne de l'eau du Pré S. Gervais.

Noms des Rues.	*Tenans & aboutissans.*
Rue de la Longue Allée ou de la Houssaye, 150. . . . . **	*Rue S. Denis.* *Sur la voûte de l'Egoût.*
Rue Neuve S. Denis, 200. . . . . . c c.	*Rue S. Denis.* *Rue S. Martin.*

Il y a dans cette rue, à côté de celle de Saint Martin, un Corps-de-Garde pour les incendies.

Rue Sainte Apolline, 200. . . . . . c c.	*Rue S. Denis.* *Rue S. Martin.*
R. Haute Porte S. Denis, 20. . . . . . c c.	*Porte S. Denis.* *Rue de Cléry.*
Rue Basse Porte S. Denis, 200. . . . . . c c.	*Porte S. Denis.* *Rue Poissonniere.*
Cul-de-sac des Babillards.	*R. Basse Porte S. Denis.*
Cul-de-sac S. Laurent.	*R. Basse Porte S. Denis.*
Rue du Fauxbourg Saint Denis, 1000. . . . . c c c.	*Porte S. Denis.* *Fauxbourg S. Lazare.*

La Fontaine appellée *de S. Lazare*, donne de l'eau de l'Aquéduc du Pré S. Gervais; construite en 1265, vis-à-vis la maison de la Mission de S. Lazare.

Les sept monumens de pierre que l'on voit sur le chemin de Paris à Saint Denis, en forme de pyramides, (ce sont des Croix que l'on appelle *des Montjoies*) furent élevés par ordre de *Philippe le Hardi*, aux endroits où ce Prince fut obligé de s'arrêter pour se reposer, lorsqu'il portait les précieux ossemens de S. Louis à S. Denis, au mois d'Août 1271.

L'an 1632, S. Vincent de Paule introduisit les Prêtres de la Mission où ils sont. Il s'y fait des retraites toute l'année : le Général de l'Ordre y fait sa résidence. Son Apothicairerie est à voir, par des Squelettes injectés qu'on conserve, qu'on ne rencontre nulle part, avec autant d'abondance, de variété & de précision, que dans cette maison. Ils sont environ soixante-dix Religieux : leur Enclos a 700 pas, sur 650. On y renferme dans un bâtiment particulier, les libertins que les parens y mettent à la correction.

La Communauté des Sœurs Grises est l'une des plus belles & des plus utiles qui ait été établie. Elle fut instituée en 1632 par le Bienheureux Vincent de Paule, qui, pour cette bonne œuvre, se joignit

gnit avec Madame Louise de Marillac, Veuve de M. le Gras, natif de Montferrand en Auvergne, Secrétaire des Commandemens de Marie de Médicis. Ces Sœurs ont 286 établissemens dans différentes Provinces, dont il y a environ 120 Hôpitaux : toutes leurs Maisons ont relation à celle de Paris. Il y a de ces Sœurs presque dans toutes les Paroisses de Paris, pour le soulagement des Pauvres de Paroisses : elles y exercent la charité.

Noms des Rues.	*Tenans & aboutissans.*
Rue du Fauxbourg Saint Laurent, 600. . . . . . c c c c.	*A la Grille S. Martin.* *Chemin de la Villette.*
Foire S. Laurent.	*Fauxbourg S. Laurent.*

Cette Foire a 30 pas, sur 210 : les rues sont garnies d'arbres des deux côtés : elle a été anciennement très-fréquentée ; mais elle a beaucoup diminuée de ce qu'elle était : elle dure six semaines ; elle ouvre le 28 Juin. L'on projette d'en faire un Magasin à bled. L'on ne sçait s'il aura lieu.

Rue S. Laurent, 250. . . . . . . c c c.	*Rue Fauxbourg S. Denis.* *Rue Fauxbourg S. Martin.*

La Fontaine appellée *des Récolets*, donne de l'eau de l'Aquéduc du Pré S. Gervais, construit l'an 1265,

L'Hôpital du S. Nom de Jésus a été fondé par S. Vincent de Paule en 1634, pour de pauvres personnes âgées des deux sexes : il y a deux corps de logis séparés, l'un pour les hommes & l'autre pour les femmes. Les Filles de la Charité servent les pauves; il n'en coûte rien pour y entrer, l'on y est très-bien nourri. Il est déservi par les Prêtres de S. Lazare.

La Paroisse de S. Laurent était occupée anciennement par ces Religieux en 1570. On l'a bâtie à neuf en 1622, & elle fut érigée en Paroisse dans ce tems : il y a un Curé, deux Vicaires & vingt-cinq Prêtres habitués. Les Figures & le Maître-Autel sont remarquables : la Cure est à la nomination de S. Martin des Champs.

Noms des Rues.	*Tenans & aboutissans.*
Rue Neuve S. Laurent, 150. . . . . . . c c.	*Rue du Pont aux Biches.* *Rue du Temple.*
Rue du Fauxbourg Saint Lazare, 750. . . . . . c c c c.	*Depuis la Grille Saint Denis.* *A la Campagne.*
Rue de Paradis, 600. . . . . c c.	*Fauxbourg S. Denis.* *Barriere Sainte Anne.*

LE QUARTIER SAINT DENIS

RENFERME:

3 Paroisses.
66 Prêtres.
1 Congrégation.
70 Religieux.
2 Couvens de Femmes.
43 Religieuses.
1 Communauté de Sœurs Grises.
2 Hôpitaux.
La Comédie Italienne.
1 Dépôt de Pompes pour les incendies.
1 Bureau de la Boëte aux Lettres pour la Province.
45 Rues.
6 Culs-de-sacs.
2 Cours.
5 Fontaines.
1 Boucherie.
1 Porte.
1 Foire.
306 Lanternes éclairaient ce Quartier.

TABLEAU DES RUES
DU QUARTIER
SAINT DENIS.

XIVe. QUARTIER,

DES HALLES.

CE Quartier est borné, à l'Orient, par la rue S. Denis, inclusivement, depuis la rue de la Féronnerie, jusqu'au coin de la rue Mauconseil: au Septentrion, par la rue Mauconseil exclusivement: à l'Occident, par les rues Comtesse d'Artois & de la Tonnellerie inclusivement: & au Midi, par la rue de la Féronnerie & partie de celle S. Honoré.

Il n'a commencé à se bâtir que sous le regne de Louis le Jeune, en 1189; il s'appellait Champeaux.

Ce Quartier est peut-être le plus riche de Paris, & celui qui le paraît le moins. Le Commerce immense qui s'y fait, y attire tant de Marchands, que s'y trouvant les uns sur les autres, ils ne peuvent y étaler leurs richesses.

Noms des Rues.	*Tenans & aboutissans.*
Rue S. Denis, 1509 . . . . c c c.	*Poret Paris.* *Porte S. Denis.*

XIV QUARTIER DES HALLES

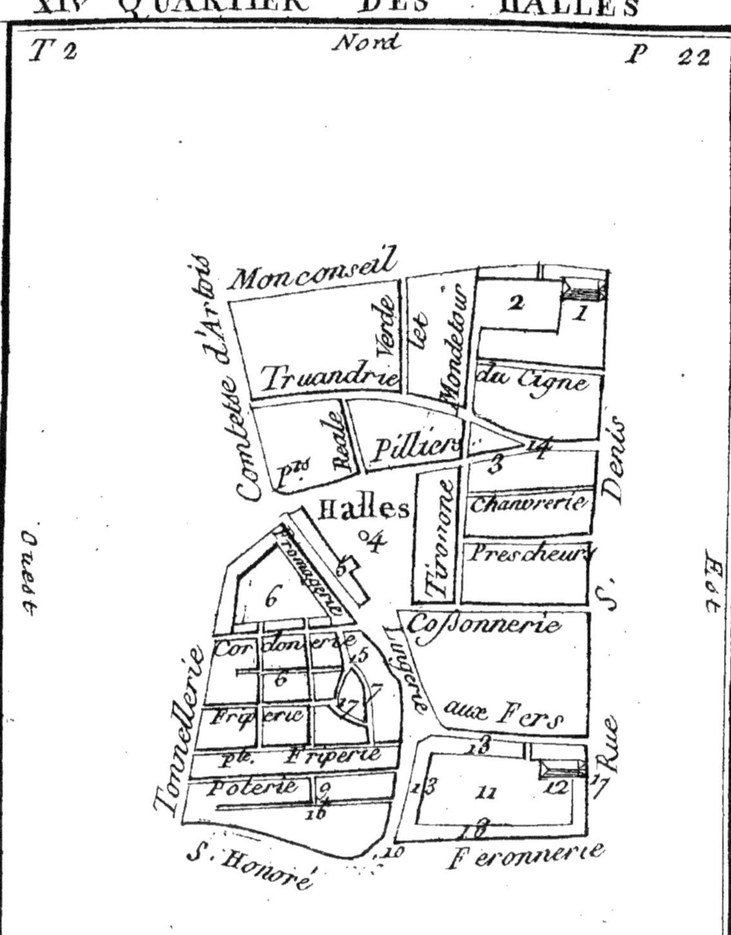

1 S Jacques de l'hopital
2 Cloitre S Jacques
3 R de la P.te truandrie
4 le Pilory
5 Halles aux Poissons
6 ancienne Halle au bled
7 Rue Jean de Beauce
8 Halle aux Draps
9 R au Lard
10 Place aux Chats
11 Cimetiere S. Innocens
12 SS Inocens
13 Charniers
14 Puit d'Amour
15 Carref. de Jean de Beauce
16 Halle aux Cuirs
17 Fontaine S. Innocens

L'Eglise des SS. Innocens a été bâtie dans le onziéme siécle ; & elle fut rebâtie & dédiée en 1445, par *Denis Dumoulin*, Evêque de Paris. L'Office y est célébré en Musique : cet établissement a été fait par Louis XI en 1474. Il y a un Curé, un Vicaire, un Diacre d'Office, quatre Chantres & un Maître de Musique. La Cure est à la nomination du Chapitre de Sainte Opportune. L'Eglise se croit en possession d'un corps de ces Innocens, qui est dans un crystal ; c'est un don de Louis XI.

La Fête des Innocens ou des Fous, était célébrée en ce jour, & continuait jusqu'à la veille de l'*Epiphanie*. Cette Cérémonie, aussi ridicule qu'impie, fut tolérée jusques sur la fin du regne de Philippe Auguste ; elle était attribuée aux Prêtres, Clercs & Enfans de Chœur. Ils s'assemblaient & élisaient un *Pape* ou un *Evêque* : ils le conduisaient en grande Pompe à l'Eglise, où ils entraient en dansant, masqués, revétus ou d'habits de femme ou d'animaux : des Bouffons chantaient des chansons infâmes, faisaient un buffet de l'Autel, sur lequel ils buvaient & mangeaint, pendant la célébration des Saints Mystères. Ils jouaient aux dez, brûlaient au lieu d'encens, le cuir de leurs vieilles sandales, couraient, sautaient dans le lieu saint avec toutes les postures indécentes, dont les *Bateleurs* sçavent amuser la Populace.

Les Charniers des Innocens est un Cimetiere où plusieurs Paroisses enterrent leurs morts, depuis plus de 1000 ans : il est entouré de bonnes murailles, & d'un Corridor voûté tout-au-tour, que le Roi Philipe Auguste fit bâtir en 1186.

L'on voit dans ce Cimétiere un Chef-d'œuvre de sculpture, fait par *Germain Pillon* ; c'est un squelette entier d'environ trois pieds de haut, qui de la main gauche tient un rouleau déployé, sur lequel est un discours en lettres gothiques ; les uns le disent d'albâtre, & les autres d'ivoire. Il est renfermé dans une armoire attachée à une Tour. (Le Fossoyeur le fait voir aux Curieux.)

En 1561 on voyait sous les Charniers cette Epitaphe gravée sur cuivre : *Cy git Jollande Bally, qui trépassa l'an 1514, la quatre-vingt-huitiéme année de son âge, & la 42 de son veuvage, laquelle a vû ou pû voir devant son trépas 295 enfans issus d'elle.*

Noms des Rues.	*Tenans & aboutissans.*
Rue aux Fers, 110....... c.	*Rue S. Denis.* *A la Halle aux Poirées.*

C'est où les Jardiniers Fleuristes apportent les différentes fleurs dont les *Bouquetieres* font les *bouquets* ; ou celles qui ſont *médicinales*, comme la fleur de pêcher, les violettes, le roſolium & autres.

Au coin de cette rue & celle de S. Denis, eſt la Fontaine des SS. Innocens, appellée la Fontaine des Nymphes, qui donne de l'eau de l'Aquéduc de S. Gervais. Cette Fontaine fut achevée en 1550, ſous François premier ; *Jean Goujon* fut l'Ordonnateur, tant de l'architecture que de la ſculpture, à laquelle il travailla même de ſa main. L'architecture eſt de *l'Eſcot de Glachy* ;

Ce célèbre morceau de Sculpture & d'Architecture, eſt regardé comme l'époque de la renaiſſance des Beaux Arts en France. Les connaiſſeurs trouvent que toutes les régles de l'Art y ſont obſervées avec la plus grande préciſion : ils admirent les différentes attitudes des cinq Nayades, la grace de leurs contours, leur air de tête, la légéreté des draperies ; l'accord qui eſt entre les figures : ils paraiſſent regretter que les yeux des Citoyens ſoient ſi peu frappés d'un ouvrage qu'on doit regarder comme incomparable, & ils voudraient qu'il fût moins négligé.

La Halle au Draps, conſtruite du tems de Henri II. Cette Halle eſt couverte ; elle eſt deſtinée à recevoir les Draps qui arrivent en cette Ville. C'eſt dans cet endroit que l'on a ſoin de viſiter les Draps, de les auner, de les marquer, & de percevoir les Droits auxquels ils sont assujettis.

Noms des Rues.	*Tenans & aboutissans.*
Rue de la Poterie, 72 . . . . . . c.	*Rue de la Lingerie.* *Rue de la Tonnellerie.*
Rue de la Grande Friperie, 70 . . . . . . c.	*Rue de la Tonnellerie.* *Aux Grands Piliers.*
R. de la petite Friperie, 70 . . . . . . c.	*Rue de la Tonnellerie.* *Marché aux Poirées.*
Rue des grands Piliers de la Tonnellerie.	*Rue S. Honoré.* *Rue de la Fromagerie.*

On conduit à cette Halle toutes les Toiles, mousselines, siamoises, &c. qui arrivent à Paris. Les Marchands *Forains* peuvent y vendre en gros, pendant six semaines, toutes sortes de Toiles, excepté celles d'Hollande & de Flandres.

La Boucherie de Beauvais a été établie en 1651 & a ses issus,

Rue S. Honoré, Rue au Lard,	*Rue de la Lingeree.* *Rue de la Tonnellerie.*

Tous ces Piliers ne sont remplis que de Marchands Fripiers & Tapissiers : l'on y trouve à s'habiller, tant en neuf qu'en vieux, ainsi qu'à se meubler.

Noms des Rues.	*Tenans & aboutissans.*
Rue des petits Piliers des Halles, ... **	*Rue Pirouenne.* *Rue de la Cossonnerie.*

Toutes les Boutiques de ces Piliers ne sont occupées que par des Tapissiers, & des Potiers d'étain.

Place du Pilory.	*Rue Pirouenne.* *Rue de la Fromagerie.* *A la Halle à la marée.*

En 1347 le Pilory fut établi pour les Banqueroutiers frauduleux & concussionnaires. C'est une ancienne Tour de pierre octogone, au milieu de laquelle est une machine de bois tournante, percée de plusieurs trous, pour passer la tête & les bras du Criminel : on fait tourner le patient dans cet état très-gênant ; il est exposé aux huées & risées de la populace, pour contenter la satisfaction que l'on peut tirer de gens pareils.

La Fontaine, appellée Fontaine des Halles,

donne de l'eau de l'Aquéduc du Pré Saint Gervais.

La Place est entourée de Boutiques & Echopes louées par l'Exécuteur de la Haute-Justice à différents particuliers.

Noms des Rues.	*Tenans & aboutissans.*
La Halle.	*Rue de la Lingerie.* *Rue aux Fers.* *Rue de la Fromagerie.*

L'on doit à Philippe-Auguste, en 1193, l'établissement des Halles : dans celle-ci se vend tout-à-la-fois les lugumes, herbes, volailles, les poissons de mer & d'eau douce, en un mot, tout ce qui est nécessaire à la subsistance des hommes, & aux délices de la vie. La Halle est comme une source inépuisable de toutes choses, qui, sans se tarir, inonde tous les Quartiers & Marchés de Paris : on y trouve de tout avec profusion.

Rue Pirouenne, 15...... c.	*Rue Mondétour.* *Au coin des piliers des Halles.*
Rue de la grande Truanderie, 250....... cc.	*Rue S. Denis.* *Rue Comtesse d'Artois.*

Noms des Rues.	*Tenans & aboutiſſans.*
Rue de la petite Truanderie, 100 . . . . . . c c.	*Rue de Mondétour.* *Au Puits d'Amour.*

Il y a un Depôt de Pompes & un Garde-Pompes pour les Incendies.

Place du Puits d'Amour.	*Rue S. Denis.* *Rue de la Truanderie.*

La petite Place du Puits d'Amour, ou de l'Ariane, eſt à la pointe du triangle que forment ces deux rues, avec celle de Mondétour. Ce Puits eſt ainſi nommé, parce qu'il s'y noya *Agnès Hellebic*, ſe voyant trompée par ſon Amant, en 1189 : 300 ans après il y arriva une autre aventure. Un jeune homme déſeſpéré par les rigueurs de ſa Maîtreſſe, ſe jetta dedans ; mais ſi heureuſement, qu'il ne ſe bleſſa pas ; ſa Maîtreſſe eut le tems de lui faire deſcendre une corde, en lui proteſtant qu'elle ne lui ſerait plus cruelle ; & il fut retiré : il voulut marquer à ce Puits ſa reconnaiſſance, & le fit refaire à neuf. *Sauval* aſſûre qu'il y avait en écrit, en gros caractere, ſur la mardéle, en Lettres Gothiques :

L'Amour m'a refait
En 1525 tout-á-fait.

Noms des Rues.	*Tenans & aboutissans.*
Rue de Mondétour, 290 . . . . . . c.	*Rue des Prêcheurs.* *Rue du Cygne.*
Rue du Cygne, 180 . . . . . . c.	*Rue de Mondétour.* *Rue S. Denis.*
Cloître S. Jacques de l'Hôpital.	*Rue Mauconseil.* *Rue de Mondétour.*
Rue Verdelet, 80. . . . . . c.	*Rue Mauconseil.* *Rue de la Truanderie.*
Rue Chanverrie, 80 . . . . . . c.	*Rue S. Denis.* *Rue de Mondétour.*
Rue des Prêcheurs, 100 . . . . . . c c.	*Rue S. Denis.* *A la Halle.*
Rue de la Cossonnerie, 90. . . . . . c c.	*Rue S. Denis.* *Aux petits Piliers des Halles.*
Rue de la Lingerie, 80 . . . . . . c c.	*Rue de la Feronnerie.* *A la Halle.*

Noms des Rues.	*Tenans & aboutissans.*
Rue au Lard, 25 . . . . . . **	*Rue de la Lingerie.* *A la Boucherie de Beauvais.*

Il y a un Dépôt de Pompes & une Garde-Pompes pour les Incendies.

La Halle aux Cuirs se tient auprès de la Halle à la Saline, dans un endroit que l'on appelle autrement le Fief d'*Alby*. C'est où se vend tous les Cuirs qui entrent dans Paris.

Rue Jean de Bausse, 95 . . . . . . c.	*Rue de la Cordonnerie.* *Au Carrefour de Jean de Bausse.*
Carrefour de Jean de Bausse.	*Rue de la Petite Friperie.* *A la Halle aux Poirées.*
Rue de la Cordonnerie, 160 . . . . . . c.	*Rue de la Tonnellerie.* *Rue de la Lingerie.*
Ancienne Halle aux Bleds & à la Farine.	*Rue de la Tonnellerie.* *Rue de la Fromagerie.* *A la Halle aux Poirées.*

C'eſt où ſe tient & ſe débite tous les jeudis après midi, en groſſes mottes le Beurre de *Gournay*. Tous les vendredis & ſamedis ſe tient la chair, porc-frais & ſalé, dans l'enceinte de cette grande Halle : il s'y tient auſſi en différens jours de la ſemaine les choſes néceſſaires à la nourriture la plus eſſentielle.

Noms des Rues.	*Tenans & aboutiſſans.*
Rue de la Fromagerie, 100. . . . . . c c.	*Rue de la Tonnellerie.* *A la Halle.*
Rue de la Réale, 48. . . . . **.	*Rue de la grande Truanderie.* *Au Pilory.*

LE QUARTIER

LE QUARTIER

DES HALLES

RENFERME:

1	Paroisse.	1	Bouchterie.
7	Prêtres.	1	Place & la Tour du Pilory.
1	Cloître.	22	Rues.
1	Charnier.	1	Carrefour.
2	Fontaines.	1	Place.
4	Halles: Au Poisson. A la Farine. Au Cuir. Au Drap.	1	Dépôt de Pompes pour les Incendies.
		469	Lanternes éclairaient ce Quartier.

TABLEAU DES RUES
DU QUARTIER
DES HALLES.

Noms des Rues & culs-de-sacs.

XVe QUARTIER,

SAINT EUSTACHE.

CE Quartier est borné, à l'Orient, par les rues de la Tonnellerie, Comtesse d'Artois & Montorgueil, exclusivement, jusqu'au coin de la rue neuve S. Eustache. Au Septentrion, par les rues neuve S. Eustache, des Fossés Montmartre & Place des Victoires, exclusivement.

Dans ce Quartier abonde la Farine à la nouvelle Halle construite à la Place de l'Hôtel de Soissons : l'on y trouve, de même que dans les autres Quartiers, tout ce qui est nécessaire à la vie.

NOUVELLE HALLE A LA FARINE.

C'est où se vendent les Bleds & les Grains, tous les mercredis & samedis. Le commerce des Grains, Froment, Seigle, Meteil, Bled-de-Turquie, Sarrazin, &c. est absolument libre.

L'enceinte de l'Hôtel de Soissons, où l'on vient de bâtir la nouvelle Halle à la Farine, avait en tout 465 toises. L'on a conservé la Tour

XV QUARTIER S^T. EUSTACHE

T 2 — P 36

Nord

Ouest — Est

Midi

1 R. de Vaarmes
2 R. de Sartine
3 Oblain
4 de Vannes
5 R. Babille
6 de Varenne
7 R. Mercier
8 R. Pelican
9 S. Honoré

10 R. Bailli
11 R. de Toulouse
12 H^t. de Toulouse
13 R. Vrilliere
14 . Place des Victoires
15 R. de la F^e. uillade
16 du P^t. Reposoir
17 C.S. S. Claude

18 C.S. de la Bouteille
19 S. Agnés
20 S. Eustache
21 R. Trainée
22 Gr. Poste
23 la Douane
24 R. Verderet
25 P^te. Vrilliere
26 N^le. Halle

que *Catherine de Médicis* avait fait conſtruire, pour étudier aux aſtres & y faire des obſervations aſtronomiques; cette colonne coloſſale a été conſtruite par *Bullant. Catherine de Médicis* voulant s'inſtruire, par le moyen des Magiciens qu'elle avait mis en crédit à la Cour, quel ſerait ſon ſort & celui de ſes Enfans, avait eu recours à leur noire Science : l'un d'eux lui avait fait voir dans un miroir enchanté, ſes trois Fils qui paſſaient & faiſaient autant de tours qu'ils devaient régner d'années.

Elle vit d'abord paſſer *François II*, d'un air triſte & morne, faire un tour & demi : ce qui marquait les dix-ſept mois de ſon Regne. *Charles* IX parut après lui, & fit quatorze tours dans la Salle. *Henri* III en fit près de quinze, qui furent interrompus par un Prince qui paſſa devant lui, & diſparut avec la rapidité d'un éclair : c'était, diſait-on, le Duc *de Guiſe*, tué aux Etats de Blois. *Henri* IV ſuivit enfin, & diſparut après vingt-deux tours.

Un autre Aſtrologue ayant prédit à *Catherine de Médicis* qu'elle mourrait auprès de S. Germain, on la vit auſſi-tôt & ſuperſtitieuſement, fuir tous les lieux & les Egliſes qui portaient ce nom. Elle n'alla plus à S. Germain en Laye; & à cauſe que ſon Palais des Tuileries ſe trouvait ſur le

Paroiſſe de S. Germain l'Auxerrois, elle fit bâtir l'Hôtel de Soiſſons, près de Saint Euſtache.

Lorſque l'on ſçut que c'était Laurent de Saint Germain, Evêque de Nazareth, qui l'avait aſſiſté à la mort, les gens entichés de l'Aſtrologie prétendirent que la prédiction avait été accomplie.

C'eſt à M. de Bachaumont à qui l'on eſt redevable de la conſervation de cette Colonne Aſtronomique, (ſeul Monument en ce genre qui ſoit à Paris.) Les particuliers à qui appartenait ce terrein, étant dans la réſolution de la faire abattre, M. de Bachaumont l'acheta 1 800 liv. & l'a depuis vendue à la Ville, qui a auſſi acheté ce terrein, pour y conſtruire cette Halle. La conſtruction de la bâtiſſe des Halles eſt circulaire, la décoration en eſt ſimple, & répond parfaitement à l'objet auquel elle eſt deſtinée.

Ce Bâtiment rond, parfaitement iſolé, percé à jour de toutes parts, entouré de maiſons & de rues, dont la conſtruction contraſte avec la ſienne, ayant au ſurplus la ſolidité & ſimplicité requiſes, eſt dans Paris un de nos plus agréables morceaux.

Cette eſpèce de Rotonde eſt percée de ving-cinq Arcades de dix pieds & demi d'ouverture, toutes de même grandeur ; six servant de passage ; répondent à autant de rues qui sont terminées par des carrefours auxquels aboutissent cinq débouchés différens.

Cet édifice est incombustible dans sa construction ; il n'y est entré aucun bois ; tout y est voûté, le toît même est formé par des voûtes, sur lesquelles sont posées avec plâtre des Tuiles formant couverture.

Les voûtes au rez-de-chaussée, sont des voûtes d'arêtes, portées en pendantifs sur des colonnes de proportion Toscane, dont les socles sont coupés à part, pour ne point gêner ni empêcher le service.

On a pratiqué de beaux & vastes greniers ; ils sont voûtés en pierres & en briques : on y communique par deux escaliers ; celui du côté de la rue de Grenelle est en pierre de liere, appareillée supérieurement : l'autre qui lui est opposé, est situé du côté de la rue du Four ; il ne lui est pas inférieur : on y monte de quatre côtés, jusqu'au premier palier ; ensuite on reprend par deux rampes qui se croisent toujours paralellement : elles conduisent jusqu'au haut. La section des courbes forme un ensemble des plus agréable ; l'appareil, la propreté, la précision du sieur *Dupuis*, font l'éloge de cet ouvrage. Toute la construction de cet édifice est solide, fait avec soin & propreté. Les sieurs *Pérard*, *Loire*, *Mangin*, *Bellanger*, *Pasquier* & *le Febvre* en ont été les entrepreneurs, d'après les desseins du sieur Camus de Méziere, Architecte du Roi. Cet ouvrage a été commencé au mois de Mars 1762, & dans l'espace de trois mois & demi, l'opération des voûtes, les combles, & les couvertures ont été finis : on doit cette vigilance aux soins du sieur *Mangin*. C'est le sieur *Quenosel*, Allemand, qui a été chargé de l'appareil des voûtes, ainsi que de la conduite des ceintres de charpente pour la pose des briques. Ce vaste édifice, entierement consacré au service du public, est bien étendu dans toutes ses parties ; il y regne une parfaite harmonie : il n'y a aucun terrein de perdu. Ce monument *véritablement Patriotique* a mérité la protection spéciale de Sa Majesté, & fait beaucoup d'honneur à M. Camus de Pont-Carré de Viarmes, sous la Prévôté duquel il a été commencé, & achevé sous celle de M. Bignon, Prevôt des Marchands & ancien Echevin de la Capitale. L'on a pratiqué à la Colonne Astronomique, une belle Fontaine qui donne de l'eau de la Seine ; & au-dessus, un Méridien d'un genre singulier.

Six rues aboutissent à cette Halle : la rue circulaire porte le nom du Prevôt des Marchands ;

une, du Lieutenant de Police ; & les cinq autres portent le nom des Echevins ſous les ordres deſquels elle a été conſtruite.

Noms des Rues.	*Tenans & aboutiſſans.*
Rue de Varenne, 50 .... c c c.	*Rue des deux Ecus.* *Rue de Viarmes.*
Rue de Vannes, 25 .... c c c.	*Rue des deux Ecus.* *Rue de Viarmes.*
Rue Babille, 25 ...... c c c.	*Rue des deux Ecus.* *Rue de Viarmes.*
Rue Mercier, 25 .... c c c.	*Rue des deux Ecus.* *Rue de Viarmes.*
Rue de Sartine, 25 .... c c c.	*Rue Coquillere.* *Rue de Viarmes.*
Rue Oblin, 25 ...... c c c.	*Place S. Euſtache.* *Rue de Viarmes.*
Rue de Viarmes, 230 ...... c c c c.	*Tourne tout au tour & à ſes iſſues dans leſdites rues.*
Rue des Prouvaires, 200 .... c c.	*Rue Traînée.* *Rue S. Honoré.*

Des Prouvaires, en vieux langage signifie des Prêtres.

Louis XI fit rendre de grands honneurs, & procura de grands amusemens à Alphonse V, Roi de Portugal, qui vint à Paris l'an 1476, pour solliciter du secours contre Ferdinand, Fils du Roi d'Aragon, qui lui avait enlevé la Castille. On logea Alphonse V dans cette rue des Prouvaires, chez un Epicier nommé *Laurent Herbelot*: on le mena au Palais, où il entendit plaider un tres-belle cause: le lendemain il alla à l'Evêché; on reçut en sa présence un Docteur en Théologie, & le Dimanche suivant, veille de son départ, on ordonna une procession à l'Université, qui passa sous ses fenêtres. (Voilà qui s'appelle un Roi bien fêté & bien logé!)

Un Particulier s'étant adressé à Louis XI, pour le supplier de lui accorder un Emploi, dans une petite Ville où il demeurait, le Roi lui répondit nettement qu'il n'y avait rien à espérer, & qu'il ne lui accorderait pas ce qu'il lui demandait.

Le Suppliant en se retirant lui fit de très-humbles remerciemens, & parut s'en aller très-satisfait. Le Roi surpris, le fit rappeller, & lui demanda *s'il avait bien entendu?* Le Particulier lui répondit: *Oui, Sire, vous m'avez refusé la grace que je vous demandais.* Le Roi reprit: *Pourquoi donc cet air gai que je vous vois?* Le Particulier répondit:

C'est à propos de votre bonté, Sire.

Louis XI *dit, de ma bonté! Eh! quelle bonté? puisque je vous ai renvoyé sans vous avoir rien accordé.* Le Provinciale reprit : *c'est de votre bonté de m'avoir répondu sur le champ.* Le Roi charmé de sa réponse, lui fit expédier les provisions de la Charge qu'il avait demandée, & le renvoya très-content.

Louis XI, à qui on disait que *Nicolas Raulin*, Chancelier de Philippe, Duc de Bourgogne, avait fait bâtir une maison pour loger les *Pauvres*, mais qu'elle avait plus l'air d'un Palais, que d'un Hôpital : ce Prince répondit : *il n'a fait que ce qu'il a dû, & il est juste qu'après avoir fait tant de Pauvres pendant sa vie, il leur donne le logement après sa mort.*

L'on remarque que nous n'avons point eu de Dauphine qui soit parvenue à la Couronne, depuis la Femme de *Louis XI* : on remarque encore que Charles IV, le dernier de la Race des Capétiens, laissa la Reine enceinte, qui accoucha d'un Prince nommé Jean, mort au berceau, & qui est le seul de tous les Rois de France qui soit venu au monde avec la qualité de Roi.

En 1483 une attaque d'apopléxie & quelques autres maladies survenues coup sur coup, firent craindre à Louis XI la fin de sa vie : il employa d'abord tout l'art des Médecins, ensuite il eut recours aux prieres, fit dire des Messes, fit faire nombre de Processions, tant particulieres que générales, où tous les Princes & toutes les Cours assisterent. *Louis XI* donnait toujours des marques d'une grande force d'esprit ; mais se voyant décliner tous les jours, il ordonna encore d'autres Processions, ainsi que l'attouchement de plusieurs Reliques, qui devinrent inutiles ; ce qui le fit résoudre à envoyer chercher la Ste-Ampoule à Reims: elle arriva à Paris le dernier jour de Juillet & fut portée à la Ste-Chapelle du Palais où elle demeura une nuit entiere : cette pieuse Cérémonie n'ayant pû rendre la santé au Monarque, il fit venir François de Paule, qu'il conjura de lui conserver la vie. Ce saint homme, loin d'amuser le Roi, lui dit qu'i devait plûtôt songer à la vie éternelle, qu'à chercher les moyens de prolonger celle qu'il allait bien-tôt perdre. Ces paroles firent sur son esprit une forte impression : il reçut les Sacremens & mourut en bon Chrétien le 14 Août 1483, dans la soixante-uniéme année de son âge, & la vingt-troisiéme de son Regne. C'est le seul Roi qui ait fait déplacer la Ste-Ampoule.

Louis XI voyant un jour uu Prêtre qui dormait dans son Confessional, dit aux Seigneur de sa suite : *Afin que cet homme puisse dire que le bien lui est venu en dormant*, je lui donne le premier Bénéfice vacant. C'est de cette époque d'où vient le proverbe, *qu'il vient du bien en dormant.*

Noms des Rues.	*Tenans & aboutissans.*
Rue du Four, 215 . . . . c c.	*Rue S. Honoré.* *Place S. Eustache.*
Rue des Vieilles Etuves, 70 . . . . c c.	*Rue des deux Ecus.* *Rue S. Honoré,*

Son nom vient de ce qu'anciennement on était en usage de se baigner : on y allait tous les jours, principalement aux grandes Fêtes.

Les Boucheries de cette rue ont été établies le 14 Août 1631.

Rue d'Orléans, 90 . . . . c c.	*Rue des deux Ecus.* *Rue S. Honoré.*
Rue des deux Ecus, 270 . . . . c c.	*Rue de Grenelle.* *Rue des Prouvaires.*
Rue de Grenelle, 300 . . . . . . c c c.	*Rue Coquillere.* *Rue S. Honoré.*

L'Hôtel des Fermes du Roi appartenait au Comte de Soiſſons : il y avait ſur toutes les vîtres des emblêmes & des chiffres entrelaſſés avec ceux de *Catherine de Navarre*, ſœur d'*Henri IV*. Ce même Hôtel fut enſuite bâti par le Duc de Bellegarde, Amant chéri de Gabriel d'Etrées, de Madame & Mademoiſelle de Guiſe : ce même Hôtel devint, après la mort du Cardinal de Richelieu, l'aſyle des Muſes, où l'Académie Françaiſe tint long-tems ſes Séances ; depuis elle a été placée au Louvre. Il eſt devenu l'Hôtel des Fermes Générales de tout le Royaume.

La Chapelle eſt entierement peinte par *Simon Vouet*, & mérite l'attention des connaiſſeurs, par la beauté des peintures, & l'éclat des dorures.

Jean Nicot, l'an 1561, apporta de Portugal à la Reine *Catherine de Médicis*, de la graine de Tabac qu'elle fit ſemer ; c'eſt le premier Tabac qui ſoit venu en France : depuis ce tems MM. les Fermiers-Généraux l'ont ſi fort accrédité, que perſonne ne peut s'en paſſer ; ce qui leur fait une de leur plus groſſe Ferme.

Du même côté, en deſcendant à la rue S. Honoré, la troiſieme maiſon après l'Hôtel des Fermes, mourut le 9 Juin 1572 Jeanne d'Albret, Mere d'*Henri IV*, âgée de 40 ans : elle ne fut malade que cinq jours : elle n'avait pû se dispenser de venir à Paris pour le Mariage de son Fils.

Cayette, Sous-Précepteur d'Henri IV, rapporte *que Jeanne d'Albret voulant suivre son Mari aux Guerres de Picardie, le Roi son Pere lui dit, qu'il voulait que si elle devenait grosse, elle lui apportât sa grossesse dans son ventre en sa Maison, & qu'il prendrait soin de l'enfant, soit Fils ou Fille. La Princesse étant grosse de neuf mois, partit de Compiegne & se rendit à Pau en Béarn : elle voulait voir le testament de son Pere, qui était dans une grosse boëte d'or entortillée d'une chaîne aussi en or, qui aurait fait vingt à vingt-cinq fois le tour du col : elle la lui demanda. Son Pere lui dit : elle sera tienne dès que tu m'auras montré l'enfant que tu portes, & afin que tu ne me fasses pas une pleureuse ou une rechigné, je te promets le tout pourvû qu'en enfantant tu chantes une chanson Béarnoise ; & quand tu enfanteras j'y veux être.*

Le 14 *Décembre* 1553 *les douleurs prirent à la Princesse ; elle fit avertir son Pere : il descendit, & dans le moment de la délivrance de l'enfant, elle chanta la chanson Béarnoise, qui commence par :* N. D. du bout du Pont, aidez-moi en cet heure. *Etant délivrée, le Pere lui mit la chaîne au col, & lui donna la boëte d'or où était son testament en lui disant : voilà qui est à vous, ma Fille, & ce gast est à moi : prenant l'enfant dans sa longue robe, sans attendre qu'il fût accommodé, il l'emporta dans sa chambre ; & l'on remarqua qu'il vint au monde sans crier. Le premier mets qu'il goûta, fut une gousse d'ail, dont son ayeul lui frotta les lévres. Il le fit nourrir & élever à la fatigue & au travail, ne mangeant souvent que du pain : le bon Roi son Grand-Pere l'ordonnait ainsi, ne voulant qu'il fût délicatement élevé, afin que dans sa jeunesse il s'apprît à la nécessité : souvent on l'a vû, à la mode du Pays, parmi les autres enfans du Château, pieds déchauds & la tête nue, en hiver comme en été : & quel fut ce Prince ? Henri IV.*

Noms des Rues.	*Tenans & aboutissans.*
Rue Traînée, 100. . . . . c c.	*Place S. Eustache.* *Pointe S. Eustache.*

La Paroisse S. Eustache n'était anciennement qu'une petite Chapelle dédiée à Ste Agnès : Eglise que l'on voit aujourd'hui qui est très-spacieuse, est dans une Architecture Gothique, bâtie l'an 1633. Le grand Portail sera élevé sur les desseins de *Mansard* : les six Statues du Chœur sont de *Sarrazin* : derriere le Chœur, le Mausolée de M. Colbert, par *le Brun* :

le Brun : la Figure de M. Colbert & l'Abondance, par *Coyzevox* ; la Religion & l'Ange, par *Tuby* : Monument digne des regards des conuaisseurs : l'autre petit Monument éxécuté par *Tuby*, sur les desseins de *le Brun*. L'Œuvre, des mains de le *Paûtre*, sur les desseins de *Cartaud*. Le grand Crucifix de bronze, qui est dans la Chapelle des Fonts, était placé autrefois sur la petite porte du Chœur ; il pese 1054 liv. il est très-estimé des connaisseurs.

Par Edit du Roi, donné à Compiégne au mois de Juillet 1767, Article neuf, MM. les Prevôts des Marchands & Echevins, sont obligés d'employer un fonds de 150000 liv. pour former une Place devant S. Eustache.

Cette Paroisse est la plus considérable de Paris, après S. Sulpice. Il y a un Curé, un Vicaire, & 80 Prêtres habitués.

Les Boucheries qui sont au coin de la rue Traînée, en tournant dans la rue Montmartre, ont été établies le 14 Août 1631.

Noms des Rues.	*Tenans & aboutissans.*
Rue Plâtriere, 250 . . . . . . cc.	*Rue Montmartre.* *Rue Coquillere.*

La Communauté des Filles de Ste Agnès, fondée par M. Lamet, Curé de S. Eustache, l'an 1678. Leur Institution a pour objet l'instruction des jeunes Filles, pour la Religion & pour différens métiers. Elles sont 30 Religieuses : l'enclos a 30 pas sur 90.

L'Hôtel de la grande Poste aux Lettres pour toute l'Europe.

On trouve sur le mur, en dehors de l'Hôtel, une large ouverture grillée, & destinée à recevoir les Lettres & paquets un peu gros. C'est de ce Bureau que toutes les Lettres partent pour les lieux de leur destination.

Les Postes ont eu lieu sous Cyrus, chez les Romains, & sous Auguste. Charlemagne essaya de les établir l'an 807 ; cependant elles n'ont été établies en France qu'en 1477, par Louis XI.

Noms des Rues.	*Tenans & aboutissans.*
Rue du Jour, 130....... cc.	*Rue Coquillere.* *Rue Montmartre.*

Cette rue s'appellait anciennement du Séjour, parce que *nos Rois* y avaient une Maison de Plaisance, nommée le Séjour du Roi.

Rue Comtesse d'Artois, 100........ccc.	*Rue Montorgueil.* *Pointe S. Eustache.*

Cette rue porte ce nom, à cause que l'on y fit construire une fausse Porte pour la commodité des *Comtes d'Artois*.

Les Boucheries de cette rue, faisant partie de celle des Halles, ont été établies en Juin 1651.

Noms des Rues.	*Tenans & aboutissans.*
Cul-de-sac de la Bouteille.	*Rue Comtesse d'Artois.*
Pointe S. Eustache.	*Rue Comtesse d'Artois.* *Rue Montmartre.*

Il y a environ cinquante ans que l'on voyait une grande pierre posée sur un Egoût en forme de petit Pont, appellé le Pont *Alais*, du nom de *Jean Alais*. Cet homme industrieux, pour se rembourser d'une somme qu'il prêtait au Roi, fut l'inventeur & le Fermier d'un Impôt d'un denier sur chaque panier de Poisson, qu'on apportait aux Halles : il en eut tant de regret, qu'il voulut en expiation, être enterré sous cette pierre dans cet Egoût des Ruisseaux des Halles.

Rue Tiquetone, 150 . . . . c c.	*Rue Montorgueil.* *Rue Montmartre.*

Noms des Rues.	*Tenans & aboutiſſans.*
Rue des Petits Carreaux, 110 . . . . . . c c c.	*R. du Bout du Monde.* *Rue de Cléry.*
Rue du Bout du Monde, 240 . . . . c.	*Rue Montorgueil.* *Rue Montmartre.*

Ce nom lui vientd'une enſeigne qui était peinte d'un Bouc & un Monde, avec cette inſcription : Au Bouc du Monde.

Rue Neuve Saint Euſtache, 300. . . . . . . c c c.	*Rue des Foſſés Montmartre.* *R. des petits Carreaux.*

Il y a une Boëte aux Lettres pour la Province.

Rue Montmartre, 1060. . . . . . . c c c.	*Aux Boulevards.* *Pointe S. Euſtache.*

La Chapelle de S. Joſeph eſt annexe de Saint Euſtache.

La Fontaine vis-à-vis la rue Saint Marc, donne de l'eau de la Seine.

Cul-de-ſac S. Claude.	*Rue Montmartre.*

Noms des Rues.	*Tenans & aboutissans.*
Rue des Fossés Montmartre, 200....... ccc.	*Rue Montmartre.* *Place des Victoires.*
Rue des Vieux Augustins, 300....... ccc.	*Rue Montmartre.* *Rue Coquillere.*
Rue Coquéron, 115...... cc.	*Rue de la Jussienne.* *Rue Coquillere.*
Rue de la Jussienne, 180..... cc.	*Rue Coquéron.* *Rue Montmartre.*

Cette rue s'appellait anciennement la rue de l'Egyptienne, à cause d'une Chapelle de Sainte Marie, qui est à l'entrée du côté de la rue Montmartre. Le Peuple, par abréviation & corruption de mot, s'est accoûtumé à l'appeller la rue de la Jussienne.

Chez le Directeur des Pompes, il y a un Corps-de-Garde pour les incendies, & des voitures d'eau toujours prêtes en cas de besoin.

Rue Soly, 50....... d *.	*Rue de la Jussienne.* *R. des Vieux Augustins.*

Noms des Rues.	*Tenans & aboutissans.*
Rue du petit Reposoir, 40. . . . . . . c c.	*R. des Vieux Augustins. Place des Victoires.*
Rue Pagevin, 90. . . . . . . c c.	*Rue Verderet. R. des Vieux Augustins.*
Rue Verderet, 90 . . . . . . c c.	*Rue de la Jussienne. Rue Plâtriere.*

Au coin de cette rue & celle de Plâtriere demeurait M. de Montigny, qui quitta son nom pour prendre celui de le Boucher, nom glorieuxque l'on donnait à un Général après des Victoires remportées, & qui fut donné à M. de Montigny, Premier Président au Parlement, en reconnaissance des bleds qu'il fit venir à Paris pendant un tems de famine; ce qui conserva la vie à plus de 30 mille personnes.

Rue Coquillere, ou Coquetiere, 360 . . . . . . c c c.	*Rue Croix des petits Champs. Place S. Eustache.*

Cette rue a conservé ce nom, parce que des Marchands d'œufs vendaient dans cette rue leurs œufs, & qu'il y a ensuite demeuré un Bourgeois nommé Coquillere.

En 1684 M. Bérier faiſant faire quelques réparations à ſa maiſon, preſque au bout de cette rue, du côté de Saint Euſtache, on trouva à 2 toiſes de profondeur, les fondemens d'un ancien édifice, & dans les ruines d'une vieille Tour, une tête de bronze antique un peu plus groſſe que le naturel : on n'a pû définir ſi c'était une tête d'Iſis ou de Cybèle, ou de la Déeſſe Lutéce ; c'eſt ſur quoi les Sçavans ne ſont pas d'accord. Il eſt certain que *Cybèle* était en grande vénération dans les Gaules : dès que l'on craignait pour la récolte, l'on mettait ſa Statue ſur un Char tiré par des Bœufs ; on la promenait en chantant & en danſant autour.

L'on faiſait venir les Prêtres de Phrygénie, comme on fait venir aujourd'hui certains Chantres à voix claire.

Noms des Rues.	*Tenans & aboutiſſans.*
Rue de la Vrillierre, 200.......ccc.	*Rue Neuve des petits Champs.* *Rue Croix des Petits Champs.*

L'Hôtel de Toulouſe fut bâti ſur les deſſeins de *François Manſard*; le dehors & l'intérieur annonçent le Palais d'un Prince. La Salle des Amiraux est ainsi nommée, parce que l'on voit les Portraits en buste de tous les Amiraux, & Sur-Intendans de la navigation, depuis Florent de Varenne, jusqu'à présent. Suit la Salle des Rois de France, dont les Portraits au nombre de soixante-six, copiés d'après les médailles, statues & autres originaux; ainsi que d'autres appartemens décorés de Peintures & Sculptures des plus grands Maîtres.

Noms des Rues.	*Tenans & aboutissans.*
Petite rue de la Vrilliere, 30 . . . . c c c.	*Place des Victoires.* *Rue de la Vrilliere.*
Rue Croix des petits Champs, 480. . . . . . c c c.	*Rue S. Honoré.* *Place des Victoires.*
Rue du Pélican, 90 . . . . . . 1 c.	*Rue Croix des petits Champs.* *Rue de Grenelle.*
Rue Baillif, 30 . . . . c.	*Rue des Bons Enfans.* *Rue Croix des petits Champs.*

Noms des Rues.	*Tenans & aboutissans.*
Rue du Bouloir, 210. . . . . . c c.	*Rue Coquillere.* *Rue Croix des petits Champs.*

La Douane est le lieu où se paye la taxe sur les Marchandises & les Droits. Quelques-uns prétendent que la Douane fut établie sous Louis XI; d'autres veulent qu'elle l'ait été sous Charles IX. De toutes les Marchandises que l'on décharge à la Douane, il n'y a que les Livres qui ne payent rien. Les Rouliers sont obligés d'aller faire à la Douane leurs déclarations des Marchandises dont ils sont chargés.

Dans la cour où l'on décharge les Marchandises il y a un peson à ressorts de l'invention du Sieur Hannin, auquel est adapté une aiguille qui indique le poids des matieres dont il est chargé: il pese jusqu'à 2400 liv. Cette machine utile est éxécutée avec beaucoup de précision. Il est fait en forme de cercle.

LE QUARTIER
SAINT EUSTACHE

RENFERME:

1 Paroisse.
1 Chapelle.
88 Prêtres.
La Nouvelle Halle à la Farine.
L'Hôtel des Fermes du Roi.
La Douane.
L'Hôtel de la Grande Poste.
1 Dépôt de Pompes pour les Incendies.
1 Place.
2 Fontaines.
1 Boëte aux Lettres pour la Province.
2 Boucheries.
37 Rues.
2 Culs-de-sacs.
1 Passage.
175 Lanternes éclairaient ce Quartier.

TABLEAU DES RUES
DU QUARTIER
SAINT EUSTACHE.

Noms des Rues & culs-de-sacs. Pages

XVI QUARTIER DU PALAIS ROYAL

P. 61

Place de Louis XV

R. Neuve Rle

Boulevard

Orangerie ou S.t Florentin

S.t Honoré

Luxembourg

Capucines

Jardin des Tuilleries

Place Vendome

Passage

Jacobins

Sourdière

Nord

Neuve des petits Champs

Midi

Quai des Tuilleries

Dauphin

Neuve S. Roch

Palais

Argenteuil

Moineaux

Ventadour

Roiale

Moulin

Eveque

Ste Anne

Traversière

Carousel

Richelieu

R. S. Nicaise

les Quinze Vingts

Palais Royal

Matignon

Doien

Quai des Galleries

S. Thomas du Louvre

Fromenteau

Bons Enfans

Neuve des bons Enf.

1 l'Opera
2 S. Roch
3 R des Mulets
4 C.S. Peronelle
5 C.S.S. Vincent
6 C.S.S. Hiacinthe ou Corderie
7 la Conception
8 l'Assomption
9 Capucins
10 Feuillans
11 Anglaise
12 Cl.s Georgeau

XVIe QUARTIER,

DU PALAIS ROYAL.

CE Quartier est borné à, l'Orient, par les rues Fromanteau & des Bons-Enfans, exclusivement : au Septentrion, par les rues Neuve des Petits Champs, inclusivement : à l'Occident, par les extrémités du Fauxbourg S. Honoré & du Roule, exclusivement : au Midi, par les Quais, inclusivement, depuis le premier Guichet, du côté du Quai de l'Ecole.

Le Palais Royal fait le grand ornement de ce Quartier ; tout y est riant, & fait une partie du séjour de la Finance : l'Opera est situé dans ce Quartier. Il y a de riches Marchands, sur-tout en fait de modes & de riches parures.

Noms des Rues.	*Tenans & aboutissans.*
Rue du Doyenné-Matignon, P. 110. . . . . . . c c.	*Rue S. Thomas du Louvre.*
Cul-de-sac S. Thomas du Louvre.	*Rue du Doyenné-Matignon.*

Noms des Rues.	*Tenans & aboutissans.*
Cloître S. Thomas du Louvre,	*Rue des Orties.* *R.S.Thomas du Louvre.*
R.S.Thomas du Louvre, 315 ...... cc.	*Rue des Orties.* *Rue S. Honoré.*

Le Chapitre de S. Louis du Louvre, depuis sa réunion à celui de S. Nicolas & de S. Maur des Fossés, est composé d'un Prevôt, d'un Chantre & de vingt Chanoines. L'Eglise est nouvellement bâtie sur les dessins de M. *Germain*, Orphévre du Roi. L'on y remarque dans le Chœur trois tableaux de *Coypel*; le Baptême de Jésus-Christ & S. Thomas de Cantorbéry, par M. *Pierre* : S. Nicolas, par *Galoche* : le Mausolée du Cardinal de Fleury premier Ministre sous le regne de Louis XV, par *le Moine*. Ce Cardinal y est représenté sur un pied d'estal, expirant entre les bras de la Religion : la France désignée par son Ecusson, exprime ses regrets; derriere le Pied-d'estal s'éleve une Piramide, au pied de laquelle descend une grande draperie, dont l'Artiste s'est servi pour dérober en très-grande partie la figure de la Mort, qui se présente au Cardinal.

Henri III acheta en 1568 l'Hôtel d'Alençon, qu'avait fait bâtir Nicolas de Neuville-Villeroi. C'est dans cet Hôtel que ce Prince reçut les Ambassadeurs que les Polonais lui envoyérent après son élection. Il le garda jusqu'en 1573, & le donna à Marguerite de France, Reine de Navarre sa sœur. Cet Hôtel a passé à la Maison de Longueville : il en porte encore le nom, quoiqu'acquis par les Fermiers-Généraux, qui en ont fait le Bureau-Général du Tabac. Ils ont fait faire un bâtiment qui traverse de cet Hôtel à la rue S. Nicaise, où l'on fiscele le tabac, pour être distribué dans tout le Royaume.

Noms des Rues.	*Tenans & aboutissans.*
Rue S. Nicaise, 410.......ccc.	*Rue des Orties.* *Galleries du Louvre.*

Dans cette rue est le Magasin de l'Opera, où logent MM. les Directeurs ; c'est où l'on s'adresse pour tout ce qui concerne les détails de l'Opera. On y fait les répétitions des Pièces lyriques que l'on veut reprendre ou mettre au Théâtre pour la premiere fois ; c'est aussi là que s'exercent dans le chant & dans la danse les Acteurs & les Actrices destinés à nous procurer cet agréable amusement.

Quai des Tuileries ou de la Conférence.	*Pont Royal.* *Porte de la Conférence.*

Noms des Rues.	*Tenans & aboutissans.*
Barriere de la Conférence, ou Porte de la Conférence.	*Chemin de Versailles.*
Palais des Tuileries.	*Le long de la Riviere, vis-à-vis le Pont-Royal.*

Il y a sept issues par le Pont-Royal, le Pont Tournant, rue de S. Florentin, aux Feuillans, rue saint Honoré, rue de l'Echelle, Place du Carrousel.

Par un hazard assez singulier, le plus beau Jardin public d'Athènes s'appellait *Tuilerie*, qui vient du mot Κεραμικὸς qui signifie Tuilerie ou Ceramique, parce qu'il avait été planté comme le nôtre sur un terreinoù l'on faisait de la tuile.

Catherine de Médicis le fit bâtir en 1564. Il ne consistait que dans le gros bâtiment ou pavillon du milieu, dans les deux corps de logis, qui ont chacun une terrasse du côté du jardin, & dans les deux pavillons qui le terminent. Henri IV, Louis XIII & Louis XIV, l'ont étendu, élevé & décoré: c'est, après le Louvre, le plus beau Palais de l'Europe.

Elle avait aussi fait planter d'arbres en 1616, le Cours-la-Reine & les Champs Elisées : ils furent arrachés en Mars 1722. On vient de les replanter de nouveau; ce qui formera, avec le tems, une promenade des plus agréables. En 1600, Henri IV fit

fit commencer le jardin, Louis XIV le fit finir en 1664, ainsi que le bâtiment qui fut totalement perfectionné, commencé par *Philibert, de Lorme* & *Brulan*, & fini par *Ducerceau*. Ce Palais se joint au Louvre. La longueur est de 400 pas, sur 150 de large : la façade consiste en cinq Pavillons & quatre corps de logis sur la même ligne. Les Appartemens du Roi, de la Reine, du Dauphin & de la Dauphine, sont ornés de peintures des plus grands Maîtres. La Salle des Gardes & Antichambre du Roi, par *le Loir*. Les petits Appartemens, par *Noel Coypel*. La Gallerie des Ambassadeurs, copiée de la Gallerie du *Carache* au Palais Farnèse, par *Mignard*. Les Rez-de-chaussées, aussi par *Mignard* & *son neveu*. Les grands Appartemens sont décorés sur les desseins de *le Brun*. Il y a dans ce Palais une très-grande Salle de Machines : c'est où est actuellement l'Opera, jusqu'à ce que celui que l'on bâtit à la place de l'ancien qui a été brûlé en 1762, soit achevé.

Le Concert Spirituel, ainsi appellé, parce que l'on n'y chante que des Motets, des Cantiques spirituels & sacrés : il se tient dans le Sallon, ou piéce dite des Cent-Suisses, dont on a formé une très-belle Salle à ce dessein : il ne se tient que les jours de grandes Fêtes, & tous les jours depuis le Dimanche des Rameaux jusqu'à celui de *Quasi-*

modo. Le prix des places pour les loges, 6 liv. les galleries, 4 liv. & le parquet, 3 liv.

Le Jardin des Tuileries, qui a 800 pas, sur 400, Ouvrage du célèbre le *Naustre*, est, sans contredit, au jugement des connaisseurs, le plus beau de l'Univers, par son exposition & sa distribution. La Riviere lui sert de canal : les magnifiques Maisons qui la bordent de l'autre côté, lui servent de perspective. On ne souffre point dans ce Jardin les soldats, les domestiques & les gens mal vêtus, si ce n'est le jour de S. Louis, attendu la célébrité de cette journée. La veille, sur les neuf heures du soir, il y a un grand Concert. La Musique y est placée sur un spacieux amphithéâtre adossé contre le mur du Palais, vis-à-vis la grande allée. C'est l'Académie Royale de Musique qui donne ce spectacle pour le Bouquet du Roi.

Ce magnifique Jardin est très-fréquenté par le beau monde qui forme à la vue un des plus beaux spectacles de Paris. Outre les bancs, on y loue jusqu'à 4000 chaises dont le prix est de deux sols. On a chez les Suisses, les Portiers, & dans le Caffé, la commodité des rafraîchissemens convenables aux differens goûts. L'on remarque sur la grande Terrasse deux Vases, l'un de *Robert*, & l'autre de *le Gros*; & six statues, dont trois du côté du Manège, représentent un Faune jouant de la flûte traversiere, une Hamadryade & Flore, par *Coyzevox*; & celles du côté de la riviere, qui sont un Chasseur & deux Chasseresses, par *Coustou* l'aîné.

Au portour du grand Jet-d'eau, est l'enlevement de Cybèle, par *Regnaudin* : Lucrèce qui se poignarde en présence de Callatius, son mari, par *Théadon* : Enée qui porte son pere Anchise, & mène son fils Ascagne par la main, par le *Pautre* : l'enlevement d'Orithie par Borée, par *Mausy* : celui de Cybéle par Saturne, sous la figure du Tems : Cérès est à ses pieds appuyée sur un Lion, symbole de la Terre, par *Flamen*.

Près le Bassin octogone, huit figures : au côté à droite, Annibal, l'Hiver, Flore & une Vestale, par *Coustou*. A gauche, Jules-César, nommé l'*Eté*, l'Impératrice Agrippine, par *Slodt* : du côté du Pont-Tournant, le Tibre & le Nil, d'aprés l'antique. Deux Groupes, la Seine & la Marne, par *Coustou* : la Loire, le Loiret, par *Vanclève*. A l'extrémité des deux Terrasses, deux Chevaux aîlés, sur lesquelles Mercure est d'un côté, & une Renommée de l'autre; chacun d'un même bloc de marbre, par *Coysevox*. Les deux Terrasses qui bordent ce Jardin cachent avec un art admirable l'irrégularité du terrein : elles se rejoignent en fer à cheval au Pont-Tournant, qui a été inventé par *Frere Bourgeois*, connu pour avoir imaginé le pont de bateaux de Rouen. Attenant l'allée des Feuillans, est un Manége, où la Jeunesse va apprendre à monter à cheval, & autres exercices convenables.

Noms des Rues.	*Tenans & aboutissans.*
Rue Fromanteau, 313. . . . . . cc.	*Au Palais Royal.* *Rue des Orties.*

Elle est remarquable par son ancien usage. Comme elle était hors de l'enceinte de Philippe-Auguste, on permit aux femmes publiques d'y demeurer. S. Louis, qui aurait voulu exterminer tous les vices dans son Royaume, ordonna en 1254 que l'on en chasserait ces femmes; qu'on saisirait tous leurs biens; qu'on les dépouillerait même de leurs vêtemens, & que quiconque leur louerait sa maison, serait condamné à une amende égale au prix du loyer d'une année. Il y avait des rues affectées aux femmes publiques dans les Fauxbourgs de Paris.

La Place du Palais Royal, 80 pas, sur 80.	*Rue S. Honoré.* *Rue Fromanteau.* *R. S. Thomas du Louvre.*

Le Château d'eau, élevé par *Cotte*, donne de l'eau au Jardin du Palais Royal.

Rue S. Honoré, 2500. . . . cccc.	*Porte S. Honoré.* *Rue de la Féronnerie.*

Les Quinze-Vingts : cet Hôpital, fondé par Saint Louis l'an 1254, pour trois cens Gentilshommes qu'il avoit amenés de la Terre-Sainte, auxquels les Sarazins avaient crevé les yeux pendant qu'ils étaient restés en ôtage, lorsque le Roi partit d'Egypte. Les titres que ce pieux Monarque donna en faveur de cette fondation, font connaître son zèle charitable pour ceux qui avaient tant souffert à son service.

Sur la Porte de l'Eglise de cet Hôpital, du côté de la rue S. Honoré, il y a une Statue de pierre de ce saint Fondateur ; les Antiquaires la disent très-ressemblante.

Les degrés qu'il faut descendre pour entrer dans l'Eglise, marquent que le terrein des rues de Paris est fort exhaussé depuis six siécles.

Le nombre des Aveugles a été d'abord à 350 ; on les a ensuite réduits à 300. C'est *Philippe-le-Bel* qui ordonna qu'ils porteraient une fleur-de-lys sur leurs habits, pour les distinguer des autres Congrégations qui avaient été instituées avant eux.

Le Grand-Aumônier de France a la direction de cet Hôpital, & il veille à tout ce qui s'y passe. Il s'y tient tous les ans, le 25 Juin, un Chapitre Général, pour le renouvellement des Ministres, Jurés-Receveurs & Procureurs. Il s'y distribue cinq sols tournois à chacun des Aveugles Freres, qui d'ailleurs n'ont par jour que vingt onces de pâte cuite, & vingt sols par mois; mais ces Aveugles font la quête dans les Eglises, Paroisses & Couvents de Paris ; & du revenu de cette quête, il y en a une partie pour eux, & une partie pour cet Hôpital. Leurs habillemens est une robe longue brune. Cet Hôpital vient d'être nouvellement bâti du produit des Loteries. Les logemens sont beaux & vastes ; & comme un lieu privilégié, ils sont habités par nombre d'Ouvriers & de Marchands qui jouissent de la franchise. Cet emplacement a 200 pas, sur 120. L'Eglise est Paroisse dans cet Enclos. Les Prédicateurs qui prêchent devant le Roi le Carême, sont obligés de prêcher le Carême d'avant dans l'Eglise de cet Hôpital.

Il y a pour la déservir un Curé & 10 Prêtres habitués. La Fontaine dans la Cour, construite en 1671, donne de l'eau de la Seine.

Il y a une Boëte aux Lettres pour la Province.

Cour & Marché des Quinze-Vingts. { *Rue S. Honoré.* / *Rue S. Louis.* }

La Boucherie du Palais Royal, appellée aujourd'hui *des Quinze-Vingts* ou *de S. Honoré*, a été établie en 1633 dans le lieu où était encore la nouvelle clôture de Paris. Il y a aussi un Marché pour la Marée & le Poisson d'eau douce.

Noms des Rues.	*Tenans & aboutissans.*
Rue S. Louis, 50……c c.	*Rue S. Honoré.* *Rue de l'Echelle.*
Rue du Carrousel, 95……c c.	*Place du Carrousel.* *Rue de l'Echelle.*
Place du Carrousel, 125 pas, sur 50.	*Entre la Cour des Tuileries.* *Rue S. Nicaise.*

Ce nom lui vient du fameux Carrousel que Louis XIV donna en 1662. On avait dressé autour de cette place un amphithéâtre en carré, dont chaque face avait 70 toises de longueur, & un contre le Château des Tuileries, pour les Reines de France & d'Angleterre, Princes & Princesses de la Cour. On fit une course de bagues & de têtes. Le Roi était de la Course avec les autres Cavaliers armés chacun d'une lance & d'un dard. L'honneur de cette Course fut adjugé au Marquis de Belfonds, qui reçut des mains de la Reine le prix de la Course.

Rue de l'Echelle, ou de l'Echaudé, 90……c c c.	*Rue S. Louis.* *Rue S. Honoré.*

La Fontaine du Diable donne de l'eau de la Seine, & fut reconstruite en 1759. Il y a un Corps-de-Garde pour les incendies.

Noms des Rues.	*Tenans & aboutissans.*
Rue de S. Florentin, 100 . . . . . . c c.	*Rue S. Honoré.* *Place de Louis XV.*
Nouvelle rue Royale, 100 . . . . . . c c c c c.	*Place de Louis XV.* *Rue S. Honoré.*
Place de Louis XV, 310 pas, sur 250.	*Au Bord de l'Eau.* *Aux Champs Elisées.* *Rue neuve Royale.* *Vis-à-vis les Tuileries.*

Cette Place, élevée sur les dessins de M. *Gabriel*, sera, lorsqu'elle sera achevée, une des plus belles & plus spacieuses Places de l'Europe.

Louis XV le Bien-aimé, ayant été forcé de prendre les armes contre les Ennemis de la France, vit bientôt la Victoire accompagner ses Etendards.

Le Braban, Maline, Anvers, le Namurois, le Hainault, Furnes, Ypres, Menin, & le Fort de Lakenoque, lui furent soumis en 1744.

En 1745, Tournay, Gand, Bruge, Oudenarde, Dendermonde, Ostende, Nieuport & Ath, le furent aussi.

Bruxelles, Anvers, Mons, Saint-Guillain, Charles-le-Roi & Namur subirent le même sort en 1746.

Les Villes de Hults, Danel & de Berg-op-Zoom, furent conquises en 1747.

Les trois Victoires remportées à Fontenoi, Raucoux & Lawfeld, déconcerterent les projets des Ennemis de la France; ils demanderent la paix; elle leur fut accordée en 1748 à Aix-la-Chapelle.

Notre Monarque, aussi généreux que vaillant, n'avait moissonné des lauriers que pour faire une paix solide & durable : pour prouver aux Confédérés la sincérité de ses intentions, il leur remit toutes les conquêtes qu'il avait faites sur eux.

Les Capitales & les Villes du Royaume décernerent des trophées, des triomphes & des honneurs à notre illustre Maître.

Paris, la Capitale des Capitales & Villes de ce florissant Royaume, voulut se distinguer, & fit élever la Statue Equestre de la nouvelle Place de Louis XV.

Elle représente le Roi à cheval, vêtu à la Romaine, & couronné de lauriers; elle est du célèbre *Bouchardon*; commencée l'an 1748, & mise en place le 22 Juin 1763. Après la mort de *Bouchardon*, elle fut jettée en fonte par *Gord*, originaire d'Angoulême, montée par le *Vasseur*, & mise en place par *Lherbette*.

Le cheval a 15 pieds de la tête à la queue. La figure du Roi & du cheval sont d'un seul jet & d'une seule piéce; elles ont 16 pieds de haut: l'on n'a employé que 25 milliers de métal, quoique l'on en ait fondu 50 milliers. Le piédestal aura 22 pieds d'élévation, revétu de marbre blanc, à compter du rez-de-chaussée.

Les Caraïdes qui seront placées aux quatre angles, représentent la Prudence, la Justice, la Force & la Paix, sur 10 pieds de hauteur: trois de ces Caraïdes sont modélées par *Bouchardon*, & dessinées par *Pigal*. *Bouchardon* a été chargé de continuer cet ouvrage, & elles sont fondues par *Garcheman*. Les quatre faces du piédestal seront ornées de bas-reliefs de bronze, représentant la bataille de Fontenoi & la Paix d'Aix-la-Chapelle.

Sur les champ de face & de revers, on lira:

CHAMP DE FACE.	CHAMP DE REVERS.
LUDOVICO *XV*,	*HOC PIETATIS MONUMENTUM*
Optimo Principi	*Præfectus & Ædiles*
Quod ad Sealdem	*Decreverunt anno*
Mosam, Rhenum, victor;	*M. DCC. XLVIII.*
Pacem armis pace,	*Posuerunt anno*
Et suorum & Europæ felicitatem	*M. DCC. LXIII.*
Quæsivit.	

L'entour de cette Place est environné de fossés revétus d'une très-belle maçonnerie, bordée d'une belle balustrade : il y aura quatre fontaines sur lesquelles seront placées quatre Statues.

A la droite de la Place, sont deux beaux & grands édifices destinés à lui servir d'ornement. Ils sont à-peu-près dans le goût de la superbe façade du Louvre, & forment chacun une belle colonade d'architecture, surmontée d'un très-grand fronton, avec des statues, trophées & autres ornemens pour la décorer.

Noms des Rues.	*Tenans & aboutissans.*
Rue de la Bonne Morue, 200. . . . . . CCC.	*Place de Louis XV.* *Rue du Fauxbourg Saint Honoré.*
Rue de Marigny, 200 . . . . CCCC.	*Aux Champs Elisées.* *Rue du Fauxbourg Saint Honoré.*
Rue du Rempart, 150. . . . . . CCC.	*A la Campagne.* *Rue du Fauxbourg Saint Honoré.*
Rue & Barriere du Roule, 700. . . . . . CCCC.	*Chemin de Neuilly.* *Rue du Fauxbourg Saint Honoré.*

Noms des Rues.	*Tenans & aboutissans.*
Grande R. du Fauxbourg S. Honoré, 800. . . . . . . cccc.	*Rue S. Honoré, attenant le Boulevard.* *Barriere du Roule.*

L'Hôtel des Ambassadeurs Extraordinaires, rue du Fauxbourg S. Honoré, le derriere de l'Hôtel sur les Champs Elisées, bâti sur les dessins du sieur *Mollé*, Architecte.

Vis-à-vis cet Hôtel, il y a une Boëte pour les Lettres de la Province.

Les Filles de l'Assomption, vis-à-vis la rue Neuve du Luxembourg, sont de l'Ordre de Saint Augustin, & furent fondées en 1621. Leur dôme forme leur Eglise. Elles sont 26 Religieuses: leur Enclos a 200 pas, sur 150.

Les Capucins furent établis par la Reine Marie de Médicis, l'an 1526; c'est le Chef-Lieu des Capucins de tout le Royaume. Ce qui est remarquable dans leur Eglise, est le Chœur & le Tableau de la Samaritaine, leur Réfectoire & leur Bibliothéque : ils sont 110 Religieux. Leur Enclos a 220 pas, sur 200.

La Fontaine des Capucins donne de l'eau de la Seine.

Attenant cette Fontaine, il y a un Corps-de-

Garde & un Dépôt de Pompes pour les incendies.

Les Feuillans furent établis & fondés en 1587, par Henri III. Henri IV posa la premiere pierre de l'Eglise en 1601; le portail fut achevé en 1624, par les soins de Louis XIII, qui contribua à la dépense de ce portail, coup d'essai de *Mansard.*

Dans le Cloître les vîtres sur lesquelles est peinte la Vie du bienheureux Jean de Barriere, par *Sempi & Michu*; on admire le beau coloris & la délicatesse des peintures.

Lorsque les Nonces arrivent à Paris, ils descendent ordinairement dans ce Couvent, où il y a un appartement qui est destiné pour les recevoir. Ils sont 40 Religieux; leur Enclos a 170 pas, sur 110.

Noms des Rues	*Tenans & aboutissans.*
Passage des Feuillans.	*Rue S. Honoré.* *Dans les Tuileries.*

La Grotte dans le passage est remarquable.

Place de Louis le Grand 180 pas, sur 180.	*Rue S. Honoré.* *Rue Neuve des Petits Champs.*

La Ville se chargea de faire bâtir les maisons

de la place, par contrat du 8 Mai 1699; & le 13 Août suivant, la Statue Equestre du Roi fut dédiée par le Duc de Gêvres, Gouverneur de Paris, & le Corps de Ville : elles ne furent achevées qu'après la mort du Roi, arrivée le 1 Septembre 1715.

Cette Place est de figure octogone, bâtie sur les débris de l'Hôtel de Vendôme, élevée par *J. G. Mansard* : la Statue Equestre de Louis XIV, par *Keller*, sur le modéle de *Girardon*, élevée sur un piédestal de marbre blanc, chargé d'inscriptions, & entouré d'une grille de fer. Les maisons qui forment cette Place, sont toutes dans le même goût d'architecture.

L'Hôtel de M. le Chancelier est à gauche, en entrant par la rue S. Honoré.

La Foire S. Ovide, qui ouvre le 29 Août, se tient dans ladite Place, & dure quinze jours : elle est très-fréquentée & brillante, principalement le soir par les lumieres & décorations.

Noms des Rues	*Tenans & aboutissans.*
Rue S. Honoré, 2500......ccc.	*Porte S. Honoré.* *Rue de la Féronnerie.*

Les Filles de la Conception, Religieuses du Tiers-Ordre de S. François, furent fondées en

1635. Elles sont 25 Religieuses. Leur Enclos a 200 pas, sur 200.

Les Jacobins furent fondés & établis par Henri de Gondy, Evêque de Paris, & par Jean de la Boussiere; ils suivent la Réforme du Pere Michalet, qui en fut le premier Prieur. Ils ont dans leur Eglise plusieurs tableaux, par *Mignard*: le tombeau du Maréchal de Créqui, par *Coustou* l'aîné, sur les dessins de *le Brun*; la figure du Héros par *Coysevox*; le Tombeau de *Pierre Mignard*, dont le célèbre pinceau a fait tant d'honneur à l'Ecole Française; ouvrage admirable de *le Moine*; & le Buste, par *Desjardin*. Ils sont 80 Religieux.

Noms des Rues.	*Tenans & aboutissans.*
Cloître des Jacobins.	*Rue S. Honoré.* *Cul-de-sac S. Hyacinte.*

S. Roch ne fut dans le commencement qu'une petite Chapelle, pour servir d'aide à S. Germain l'Auxerrois, sous le titre des Cinq Plaies de N. S. & l'Invocation de S. Roch. Elle n'a été érigée en Paroisse qu'en 1630, du consentement du Chapitre. Le bâtiment, tel que nous le voyons aujourd'hui, a été commencé par *le Mercier* en 1653, & achevé par *de Côte*, ainsi que le Portail : il paſſe pour un des beaux édifices de Paris. Louis XIV, & la Reine ſa mere, poſerent la premiere pierre de cette Egliſe. On y remarque le percé qui dévoile au coup d'œil le Maître-Autel, la Chapelle de la Vierge, celle de la Communion, & celle du Calvaire. Les magnifiques plafonds des Chapelles de la Vierge & de la Communion, par M. *Pierre*. Les ſtatutes de Notre-Seigneur, l'Annonciation de la Vierge, la Baluſtrade de marbre blanc, le Crucifix de l'Autel du Calvaire & la Chaire, par M. *Challe*. Dans les Chapelles latérales, ornées & décorées en marbre de couleur, ainſi que les Autels & les baluſtrades, dans l'une eſt un tableau repréſentant S. Denis, prêchant la Foi en France, par M. *Vien*; & l'autre, Ste Geneviève des Ardens, par M. *Doyen*. Le miracle des *Ardens* eſt arrivé en 1120. Les habitans de Paris étaient attaqués d'une maladie cruelle qui les dévorait, comme un feu brûlant, & qui en fit périr 14000. Les Médecins en ignoraient la nature, & n'y pouvaient apporter aucun remède. On eut recours à la ſainte Patrone de Paris; on porta la châſſe à l'Egliſe Cathédrale; (ajoûtons auſſi celle de S. Marcel, qui eut part à la guériſon des *Ardens*,) ſi-tôt que ces châſſes parurent à la vue de ce nombre infini de malades, qui s'étaient fait apporter pour demander à Dieu, par l'interceſſion l'intercession de la Sainte, leur guérison, ils furent tous guéris à l'instant. La porte du Chœur en fer, artistement travaillée, est de toute beauté : l'Auteur a sçu varier le fer & le cuivre avec un tel art, qu'il en résulte un très-bel accord. Ce chef-d'œuvre est du sieur *Doré*, Maître Serrurier à Paris. Son Clergé est composé d'un Curé, cinq Vicaires & 60 Prêtres. La Cure est à la nomination de l'Archevêque.

Le Palais Royal.

Il fut bâti en 1636, par le Cardinal de Richelieu, qui en fit donation au Roi en 1639. Le Roi y a fait sa résidence pendant sa minorité. C'est de cette époque qu'il a eu le titre de Palais Royal. Il le céda ensuite à Philippe, son frere, pour en jouir pendant sa vie ; la propriété n'en a été accordée à Philippe d'Orléans, depuis Régent, qu'en faveur de son mariage avec Marie de Bourbon, légitimée de France. Ce Palais a été élevé par *le Mercier* : les nouveaux Appartemens, sur les desseins de M. *Contant*. L'on y remarque la Gallerie d'Enée, peinte par *Coypel* : le Plafond du nouvel appartement, par M. *Pierre* : dans les galleries qui composent environ quinze piéces d'enfilades, on voit une Collection de Tableaux, qui passe pour une des plus riches & des plus precieuses de l'Europe ; tous de la main des Peintres les plus renommés des Ecoles d'Italie, Flamande & Françaiſe. On voit encore dans les divers Appartemens de ce Palais, des bronzes de la derniere perfection, copiés ſur les plus beaux antiques, & placés ſur des tables de lapis, enrichies de moulûre d'or, des Cabinets portatifs garnis de mignatures, de porcelaines d'une forme extraordinaire, des luſtres de cryſtal de roche, & une infinité d'autres choſes dignes d'admiration. Le Cabinet d'Hiſtoire Naturelle, & des Médailles : la grande Gallerie & les nouveaux Appartemens de Monſeigneur le Duc d'Orléans, ſont décorés par *Oppenord.*

Par rapport à l'incendie de 1762, Monſeigneur le Duc d'Orléans a fait jetter bas toute la façade de ce Palais, rue S. Honoré, & l'a fait reconſtruire à neuf; il a même formé deux Pavillons qui ſont de toute beauté. L'Eſcalier pour monter à ſes Appartemens, eſt d'un goût unique : la rampe de fer, par *Corbin*, Serrurier: les deux figures qui tiennent les falots, & le veſtibule pour y conduire, ſont de toute beauté, & annoncent la grandeur & la magnificence des dedans des Appartemens.

Le Jardin a 250 pas, ſur 110. Il a été planté ſur le deſſein de *Deſgots* : la grande allée de maronniers de 250 pas, sur 20, qui forme un très-beau berceau, présente un agréable spectacle, par la brillante compagnie qui s'y trouve rassemblée : l'allée du milieu, qui rend à la perspective, est la plus fréquentée pendant l'hiver, depuis midi jusqu'à deux heures. On entre dans cette promenade par la porte du Palais, du côté de la Place, & par celle qui donne rue Neuve des Petits Champs, vis-à-vis la rue Vivienne. On y observe la même Police que dans les autres promenades publiques. Le Bassin a 82 toises de circonférence. Les Faunes, Satyres & Hamadriades, par le *Ramberg*; les Thermes, par *Coysevox*.

La Fontaine de la cour du Palais, du côté de la rue des Bons Enfans, donne de l'eau de la Seine.

L'emplacement de l'Opera & toutes les autres rues dépendantes du Palais Royal, du côté de S. Honoré, sont bâtis sur les ruines de l'Hôtel d'Armagnac, lors de la trahison de Perinet le Clerc, ainsi qu'il est dit, rue S. André des Arcs.

Les partisans & amateurs de ce Spectacle & de la Musique, doivent avoir obligation de cet amusement au Cardinal Mazarin, qui, en voulant flatter le goût de la Reine Anne d'Autriche, qui aimait passionément les spectacles, fit venir d'Italie des Comédiens; & avec beaucoup de dépenses, avait introduit des représentations en musique. La premiere piéce, représentée au Petit-Bourbon en 1645, fut la Fête de la *Finta Pazza*. En 1647, on représenta *Orphée & Euridice* : aux noces du Roi, on donna l'*Ecole Amante*. Ces Comédies engagerent M. le Marquis de Sourdac, homme habile en Mathématiques, de leur inventer les plus merveilleuses machines : ils réussirent, & eurent l'agrément du Roi pour faire un Théâtre public, avec le titre d'*Académie Royale de Musique*, pour se distinguer des autres Comédiens. Peu d'années après, ils représenterent des piéces qui allerent de pair avec les plus fameux que l'Italie eût encore produits. La mort du Cardinal suspendit les progrès de l'Opera, par des disputes qui arriverent entre Perrin & le Marquis de Sourdac. Le Roi transfera le privilége à Jean-Baptiste Lulli, par des Lettres Patentes enregistrées au Parlement, par lesquelles il lui permet d'établir une Académie Royale de Musique, & que les personnes nobles pourraient chanter aux représentations dans cette Académie, sans déroger en rien de leur noblesse.

Lulli loua & plaça son Théâtre au Jeu de Paume de Bel-Air, & y fit jouer les *Fêtes de l'Amour & de Bachus*, à l'une desquelles représentations l'on vit danser M. le Duc de Montmorency, M. de Villeroi, le Marquis de Rassen, en présence du Roi. La salle du Palais Royal que Moliere & sa Troupe laisserent vuide, pour aller à l'Hôtel de Guénégauld, fut donnée à Lulli; & depuis ce tems, l'Académie de Musique y a toujours continué ses représentations. Lulli s'est attaché Quinaut, qui l'a illustré par ses vers lyriques. L'Opera fut bâti en partie sur cette emplacement, en 1610, époque de son établissement. Il a été brûlé en 1762: on le rebâtit d'un goût nouveau, avec quatre rangs de loges.

Dans le Balet du Triomphe de l'Amour, en 1681, l'on vit, pour la premiere fois, des Danseuses sur le Théâtre de l'Opera. La huitieme année du regne de Henri IV, c'étaient des hommes qui s'habillaient en femmes, pour figurer dans les Balets.

La Maupin, Actrice de l'Opera, étant allée à un Bal, donné au Palais Royal, par Monsieur, Frere unique du Roi, s'était déguisée en homme, à son ordinaire; comme elle tenait à une jeune Dame des propos indécens, trois amis de cette Dame, offensés d'une telle hardiesse, tirerent à part le prétendu Cavalier, & le firent descendre dans la place. La Maupin sortit sans hésiter, mit l'épée à la main, & les blessa tous trois: elle remonta froidement dans le Bal, & se fit connaître à Monsieur, qui lui obtint sa grace.

Ce Spectacle eſt ſans contredit le plus brillant qu'il y ait dans Paris. Il réunit à la fois toutes les eſpèces d'enchantemens ; les Piéces que l'on y repréſente, ſont des Operas *tragiques* ou *comiques*, *ſérieux* ou *tendres*, ou *plaiſans*, quelquefois même *bouffons*. Ils y ſont rendus en vers *lyriques*, n'étant faits que pour être mis en muſique. Tout y eſt admirable. Les charmes de la voix, de la figure, des inſtrumens, de la danſe, des machines, des décorations, ſont au-delà de toutes expreſſions.

L'Opera joue quatre fois la ſemaine pendant l'hiver, le Dimanche, Mardi, Jeudi & Vendredi : pendant l'été, depuis le Jeudi avant l'Aſcenſion, juſqu'au Jeudi d'après la S. Martin, le Dimanche, Mardi & Vendredi.

Prix des Places.

Balcons des Seigneurs, aux deux côtés de l'Orcheſtre.	10 liv.	
Premieres Loges & Amphithéâtre.	7	10 ſ.
ſecondes Loges.	4	
Paradis & Parterre.	2	

Quand on veut retenir des Loges, le prix eſt alors plus fort. Le privilége de donner au Public des Bals où l'on paye, appartient à l'Académie

Royale de Musique, & ils se donnent dans la Salle de l'Opera, disposée de façon, qu'elle forme une belle gallerie, décorée de loges, banquettes, de lustres, de girandoles, de buffets & d'orchestres pour la symphonie.

Ces Bals commencent le jour de la S. Martin, & ils continuent tous les Dimanches jusqu'à l'Avent. On les reprend le jour des Rois, & on les donne le Dimanche & le Jeudi, jusqu'au Carême, y compris le Lundi & Mardi-gras.

Ils commencent à 11 heures du soir, & finissent à 7 heures du matin. On y entre masqué, ou non masqué; mais sans canne ni épée. Les Billets sont de 6 liv. par personne.

Le Chapitre S. Honoré est composé d'un Chantre & de 12 Chanoines; Canonicats des plus considérables de Paris, à la nomination de M. l'Archevêque. Le tombeau du Cardinal Dubois est remarquable; il est de *Coustou* le jeune.

Noms des Rues.	*Tenans & aboutissans.*
Cloître S. Honoré.	*Rue des Bons Enfans.* *Rue de Grenelle.* *Rue S. Honoré.*

Sous le regne de Philippe-le-Bel, cet emplacement, celui des Quinze-Vingts & de S. Thomas du Louvre, étaient entourés de champs & de vignes; & l'on voit dans un vieux registre de ce tems-là, que la récolte de bled & d'avoine fut très-considérable. Ces Eglises ne furent renfermées dans Paris que sous Charles V, par l'enceinte commencée en 1367, & achevées sous Charles VI, en 1383, lesquelles subsisterent jusqu'en 1633.

Noms des Rues.	*Tenans & aboutissans.*
Rue des Boucheries, 100. . . . . c c.	*Rue S. Honoré.* *Rue de Richelieu.*
Rue de Richelieu, 1100. . . . . c c c.	*Rue S. Honoré.* *Rue Grange-Bateliere.*

La Fontaine, au coin de la rue Traversiere, donne de l'eau de la Seine, bâtie en 1671.

Rue de Ménard, 100. . . . . c c.	*Rue de Gramont.* *Rue de Richelieu.*
Rue du Rempart, 60. . . . . . c c.	*Rue S. Honoré.* *Rue de Richelieu.*
Rue des Bons Enfans, 350. . . . . . c c.	*Rue S. Honoré.* *Rue Neuve des Petits Champs.*

Cette rue, ainsi nommée, d'un Collége de Bons Enfans, qui ne subsiste plus.

Noms des Rues.	*Tenans & aboutissans.*
Rue Neuve des Bons Enfans, 200. . . . . . c ç c.	*Rue Baillif.* *Rue Neuve des Petits Champs.*
Rue de l'Anclade, 40. . . . . . . c c.	*Rue Traversiere.* *Rue des Frondeurs.*
Rue des Frondeurs, 100. . . . . . c.	*Rue l'Evêque.* *Rue S. Honoré.*
Rue Traversiere, 260 . . . . . c c.	*Rue de Richelieu.* *Rue S. Honoré.*
Cul-de-sac Brassierre.	*Rue Traversiere.*
Rue du Hazard, 120. . . . . c c.	*Rue Traversiere.* *Rue Sainte Anne.*
Rue Villedot, 120. . . . . c c.	*Rue de Richelieu.* *Rue Sainte Anne.*
Rue Sainte Anne, 400 . . . . . c c c.	*Rue Neuve S. Augustin.* *Rue des Frondeurs.*

Les Nouvelles Catholiques furent instituées par Jean-François de Gondy, & fondées par M. le Maréchal de Turenne, & établies par brevet du Roi pour l'instruction des Nouvelles Catholiques. Elles sont 30 Religieuses : l'enclos a 110, sur 60.

Noms des Rues.	*Tenans & aboutiſſans.*
Rue Clos-Jorgeot, 80. . . . . . . .c c.	*Rue Sainte Anne.* *Rue Traverſiere.*
Rue des Moulins, 90. . . . . . .c c c.	*Rue Neuve des Petits Champs.* *Rue Sainte Therèſe.*

Cette rue a conſervé le nom des Moulins, parce que, avant qu'elle fût bâtie, il n'y avait que des moulins ſur la butte S. Roch.

Rue Royale, 90. . . . . . .c c.c.	*Rue des Orties.* *Rue Sainte Therèſe.*
Rue de Vantadour, 110 . . . . . . .c c c.	*Rue Neuve des Petits Champs.* *Rue Sainte Therèſe.*
Rue Sainte Therèſe, 105 . . . . . . .c c c.	*Rue de Vantadour.* *Rue S. Honoré.*
Rue des Orties, 40. . . . . c c.	*Rue d'Argenteuil.* *Rue des Moineaux.*
Rue des Mulets, 25. . . . . c.	*Rue d'Argenteuil.* *Rue des Moineaux.*
Rue des Moineaux, 150. . . . . . c c.	*Rue des Orties.* *Rue S. Roch.*

La Fontaine donne de l'eau de la Seine.

Noms des Rues.	*Tenans & aboutiſſans.*
Rue l'Evêque, 150. . . . . . . c c.	*Rue des Orties. Rue des Frondeurs.*
Rue d'Argenteuil, 200. . . . . c c.	*Rue des Frondeurs. Rue Neuve S. Roch.*
Cul-de-ſac S. Roch.	*Rue d'Argenteuil.*
Rue Dauphin, 40. . . . . c.	*Rue S. Honoré. Porte des Tuileries.*
Rue Neuve & Butte S. Roch, 300. . . . . . c c c.	*Rue S. Honoré. Rue Neuve des Petits Champs.*

La Communauté de Sainte Anne a été établie pour enſeigner gratuitement aux pauvres filles de la Paroiſſe, les métiers dont elles ſeront jugées capables. Elles ont été fondées par M. Fremont, Grand-Aumônier de France, l'an 1686. Elles ſont quinze Sœurs : l'enclos á 40, ſur 60.

Les Anglais étant maîtres de Paris en 1429, Charles VII, le 8 de Septembre, fit attaquer Paris. Voici ce qu'en dit l'Hiſtoire.

» Vint ledit Roi aux champs vers la porte Saint » Honoré, ſur une butte qu'on nommait *le Mar-*

» *ché aux Pourceaux*, & y fit dresser plusieurs » batteries de canons & coulevrines. Jeanne la » Pucelle dit qu'elle voulait assaillir la ville; elle » n'était pas bien informée de la quantité d'eau » qui était dans les fossés; (ils étaient où sont aujourd'hui les rues des Boucheries & Traversiere) » elle sonda l'eau avec une lance, de ce côté-là, » parce qu'elle voulait y commencer son attaque. » Elle reçut dans ce moment-là, un trait d'arba- » lêtre, qui lui cassa les deux cuisses; elle ne vou- » lut pas, malgré ses deux cuisses cassées, se reti- » rer; elle fit apporter du bois & des fagots pour » combler ces fossés, dans l'espoir de passer au pre- » mier mur; (ce premier mur était où est aujourd'hui la rue du Rempart, qui traverse de la rue de Richelieu dans la rue S. Honoré, vis-à-vis celle de S. Nicaise). » On l'engagea à se retirer; » elle persista à rester, & elle ne céda qu'aux inf- » tances du Duc d'Alençon, qui l'emmena pour » la faire pancer. Il y avoit aussi beaucoup de mou- » lins sur cette butte. » Le Roi l'ennoblit, avec son pere, ses freres & toute sa postérité, en ligne masculine. Cette admirable fille fut prise en 1430, dans une sortie qu'elle faisait pour la défense de Compiegne, & fut brûlée à Rouen, par les Anglais, le 14 Juin 1431, comme visionnaire, impie & magicienne. Sa mémoire fut pleinement rétablie en 1456.

Noms des Rues.	*Tenans & aboutissans.*
Rue de la Sourdiere, 210. . . . . . ccc.	*Cul-de-sac de la Corderie.* *Rue S. Honoré.*
Cul-de-sac de la Corderie.	*Rue de la Sourdiere.*
Rue Neuve des Petits Champs, 710. . . . . . . ccc.	*Rue de la Feuillade.* *Rue des Capucines.*

L'Hôtel du Contrôleur Général était ci-devant l'Hôtel des Ambassadeurs Extraordinaires.

Il y a attenant la petite porte du jardin du Palais Royal, un Bureau du Timbre *D* de la petite Poste.

L'Hôtel de la Compagnie des Indes a porté le nom de Palais de Mazarin, jusqu'à ce que le Roi, en 1719, en fit présent à la Compagnie.

Il y a une Boete pour les lettres de la Province, au coin de la rue Gaillon.

Les Capucines furent fondées en 1601, par la Reine Louise de Lorraine, veuve de Henri III. Elle laissa par testament 60000 liv. de rente à ce Couvent. Les bâtimens furent commencés en 1604 : la premiere pierre fut posée par la Duchesse de Mercœur. Ces Religieuses conservent le corps de S. Ovide, que le peuple honore beaucoup. Il fut déposé le 19 Août 1665 : c'est M. le Duc de Créqui

qui a apporté de Rome le corps de ce Saint Martyr. Dans une des Chapelles est le Tombeau du Duc de Créqui, par *Mazelline* & de *Heurtrelle*. Sur l'Autel, le tableau peint par *Jouvenet*, représente le martyre de S. Ovide. Toute cette Chapelle est d'une grande magnificence, tant par la sculpture, que par l'architecture. Le Tombeau du Marquis de Louvois, par *Gérardon*. La figure de la Marquise de Louvois, par *Desjardin*. Elles sont 43 Religieuses. Leur Enclos a 310 pas, sur 110.

Noms des Rues.	*Tenans & aboutissans.*
Rue des Capucines, 250.....ccc.	*Rue Neuve des Petits Champs.* *Aux Boulevards.*
Rue Neuve du Luxembourg, 250.....ccc.	*Rue S. Honoré.* *Rue des Capucines.*

Il y a une Boëte aux Lettres pour la Province, rue S. Honoré, vis-à-vis cette rue.

Le Bureau du Timbre *E* pour les Lettres de la petite Poste de Paris.

LE QUARTIER DU PALAIS ROYAL

RENFERME:

1 Paroisse.
77 Prêtres.
2 Chapitres.
32 Chanoines.
3 Couvents d'hommes.
240 Religieux.
5 Couvents de femmes.
159 Religieuses.
3 Cloîtres.
1 Hôpital & lieu privilégié.
2 Palais.
2 Jardins publics.
4 Places.
L'Hôtel des Ambassadeurs Extraordinaires.
44 Rues.
1 Manége.
6 Fontaines.
2 Corps-de-Gardes pour les incendies.
5 Boëtes aux Lettres pour la Province.
2 Bureaux pour la petite Poste de Paris.
L'Opera.
2 Forts Marchés.
L'Hôtel de la Chancellerie.
L'Hôtel de M. le Contrôleur Général.
1 Quai.
5 Culs-de-sacs.
1 Quai.
284 Lanternes éclairaient ce Quartier.

TABLEAU DES RUES
DU QUARTIER
DU PALAIS ROYAL.

Noms

YA

& (

P

e.)
re. (a

-fac
e S.)
c)

e dc)

XVII QUARTIER S. GERMAIN DES PRÉS.

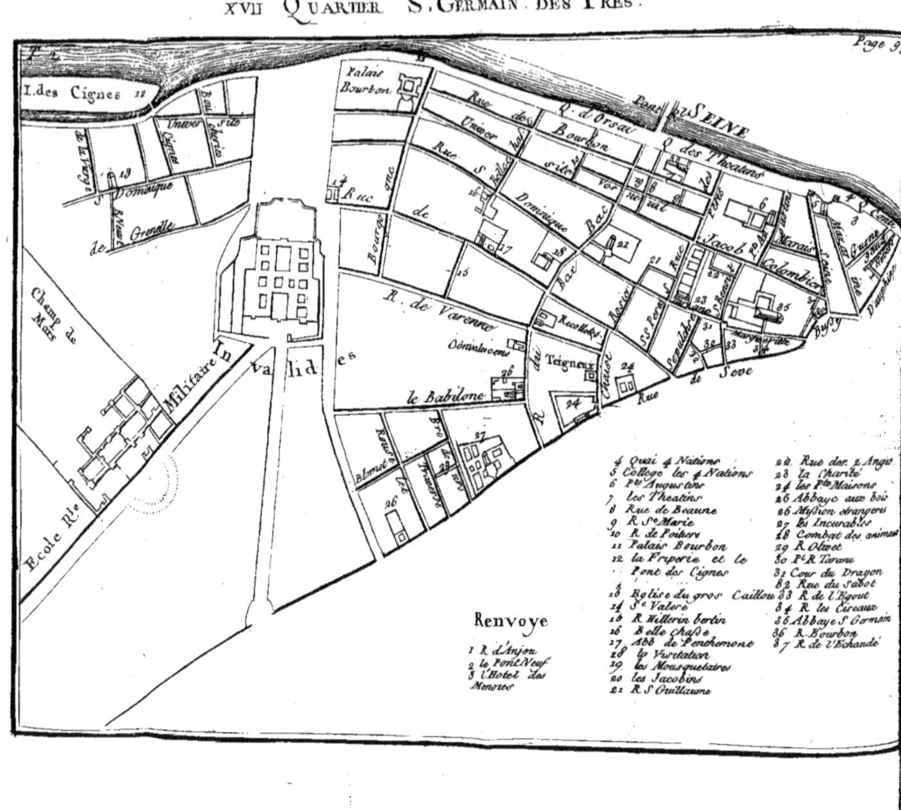

XVIIe QUARTIER,

DU FAUXBOURG

SAINT GERMAIN DES PRÉS.

CE quartier est borné, à l'Orient, par les rues Dauphine, de Bussi, du Four & de Sève, exclusivement : au Septentrion, par la Riviere, y compris le Pont Royal & l'Isle aux Cygnes, inclusivement : à l'Occident & au Midi, par les extrémités du Fauxbourg, depuis la Riviere, jusqu'à la rue de Sève, exclusivement.

Ce quartier n'a fini d'être pavé qu'en 1545. Il y a un très-grand nombre de beaux Hôtels, dans lesquels résident la principale Noblesse de France & Etrangere. Le canton de S. Sulpice (celui de la cour de l'Abbaye S. Germain est privilégié) abonde en ouvriers industrieux.

Noms des Rues.	*Tenans & aboutissans.*
Rue Plumet, 25 . . . . . . cc.	*Rue des Brodeurs.* *A la Plaine de Grenelle.*
Rue des Brodeurs, 350 . . . . . . cc.	*Rue de Sève.* *Rue Plumet.*

Noms des Rues.	Tenans & aboutiſſans.
Rue de Traverſe, 350. . . . . cc.	*Rue Plumet.* *Rue de Sève.*
Rue Rouſſelet ou des Vaches, 340. . . . . . . c c.	*Rue de Sève.* *Rue Plumet.*
Rue Olivet, 25. . . . . c.	*Rue des Brodeurs.* *Rue de Traverſe.*
Rue de Babylonne, 310. . . . . . c c c.	*Rue du Bac.* *Plaine de Grenelle.*
Rue de Sève, 1110. . c c c c c c.	*Carrefour de la Croix-Rouge.* *A la Barriere.*

Il y a une Boëte aux Lettres pour la Province au coin de la rue des Brodeurs.

Les Petites-Maiſons. Cet Hôpital a été fondé par la Ville de Paris en 1497, ſous le titre de la maladie de S. Germain, & depuis elle s'appelle l'*Hôpital des Petites-Maiſons.*

Les Vieillards s'y retirent; les uns payant, d'autres *gratis.* L'on y reçoit les inſenſés : l'on y guérit la teigne & les maladies vénériennes, en y payant peu de choſe.

Les Incurables ont été fondés en 1637, pour

les maladies incurables. Il y a cinq Salles d'hommes & cinq de femmes. Les malades qui n'ont point de lit fondé, payent à proportion de l'âge & de la maladie. L'on y est très-bien & très-proprement.

La Fontaine des Incurables donne de l'eau d'Arcueil.

Barriere de Sève. Le combat du Taureau se donne au Public en champ clos, les mêmes jours que le Concert Spirituel : l'on y voit des animaux quadrupedes, domestiques & sauvages, se battre les uns contre les autres, ou contre des dogues élevés à cela; lesquels mettent à mort les jours de grandes fêtes des Taureaux, des Lions, des Tigres, des Loups, des Ours, &c. contre lesquels ils se battent; ensuite le divertissement du *Peccata*, qui lutte contre les chiens & le oulvari. Ce spectacle s'annonce, comme les autres, par des affiches. Le prix des places est de

Pour les 1res loges, 3 liv.	Amphithéâtre, 1 liv. 10 s.	
Pour les 2es . . . 8 s.	Parterre, ... 15	

Noms des Rues.	*Tenans & aboutissans.*
Rue de la Chaise, 300. CCC	*Rue de Grenelle.* *Rue de Sève.*

Noms des Rues.	*Tenans & aboutissans.*
Rue du Sabot, 100........cc.	*Rue du Four.* *Rue du Sépulchre.*
Rue de l'Egoût, 90........c.	*Rue du Four.* *Rue S. Benoît.*
Cour du Dragon Sainte Marguerite, 50........c.	*Rue de l'Egoût.* *Rue du Sépulcre.*
Rue Sainte Marguerite, 210......cc.	*Rue de l'Egoût.* *Carrefour du Marché S. Germain.*
Rue Jacob, 250....cccc.	*Rue des SS. Peres.* *Rue du Colombier.*
Rue S. Benoît, 200......cccc.	*Rue Taranne.* *Rue Jacob.*

L'Abbaye S. Germain des Prés fut fondée dans le cinquiéme siécle, par Childebert, l'an 559: c'est la plus ancienne Communauté de Religieux qu'il y ait à Paris. Cette Abbaye, dans ce tems-là, était hors de Paris; elle ressemblait à une citadelle; ses murailles étaient flanquées de tours & environnées de fossés: un canal large de 13 à 14 toises, qui commençait à la Riviere, coulait le long du terrein où est à présent la rue des Petits Augustins, appellé *le Grand Pré aux Clercs*. On les combla en 1640, & l'on y bâtit les rues adjacentes. Une partie de l'Armée d'Henri IV était campée dans ce Pré, lorsqu'il assiégea Paris en 1589. Le premier de Novembre, à la faveur d'un brouillard qui se leva comme par miracle, le Roi surprit les Fauxbourgs S. Jacques & S. Germain des Prés; & sur les sept heures du matin, il fit faire dans la Salle du Petit Bourbon (à présent le Val-de-Grace), un lit de paille fraîche, sur laquelle il reposa environ trois heures. Le même jour, ayant envie de voir Paris à découvert, il monta au haut du clocher de S. Germain des Prés, où le conduisit un Moine, avec lequel il se trouva seul. En étant descendu, il dit au Maréchal de Biron: *Une appréhension m'a saisi étant avec un Moine, & me souvenant du coûteau de Frere Clement*. Le 3, il se retira avec ses troupes. Le Parti Catholique lui envoya des Députés, pour lui donner des assûrances de fidélité, à condition qu'il se ferait Catholique au plutôt. Il fit abjuration à S. Denis, le 25 Juillet 1593, & fut reconnu Roi de France; ce qui lui fit dire cette pointe d'esprit: *Le meilleur canon que j'ai employé, c'est le canon de la Messe; il a servi à me faire Roi.*

Leur Eglise quitta le nom de Sainte Croix & de S. Vincent en 754, pour prendre celui de Saint Germain; elle a servi de sépulture aux Rois. Cette Abbaye a été réformée en 1513; elle le fut de nouveau en 1631, & aggrégée à la Congrégation de S. Maur. L'architecture la plus remarquable, est le Réfectoire, & la Chapelle de la Vierge bâtie par *Pierre de Montreau.* Dans le Chœur, 9 Tableaux de *Cazès*; 10 autour de la Nef, de la main des meilleurs Peintres. Le Maître-Autel a été exécuté par M. *Slodtz*, sur le dessin d'*Oppenord.* La Châsse est un ouvrage gothique, de quatre pieds, ou environ, de longueur, haut à proportion : tout le corps de cet édifice est de vermeil, enrichi de quantité de pyramides & d'ornemens recherchés & bien finis. On a employé quarante-deux marcs deux onces d'or pour la couverture, & pour une lame qui couvre la caisse dans laquelle les Reliques du Saint sont renfermées, qui est doublée d'une autre lame d'argent, & deux cens cinquante marcs d'argent pour tout le reste de l'ouvrage. On y compte cent soixante-huit pierres précieuses, & cent quatre-vingt-dix sept grosses perles. L'or dont on s'est servi, a été tiré de l'ancienne Châsse donnée par *Odon* ou *Eudes*, Comte de Paris, qui a été depuis Roi de France.

Le tombeau du Roi Jean Casimir, de *Marsy*;

celui de Castellan, par *Girardon*; à côté, celui de Furstemberg, par *Coyzevox*.

Dans la Sacristie, un ancien Tableau, dont le principal sujet est une Descente de Croix, mais dont le lointain est une partie très-curieuse par la vue de l'Abbaye, comme elle était en 1418. On y découvre l'ancien Louvre du tems de Philippe Auguste, & la Ville de Paris y paraît être d'une très-petite étendue. On voit des reliquaires précieux, & des ornemens très-riches.

Leur Bibliothéque est une des plus célébres par le grand nombre de volumes & de manuscrits qu'elle renferme. On y voit un grand nombre de piéces curieuses, & de monumens de la plus haute antiquité; une collection de bustes & de bronzes, parmi lesquels on estime particulierement celui du grand Arnaud, de la main de *Girardon*; un Tableau représentant le meurtre d'Abel, de *le Brun*; le modéle de la tête de Louis XV, sur celle de sa figure équestre, de *Bouchardon*.

Ils sont 60 Religieux. Leur Enclos a 240, sur 260.

Jusqu'au tems du Roi Robert, on n'avait connu en France que la mélodie; *Don Guy Arrétin d'Arrezzo*, Bénédictin, inventa, vers l'an 1026, la musique à plusieurs parties. Il trouva les signes, la gamme, & les six fameuses nottes, *ut*, *re*, *mi*, *fa*, *sol*, *la*, qu'il prit, dit on, des six premiers vers de l'Hymne de S. Jean : *Ut queant laxis.*

Le Marché de l'Abbaye S. Germain des Prés est un fort Marché, où l'on trouve tout ce qui est nécessaire à la vie, & capable de flatter le goût. Gérard, Abbé de S. Germain, à la priere des habitans, érigea en 1274 une Boucherie contre le Fauxbourg S. Germain, & les murs de l'Université, dans ce tems-là, qui est aujourd'hui la Boucherie de l'Abbaye.

Dans cette rue, & attenant ce Marché, est la Prison de l'Abbaye ; c'est où l'on met les Soldats.

Au bout du Marché, il y a un Corps de-Garde du Guet de Paris.

Noms des Rues.	*Tenans & aboutissans.*
Rue Abbatiale, 98. . . . . . . c.	*Petit Marché.* *Grille du Palais Abbatial.*
Rue du Cardinal, 25. . . . . . . **.	*Enclos S. Germain des Prés.*
Rue de l'Echaudé, 250 . . . . . . c.	*Rue de Seine.* *Rue de Bourbon-le-Château.*
Rue du Guichet, 40. . . . . . . **.	*Au coin de la Rue de Bourbon-le-Château.*

Noms des Rues.	*Tenans & aboutissans.*
Cour Abbatiale.	*Rue du Colombier.* *Rue de Bussi.*

Il y a une Fontaine, construite en 1715, qui donne de l'eau de la Seine.

Noms des Rues.	*Tenans & aboutissans.*
Rue de Bourbon-le-Château, 30........ cc.	*Cour Abbatiale.* *Rue de Bussi.*

Il y a une Boëte aux Lettres pour la Province.

Noms des Rues.	*Tenans & aboutissans.*
Rue de Bussi, 260....... c c c.	*Carrefour de Bussi.* *Au Marché de l'Abbaye.*
Carrefour de Bussi.	*Rue de la Comédie Française.*
Rue des Boucheries, 250...... c c.	*Au Marché S. Germain.* *Rue de la Comédie Française.*

La moitié de cette rue, du côté du Marché, a été bâtie sur un terrein qui faisait partie de la garenne de Philippe-le-Bon, Roi de Navarre, & de Charles-le-Mauvais, son fils, en 1315.

Noms des Rues.	*Tenans & aboutissans.*
Le passage de la Treille.	*Rue des Boucheries.* *Dans le Marché de la Foire S. Germain.*
Rue de Seine, 400 . . . . . . c c c.	*Rue de Bussi.* *Au Collége des Quatre-Nations.*
Rue des Mauvais Garçons. 120. . . . . c c.	*Rue des Boucheries.* *Rue de Bussi.*

Il y a un Dépôt de Pompes & un Corps-de-Garde pour les Incendies.

Rue du Colombier, 200 . . . . c c c.	*Rue de Seine.* *R. des Petits Augustins.*

Les Religieuses de la Miséricorde furent fondées par Magdeleine Martin, en 1633. Elles sont 20 Religieuses de l'Ordre de S. Augustin : leur enclos a 100 pas, sur 80.

Rue des deux Anges, 150 . . . . . . c c.	*Rue Jacob.* *Rue S. Benoît.*
Rues des Marais, 200. . . . . c c.	*Rue de Seine.* *R. des Petits Augustins.*

Noms des Rues.	Tenans & aboutissans.
Petite Rue Taranne, 20.......cc.	*Rue de l'Egoût. Rue du Sabot.*
Rue du Sépulcre, 230......ccc.	*Carrefour de la Croix-Rouge. Rue Taranne.*
Grande Rue Taranne, 220..,..ccccc.	*Rue des SS. Peres. Rue de l'Egoût.*

La Fontaine de la Charité donne de l'eau d'Arcueil. Elle a été construite en 1671.

Rue des Saints Peres, 500.....cccc.	*Rue de Grenelle. Quai des Théatins.*

L'établissement de l'Hôpital des Peres de la Charité, remonte à la seconde femme de Henri-le-Grand, l'an 1602. C'est le Chef-Lieu de tous les Ordres de S. Jean de Dieu, qui sont répandus dans tout le Royaume & nos Colonies. Il y a deux cens lits dans cet Hôpital; les malades y sont très-bien soignés, & servis par soixante Freres. Ils joignent aux soins du corps celui de l'ame, par les catéchismes qu'ils font aux malades qui commencent à devenir convalescens. L'on y remarque le

Portail, le Tableau de S. Jean de Dieu, & la figure du Prêtre Bernard. Son enclos a 230 pas, sur 120.

Noms des Rues.	*Tenans & aboutissans.*
Rue S. Guillaume, 120. . . . . . . c c.	*Rue des SS. Peres.* *Rue S. Dominique.*
Rue des Rosiers, 160. . . . . . c c c.	*Rue S. Dominique.* *Rue de Grenelle.*
Rue de la Planche, 210. . . . . . c c c.	*Rue du Bac.* *Rue de la Chaise.*
Grande rue du Bac, 1000. . . . . . . c c c.	*Rue de Sève.* *Pont Royal.*

La rue du Bac a pris son nom d'un Bac qui servait à passer la riviere, avant qu'il y eût un Pont vis-à-vis le Château des Tuileries.

Il y a une Boëte aux Lettres pour la Province près l'Hôtel des Mousquetaires.

La premiere Compagnie des Mousquetaires fut créée en 1622, au Pas-de-Suze, sous Louis XIII, qui y était en personne, à la bataille des Dunes, où elle donna des preuves de la plus grande valeur. Louis XIV, par son Edit du mois de Septembre 1659, ordonna à la Ville, pour soulager les habitans du Fauxbourg S. Germain, de construire l'Hôtel où ils sont à présent *Voyez à l'article des Mousquetaires Noirs, Fauxbourg S. Antoine.*

Les Dames de Sainte-Marie de la Visitation, Ordre de S. François de Sales, furent fondées en 1673. Elles sont trente-deux Religieuses : leur enclos a 130 pas, sur 70.

Le Monastère Royal de l'Immaculée Conception, est un Hôpital de Convalescens de la Charité, fondé 1642, par Madame de Bullion ; il y a douze lits pour la fondation. les Convalescens, sortant de la Charité, peuvent y être reçus, excepté les Prêtres, les Soldats & les Laquais ; exclusion bien singuliere. L'enclos a 150 pas, sur 100.

Il y a une Boete aux Lettres pour la Province près la rue de Grenelle.

Le Séminaire des Missions Etrangeres a été fondé par Bernard de Sainte-Therèse, Evêque de Babylonne, pour y former des Prêtres, qui vont prêcher la Foi aux Indes, & autres pays étrangers. Louis XIV posa la premiere pierre de leur Eglise. Leur enclos a 140 pas, sur 90. L'on ne peut fixer le nombre de Prêtres & Etudians qu'il y a.

Noms des Rues.	*Tenans & aboutissans.*
Rue de Grenelle, 1580.....CCC.	{ *A la Croix-Rouge.* *Aux Invalides.*

La Fontaine de la rue de Grenelle est du dessin & de l'exécution de *Bouchardon* : tout le bâtiment regne sur un côté de la rue. Le milieu fait un avant-corps, les deux côtés, en portions circulaires au rez-de-chaussée du corps du milieu, orné & couronné de socles de glaçons, qui sert de base à trois Statues de marbre ; la premiere représente la Ville de Paris, assise sur une proue de vaisseau, un sceptre à la main, portant sur la tête une couronne de tours : elle regarde la Seine & la Marne couchées à ses pieds, qui paraissent se féliciter de l'ornement & de l'abondance de cette Ville qu'ils baignent de leurs eaux. Un frontispice formé par quatre colonnes cannelées d'ordre Ionique, dans le timpan duquel sont les Armes de la Ville. Quatre niches cintrées où sont placés les Génies des Saisons : le Printems, sous la figure d'un jeune Homme, paré d'une guirlande de fleurs, qui soutient un bélier : la seconde, autre jeune Homme qui regarde fixement le soleil, & qui tient un feston d'épis, exprime l'Eté : entre les mains du troisième, des balances & des raisins désignent l'Automne : le quatriéme est la figure de l'Hiver, accompagné du Capricorne. Elle fut bâtie en 1736.

L'Abbaye de Pantemont fut transportée de Beauvais à Paris, l'an 1645, & est substituée au lieu des Filles du Verbe Incarné. L'Abbesse est élective

élective & triennale; elles suivent l'Ordre de Cîteaux. Leur enclos a 200 pas, sur 100. Elles sont vingt Religieuses.

Le Couvent des Religieuses Carmelites fut fondé par la Reine Marie-Thérèse d'Autriche, l'an 1664. Leur enclos a 200 pas, sur 130. Elles sont quarante Religieuses.

La Ville, pour répondre aux anciens Boulevards, en a fait faire de nouveaux en 1761; ils contiennent 3683 toises. Ils commencent à la Barriere de la rue de Grenelle, & traversent la tête de la rue de Babylonne, vont à la rue de Sève, de Vaugirard, à la rue d'Enfer, le long des Chartreux gagnent la Barriere S. Jacques, au-dessus des Capucins, vont gagner la chaussée de Fontainebleau & de Choisy-le-Roi, & continuent jusqu'à la Riviere de Seine, en face du Jardin de l'Arsenal, laissant l'Hôpital de la Salpétriere en dehors. Ils feront une jolie Promenade, quand les Arbres, qui sont plantés, donneront de l'ombrage; & seront, à cause du bon air qu'on y respire, plus agréables que les anciens Boulevards.

Le Boulevard, depuis la Porte S. Antoine jusqu'à la Porte S. Honoré, a . . . 2400. } 6083 toises.

Le nouveau, depuis les Invalides, jusqu'à l'Hôpital de la Salpétriere, 3683. }

Noms des Rues.	Tenans & aboutissans.
Rue de Varenne, 800......ccc.	Rue de la Planche. Aux Invalides.
Rue Hillerin Bertin, 250......ccc.	Rue de Varenne. Rue de Grenelle.
Rue S. Dominique, 1200......ccc.	Rue des SS. Peres. A la Barriere.

Les Chanoinesses de Belle-Chasse furent appellées *de Charles-Ville*, où elles étaient établies, l'an 1632, par la Baronne de Plancy, qui les logea dans sa maison le 21 Novembre 1636. Elles occuperent celle où elles sont aujourd'hui, qui leur fut donnée par M. Barbier. Leur enclos a 310 pas, sur 140. Il y a quarante-cinq Religieuses.

Les Filles de S. Joseph ont été fondées l'an 1641, par Marie Delpeche de l'Etang. Leur enclos a 310 pas, sur 100. Elles sont dix-huit Religieuses.

Les Jacobins ont été fondés par le Cardinal de Richelieu, l'an 1635. Leur enclos a 280 pas, sur 200. Ils sont soixante Religieux.

Rue de Bourgogne, 580......ccc.	Rue de Varenne. Au bord de l'eau.

Il y a une Boete aux Lettres pour la Province près la Barriere S. Dominique.

Noms des Rues.	*Tenans & aboutissans.*
Rue de l'Université, 1200. . . . . CCC.	*Rue du Bac.* *A la Barriere.*

Le Palais de Bourbon a été construit en 1722, sur les dessins de l'*Assurance*, & de *Gabriel*, pere. Tout y annonce la magnificence royale. Il est construit à la Romaine, & seul à Paris dans ce goût. Monseigneur le Prince de Condé, qui se propose de l'occuper, fait faire à ce Palais, depuis long-tems, de grandes augmentations en nouveaux bâtimens, & vient d'y joindre l'Hôtel de Lassé.

Le Gros-Caillou, promenade & guinguette.	*Après la Barriere Saint-Dominique.*

Dans ce lieu, où est aujourd'hui l'Eglise, était une maison publique de débauche, à laquelle un gros Caillou énorme servait d'enseigne; l'on fut obligé d'employer la poudre pour le détruire, & on éleva en sa place la Croix qui y est aujourd'hui; & l'Eglise, en la place de la maison. L'Eglise est Succursale de S. Sulpice: il y a un Desservant & quatre Prêtres.

Noms des Rues	Tenans & aboutissans.
L'Isle des Cygnes.	Après la Barriere de la Rue de l'Université.

Isle de Mât ou de Querelle, ou aux Cygnes : elle a 1100 pas, sur 120. Elle est remplie de bois à brûler & de déchirages de bateaux. C'est aussi où l'on lave les intestins venant des boucheries ; l'on y fait de l'huile des tripes, qui s'employe pour les Réverbères.

Rue de Belle-Chasse, 320...... ccc.	Rue S. Dominique. Quai de la Grenouilliere.
Rue de Verneuil, 350...... ccc.	Rue des SS. Peres. Rue de Poitiers.
Rue de Bourbon, 700.... ccc.	Rue de Bourgogne. Rue des SS. Peres.
Rue de Poitiers, 220..... cc.	Quai d'Orsay. Rue de l'Université.
Rue de la Bonne Eau, 190....... cc.	Rue de Belle-Chasse. Barriere de la Grenouilliere.
Quai d'Orsay ou de la Grenouilliere, 300.... ccccc,	Pont Royal. Aux Invalides.

Il y a un Dépôt de Pompes pour les Incendies.

VOITURES DE LA COUR.

L'on trouve à toute heure, jour & nuit, des chaises à deux, & carrosses à quatre, que l'on est maître de faire partir en payant la voiture complette.

Prix des Places.

Trajet	Voiture	liv.	s.
De Paris à Versailles, *ou* De Versailles à Paris.		3 liv.	10 s.
De Paris à Marly		3	10 s.
De Paris à Compiegne, *ou* De Compiegne à Paris.	Carrosse.	14	10 s.
	Chaise..	16	10 s.
De Paris à Fontainebleau, *ou* De Fontainebleau à Paris.	Carrosse.	9	10 s.
	Chaise...	11	....
De Paris à Choisy, pour l'aller & le retour, on est le maître de garder la Voiture toute la journée.	Carrosse...	20 liv	
	Chaise....	10	......

Dans le grand Carrosse à seize places, appellé le *Carabat*, qui part deux fois le jour, le matin à huit heures précises, & l'après-midi à deux heures aussi précises, l'on paye par place ..... 1 liv. 5 s.

L'on a établi sur la riviere des Bains Publics, l'un vis-à-vis la terrasse des Tuileries, & l'autre à la pointe de l'Isle S. Louis. Le Public en paraît satisfait, tant à cause de la maniere ingénieuse dont ils sont pratiqués, que par l'agrément de se baigner dans une eau que l'on voit s'élever de la riviere par le moyen d'une Pompe, destinée à remplir les baignoires.

Le prix est de 3 livres par personne.

Noms des Rues.	*Tenans & aboutissans.*
Rue de Beaune, 250 .... c c c.	*Rue de l'Université.* *Quai des Théatins.*
Pont Royal, 250 .... c c c.	*A la Porte des Tuileries.* *Rue du Bac.*

Il a été bâti à la Place d'un Pont de bois, en 1685, sur les dessins de *Gabriel* pere, & sous la conduite du Frere *Romain*, connu par son intelligence pour la construction des Ponts & Chaussées. Il y a deux Parapets : il est soûtenu par quatre Piliers, deux culées qui forment cinq Arcades. A l'un de ces piliers l'on voit en écrit la hauteur de l'eau des années où il y a eu de grands débordemens. Il a coûté pour la construction 742171 liv. onze sols. Cet ouvrage a été rendu parfait en moins de deux ans.

Noms des Rues.	*Tenans & aboutissans.*
Quai des Théatins, ou Malaquais, 510......cccc.	*Pont Royal.* *Quai des Quatre-Nations.*

Le Cardinal Mazarin fit venir de Rome les Religieux Théatins l'an 1644; ils furent installés le 25 Juillet 1648. Louis XIV posa la premiere pierre de leur bâtiment & Couvent. Leur Institution est de vivre de charité, sans quêter directement ni indirectement. Leur Eglise est dédiée à Sainte Anne; elle est d'un dessin singulier, & fort hétéroclite. C'est le seul de cet Ordre dans le Royaume. Ils sont 24 Religieux & quelques Freres. Leur terrein a 130 pas, sur 100.

Noms des Rues.	*Tenans & aboutissans.*
Rue Sainte Marie, 50......**	*Rue de Bourbon.* *Rue de Verneuil.*

Noms des Rues.	*Tenans & aboutissans.*
Rue des petits Augustin 300. . . . . . . c c c.	{ *Quai des Théatins.* *Rue du Colombier.*

Le Couvent des petits Augustins fut fondé en 1613, par Marguerite de Valois; & la Reine Anne d'Autriche posa la premiere pierre de leur Eglise le 15 Mai 1617. Ils sont 35 Religieux. L'enclos a 200 pas, sur 200.

Rue Guenegaud, 200. . . . . . . c c.	{ *Quai de Conti.* *Rue Mazarine.*

Elle porte le nom de l'Hôtel d'Henri de Guenegaud, Secrétaire d'Etat, qui l'avait acheté en 1650. La rue était un Jardin, & l'Hôtel était où est à présent la première Cour du Collége des Quatre-Nations. L'Hôtel de Nesle avec ses Jardins occupait tout l'espace qu'occupe encore aujourd'hui quelques dépendances de ce Collége, les Maisons de la petite Place de Conti, l'Hôtel de Conti, la rue Guenegaud depuis l'Egoût jusqu'à la Riviere, & la petite rue de Nevers. Philippe-le-Bel l'acheta d'Amauri de Nesle en l'année 1308. Les Rois ses successeurs le donnerent & l'aliénerent plusieurs fois; il était toujours revenu au Domaine. Charles IX le vendit en 1571 à Louis de Gonzague, Duc de Nevers, qui le rebâtit en partie, & fut ensuite acheté par Henri de Guenegaud, qui y a fait de grands changemens en y bâtissant cette rue.

Noms des Rues.	*Tenans & aboutissans.*
Quai des Quatre-Nations, 320. . . . . . CCCC.	*Quai de Conti.* *Quai des Théatins.*

Le Collége Mazarin, dit des Quatre-Nations, a été fondé en 1661 : les Classes ne furent ouvertes qu'en 1688. Le dessein de ce Ministre était d'y entretenir des Gentilshommes de quatre Nations différentes, dont le pays a long-tems servi de theâtre à la guerre. Il devait y en avoir soixante ; mais par Arrêt de la Cour du Parlement le nombre fut réduit à trente. Les Gentilshommes que l'on reçoit à ce Collége sont d'Alsace, de la Franche-Comté, du Roussillon, de la Flandre & l'Artois ; & ils sont obligés de faire preuve de quatre degrés du côté paternel. Ce Collége est le seul de l'Université où l'on professe les Mathématiques. La Chapelle ainsi que les Bâtimens, élevés par *Dorbay*, sur les dessins de *le Veau* ; le Mausolée du Cardinal à genoux accompagné des Graces & des Vertus, exécuté par *Coyzevox* : les autres sculptures, par *Desjardins*. Il est de plein & entier exercice. Le Caveau où repose ce Cardinal est sous son Mausolée : il a été pratiqué à la place d'un égoût, qui passait autrefois par cet endroit avant la construction de ce College ; ainsi que le Caveau du Cardinal de Richelieu à la Sorbonne.

Noms des Rues.	*Tenans & aboutissans.*
Rue Mazarine, 380..... c c c.	*Rue de Seine.* *Rue Dauphine.*
Quai de Conti, 200........ c c.	*Pont-Neuf.* *Quai des Théatins.*

A l'ancien Hôtel de Conti était le Garde-Meuble de la Couronne, que l'on bâtit actuellement derriere une des façades de la place Louis XV : & à la place de l'ancien Hôtel de Conti, l'on y bâtit l'Hôtel de la Monnoie.

La Fontaine du Quai de Conti donne de l'eau d'Arcueil.

Cul-de-sac de Conti.	*Quai de Conti.*
Rue de Nevers, 140. . . . . c.	*Quai de Conti.* *Rue d'Anjou.*
Rue d'Anjou, 100. . . . . c c.	*Rue Dauphine.* *Rue de Nevers.*

LE QUARTIER

DU FAUXBOURG S. GERMAIN

RENFERME:

1 Paroisse.
5 Prêtres.
3 Couvents d'hommes.
119 Religieux.
6 Couvents de femmes.
213 Religieuses.
1 Séminaire.
1 Collége.
2 Bibliothéques.
4 Hôpitaux, dont deux soignés par soixante Freres.
2 Palais.
1 Pont.
4 Quais.
1 Prison.
1 Isle.
51 Rues.
2 Culs-de-sacs.
Les Voitures de la Cour.
1 Fort Marché.
4 Marchés au Pain.
6 Fontaines.
6 Boëtes aux Lettres pour la Province.
Le Combat du Taureau.
L'Hôtel des Mousquetaires Gris.
Le Gros-Caillou.
Des Bains Publics.
400 Lanternes éclairaient ce Quartier.

TABLEAU DES RUES
DU QUARTIER
SAINT GERMAIN.

Noms des Rues & Culs-de-sacs.

Noms des Rues & Culs-de-sacs.

Noms des Rues & culs-de-sacs.

Noms des Rues & culs-de-sacs.

Noms des Rues & culs-de-sacs. Pages

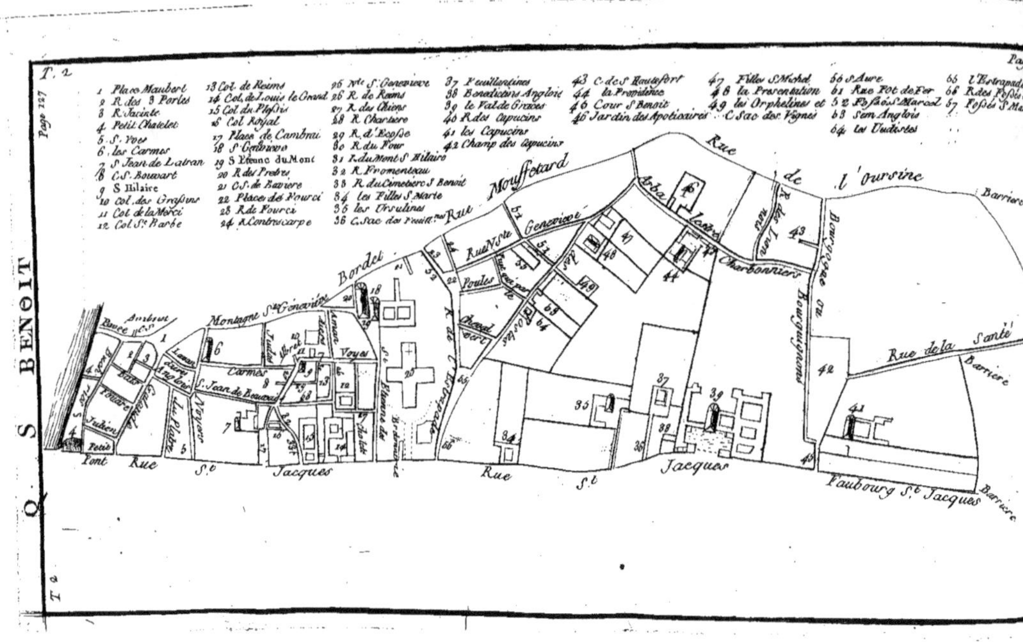
T. 2
Page 127
1 Place Maubert
2 R. des 3 Portes
3 R. Jacinte
4 Petit Chatelet
5 S. Yves
6 les Carmes
7 S Jean de Latran
8 C.S. Bouvart
9 S Hilaire
10 Col. des Grassins
11 Col. de la Merci
12 Col. Ste Barbe
13 Col. de Reims
14 Col. de Louis le Grand
15 Col. du Plessis
16 Col. Royal
17 Place de Cambrai
18 S Genevieve
19 S Etienne du Mont
20 R. des Pretres
21 C.S. de Baviere
22 Place de Fourci
23 R. de Fourci
24 R. Contrescarpe
25 Nte S. Genevieve
26 R. de Reims
27 R. des Chiens
28 R. Chartiere
29 R. d'Ecosse
30 R. du Four
31 R. du Mont S. Hilaire
32 R. Fromenteau
33 R. du Cimetiere S Benoit
34 les Filles S. Marte
35 les Ursulines
36 C. Sac des Feuillantines
37 Feuillantines
38 Benedictins Anglois
39 le Val de Graces
40 R. des Capucins
41 les Capucins
42 Champ des Capucins
43 C. de S Hautefort
44 la Providence
45 Cour S Benoit
46 Jardin des Apoticaires
47 Filles S Michel
48 la Presentation
49 les Orphelines et C Sac des Vignes
50 S Aure
51 Rue Pot de Fer
52 Fossés S Marcel
53 Sem Anglois
54 les Eudistes
55 l'Estrapade
56 R. des Fossés S.
57 Fossés S Marc
Q. S BENOIT
T 2
Rue Mouffetard
Rue de l'Oursine
Barriere
Bordet
Montagne Ste Genevieve
Rue Nte Genevieve
Poules
Charbonniers
Bourgogne ou Bourguignons
Rue de la Santé
Barriere
Carmes
S. Jean de Beauvais
Voyes
Le Plâtre
Noyers
Julien
Pont
Rue St Jacques
Rue St Jacques
Fauxbourg St Jacques
Barriere

XVIIe QUARTIER,

SAINT BENOIST

& Fauxbourg S. Marcel.

CE Quartier est borné, à l'Orient, par les rues u Haut-Pavé, de la Place Maubert, le Marché ladite Place, la rue de la Montagne Sainte Genevéve, les rues Bordet, Mouffetard & de l'Oursine, exclusivement. Au Septentrion, par la Riere de Seine, y compris le Petit-Châtelet, inlusivement : à l'Occident, par les rues du Petitont, S. Jacques & le Fauxbourg S. Jacques, clusivement, jusqu'à la rue de l'Oursine.

On trouve dans ce Quartier un peuple immense, ujours occupé par le grand nombre de Relieurs, grande quantité de Doreurs sur Livres, les briques de Cartons de toutes espéces, & celles du apier marbré. Dans la rue neuve S. Médard est ne Manufacture de Ratine très-curieuse. A l'extrémité de ce fauxbourg, au Clos-Payen, est établie une Manufacture façon de Perse.

Il y a dans ce Quartier plusieurs Brasseries. La e & montagne Sainte Geneviéve est occupée par utes sortes d'Artistes ; il y a quantité de Boucheries, des Tapiſſiers & Fripiers. C'eſt auſſi le quartier Saçvant : la quantité de Colléges, la réputation bien méritée des Profeſſeurs, le nombre conſidérable d'habiles Artiſtes, Graveurs, Imprimeurs en Lettres & en Taille-douce, Librairie & Marchands d'Eſtampes, rendent ce quartier célèbre; c'eſt ce qui lui a fait donner le nom du Pays Latin.

Noms des Rues.	*Tenans & aboutiſſans.*
Rue des Foſſés Saint Jacques, 90 . . . . c c.	*Fauxbourg S. Jacques.* *L'Eſtrapade.*
Carrefour du Marché S. Jacques.	*Rue Saint Jacques.* *Nouvelle Place Sainte Geneviéve.*
Rue de la Bretonnerie, 90 . . . . . . c.	*Rue Saint Jacques, des deux côtés.*
Rue S. Etienne des Grès, 260 . . . . c c.	*Rue S. Jacques.* *Carré Ste Geneviéve.*

Le Prieuré de Saint Etienne-des-Grès eſt compoſé d'un Chefcier, de douze Chanoines à la nomination de deux Chanoines de Notre-Dame de Paris, par le droit de leurs Prebendes.

Noms

Noms des Rues.	*Tenans & aboutissans.*
Cul-de-sac Saint Etienne du Mont.	*A côté du Cimetiere.*
Cloître S. Etienne des Grès.	*Rue Saint Jacques.*

Le Séminaire du S. Esprit, fondé pour des pauvres Ecoliers qui ne peuvent payer que de modiques pensions.

Rue des Cholets, 50 . . . . . . c.	*Rue S. Etienne des Grès.* *Rue de Reims.*

Le Collége de Cholet fondé en 1289 par Jean Cholet; depuis la Réforme, loué à des particuliers.

Rue des sept Voies, 200 . . . . . . c c.	*Rue S. Etienne des Grès.* *Rue du Mont S. Hilaire.*

Le Collége de Montaigu a éte fondé en 1314 par Gilles Aicelin, Archevêque de Narbonne. L'enclos a 120 pas, sur 25.

Cul-de-sac d'Albret.	*Rue des sept Voies.*
Rue des Chiens, 50 . . . . . . c.	*Rue des sept Voies.* *Rue des Cholets.*
Rue d'Ecosse, 60 . . . . . . c.	*Rue des sept Voies.* *Rue du Four.*

Noms des Rues.	*Tenans & aboutissans.*
Rue des Amandiers, 110...... c.	*Rue des sept Voies.* *Montagne Ste Geneviéve.*

Le Collége des Grassins a été fondé par Pierre Grassin, natif de Sens, Conseiller au Parlement de Paris, l'an 1569. Il y a six grandes bourses & douze petites; lesquelles, selon l'intention du Fondateur, sont pour les Sénonais. Il est de plein exercice.

Rue de Reims, 150...... c.	*Rue des Cholets.* *Rue des sept Voies.*

Le Collége de Sainte Barbe fut fondé en 1556, par Robert du Guast, ancien Curé de S. Hilaire. Les Bourses de ce Collége ont été conservées. L'enclos a 100 pas, sur 60.

Place & Carré S. Etienne du Mont.	*R. S. Etienne des Grès.* *A l'Eglise.*

L'établissement de l'Ecole des Filles de Sainte Geneviéve a commencé en 1677.

La Montagne de S. Etienne du Mont était anciennement peu habitée: ce ne fut qu'après que Sainte Geneviéve y fut enterrée, que les Parisiens, par la dévotion qu'ils avaient en cette Sainte, commencerent à bâtir un Oratoire, où l'on mit un Prêtre pour le déservir, & administrer les Sacremens aux habitans. Ce fut en 1221 que l'Evêque donna son consentement aux Religieux de Ste Geneviéve de construire une nouvelle Eglise, qu'ils firent bâtir sous l'invocation de Saint Etienne. Il n'y eut pas d'autres portes pour y entrer que par l'Eglise de l'Abbaye; ce qui paraît par deux arcades que l'on remarque encore dans les murs du côté droit de cette Eglise. C'est la Reine *Marguerite de Valois*, premiere Femme d'Henri IV, qui donna 1000 écus pour être employés à la construction du grand Portail. Un Chanoine de Sainte Geneviéve est Curé de cette Paroisse, à laquelle l'Abbé nomme. Il y a deux Vicaires, quatre Diacres d'Office, quatre Chantres & douze Prêtres habitués. L'on estime l'élévation de ses voûtes & la coupe de pierres du Jubé, dûes à *Biard* pere.

La Chaire est un chef-d'œuvre de sculpture en bois. Samson semble soûtenir le corps de tout l'ouvrage, autour duquel on a placé les sept Vertus entremêlées de bas-reliefs admirables, qui sont dans les panneaux. Sur le dais sont six Anges qui tiennent des guirlandes, & au milieu est un Ange qui tient deux trompettes & qui semble inviter les Chrétiens à venir entendre la parole de Dieu. Tout ce bel ouvrage a été sculpté par Claude l'Escocart, sur les dessins de la Hire.

Sur le petit Autel du S. Sacrement un bas-relief de *G. Pillon*, & autres du même.

L'Eglise de Sainte Geneviéve est une des plus ancienne de Paris : elle fut fondée par Clovis vers l'an 510, à la priere de Clotilde & de Sainte Geneviéve, qu'il dédia à S. Pierre & S. Paul ; qui fut depuis appellée de Sainte Geneviéve, parce qu'elle fut rendue dépositaire de son corps, qui fut placé dans le caveau soûterrein, sous l'Autel des Saints Apôtres. Sainte Geneviéve était née à Nanterre vers l'an 423 ; sa sainteté fut prédite dès son enfance par saint Germain Evêque d'Auxerre. On peut dire que la grande vénération qu'on a pour elle, a commencée pendant son vivant ; aussi lorsqu'en l'année 512, Dieu l'eût appellée à lui, à l'âge de quatre-vingt-neuf ans, la vénération que les Parisiens avaient eue pour cette sainte pendant sa vie, les excita à rendre à son corps tous les honneurs possibles.

La tradition veut fortement que cette sainte fût une Paysanne & gardeuse de moutons. Les Peintres ont été fort fidèles à la copier ; ils nous représentent cette sainte en Bergere, avec un bavoler & une quenouille à la main, gardant un troupeau. Le judicieux M. de Valois, prétend qu'elle était fille du Seigneur de Nanterre, ou du moins de quelque Parisien de distinction, qui avait une Maison de Campagne en cet endroit.

Ce que Saint Germain d'Auxerre lui dit, en la consacrant à Dieu, prouve parfaitement qu'elle n'était point Bergere. Ce saint homme lui recommanda de renoncer à la bravoure, & de ne plus porter désormais aucuns joyaux. L'exhortation aurait été risible si elle eût été adressée à une Paysanne.

La premiere procession où la Châsse de cette Sainte ait été portée, est dans le tems que les Normands assiégeaient Paris, dans le neuviéme siécle. Les Parisiens se voyant pressés par les fréquentes attaques des Normands, apporterent sur la muraille les Reliques précieuses de la Sainte; aussi-tôt les Barbares furent obligés de lever le siége.

L'Abbé de Sainte Geneviéve est Triennal; il a le pas sur l'Archevêque & le Chapitre de Notre-Dame lorsque l'on porte en procession la Châsse de cette Sainte. Il porte la Mître & l'Anneau, & confere à ses Religieux la Tonsure & les quatre Mineurs. Il est Supérieur-Général & Chef de toutes les Congrégations qui composent 109 Maisons en France; il ne sçaurait jouir de cette place plus de 6 ans de suite.

Cette Abbaye peut jouir de 70000 liv. de

revenu pour 60 Chanoines & 30 Novices. L'enclos a 200 pas, sur 200.

Dans l'Eglise est la Châsse où est le corps de cette Sainte, exposée derriere le Maître-Autel; elle est portée sur quatre colonnes sur un plan carré: il y a deux colonnes d'un marbre rare & antique, que Louis XIII a données, & les deux autres c'est le Cardinal de la Rochefoucauld. Sur ces colonnes sont quatre statues de Vierges, qui semblent soûtenir la Châsse qui est de vermeil. Elle fut faite en 1242, par les soins de Robert de la Ferté-Milon, Abbé de ce Monastère. L'on assure que l'Orphévre y employa 193 marcs d'argent & 46 marcs d'or. Elle a coûté 800 liv. *parisis*; somme considérable en ce tems-là. Presque tous nos Rois & Reines ont signalé leurs libéralités envers cette Châsse, & l'ont pour ainsi dire couverte de pierreries. Le bouquet de diamant qui regne audessus est estimé 20 mille livres; il fut donné par la Reine *Marie de Médicis*.

Dans la Nef quatre grands Tableaux, dont trois représentent des vœux de la Ville à Sainte Geneviéve; & le quatriéme, son action de grace pour la convalescence du Roi après sa maladie en 1743, *de Troy* le pere, *l'Argilliere*, *Troy* le fils, & de *Tourniere*.

L'an 1409 l'Université fit une procession de Ste

Geneviéve à Saint Denis, pour la démence de Charles VI : la tête de la procession était à Saint Denis en France, le Recteur vis-à-vis des Mathurins, la queue de la procession n'était pas encore hors de l'Eglise. Par la longueur, l'on peut juger du monde qu'il y avait.

Il y avait quarante ans, c'est-à-dire depuis 1725, que la Châsse n'avait été descendue, quand elle l'a été le 16 Décembre 1765, pour le rétablissement de feu Monseigneur le Dauphin.

Nouvelle Eglise de Sainte Geneviéve.

La nouvelle Eglise que l'on bâtit aujourd'hui se leve sur le plan de M. *Soufflot*, dont le dessin en perspective que M. de *Wailli* en avait exposé au Louvre, donne la plus haute idée ; elle représentera une Croix Grecque de 330 pieds de long hors d'œuvre sur 250 de large, dont chaque croisillon forme dans l'intérieur une Croix de même espéce : la réunion de ces quatre Croix aux quatre piliers triangulaires qui soûtiendront un dôme de 63 pieds de diamètre, formera la Croix générale qui en sera le centre, & où la Châsse de sainte Geneviéve sera placée, pour être apperçue de toutes les parties de cette Eglise, autour de son soûbassement circulaire. On descendra dans l'Eglise soûterraine, où le Tombeau de cette Sainte sera placé.

Par la disposition générale de cette Eglise, elle sera plus vaste qu'aucune autre du même genre de la Capitale, par les tribunes & l'Eglise soûterraine. Le Roi, après avoir arrêté le plan, en posa la premiere pierre le 6 Septembre 1764.

Pour accompagner cet édifice l'on bâtit en même tems deux belles Maisons, l'une pour un Collége de Droit, & l'autre pour l'Ecole de Médecine.

La Bibliothéque de Messieurs de Sainte Geneviéve est une des plus belles de Paris; elle renferme un grand nombre d'anciennes Editions & très-rares. Elle fut enrichie de 16000 volumes en 1710, par M. le Tellier, Archevêque de Reims : il y a plusieurs manuscrits curieux, plusieurs porte-feuilles, originaux de grands Maîtres d'Italie & d'autres Ecoles. Cette Bibliothéque est ouverte tous les lundis, mercredis & vendredis, depuis deux heures après midi jusqu'à cinq heures, excepté les Fêtes, & tems de vacances.

Le Cabinet de curiosités joint la Bibliothéque : il renferme plusieurs morceaux d'histoire naturelle avec une collection très-ample d'antiquités Egyptiennes; c'est où sont tous les Portraits des Rois de France d'après nature, ainsi qu'un Médailler enrichi par feu M. le Duc d'Orléans, d'une suite précieuse de médailles d'or & d'argent. Le Cabinet est ouvert les mêmes jours & aux mêmes heures que la Bibliothéque, excepté le mercredi.

Noms des Rues.	*Tenans & aboutissans.*
Rue Bordet, 400....... cc.	*Rue Mouffetaard.* *A la Fontaine Sainte Geneviéve.*
Cul-de-sac de Baviere.	*Rue Bordet.*
Rue de Fourcy, 200.......ccc.	*Rue Mouffetard.* *Ancienne Estrapade.*
R. des Fossés S. Marce, 125....... cc.	*Rue Mouffetard.* *Rue de la Muette.*
Rue & Place de l'Estrapade, 90 pas, sur 30.	*Rue des Postes.* *R. des Fossés S. Jacques.*

C'était en cet endroit que l'on faisait subir aux coupables le supplice de *l'estrapade* : on liait celui qui était condamné, les mains derriere le dos, & on l'élevait avec une corde, au haut d'une piéce de bois, puis on le laissait tomber jusques près de terre ; ensorte que le poids de son corps lui faisait disloquer les bras. Ce supplice a été aussi celui Militaire.

Il y a un Corps-de-Garde de Pompes pour les Incendies.

Noms des Rues	*Tenans & aboutissans.*
Rue des Postes, 700. . . . . c c.	*Rue de l'Arbalêtre. A l'Estrapade.*

Le Séminaire Anglais fut fondé sur la fin du dernier siécle, pour les Eclésiastiques qui se destinent à la Mission étrangere, & qui se réfugient en France. L'enclos a 300 pas, sur 140.

Le Couvent de la Présentation a été fondé par Marie Courtin, veuve de M. Nicolas Billard, en 1649; c'est un Prieuré perpétuel, à la nomination de M. l'Archevêque. Il y a 30 Religieuses. L'enclos a 140 pas, sur 120.

Le Monastère des Filles de S. Michel, n'est pas ancien M. le Cardinal de Noailles l'a fondé en 1724. Il y a 20 Religieuses. L'enclos a 140 pas, sur 100.

Cul-de-sac des Vignes.	*Rue des Postes.*

L'Hôpital du S. Nom de Jesus a été fondé pour y élever 100 filles jusqu'à 25 ans. L'enclos a 90 pas, sur 60; il y a 15 Sœurs.

Rue du Cheval Verd, 100. . . . . c c.	*R. de la vieille Estrapade. Rue des Postes.*
Rue du Puits qui parle, 100. . . . . . . c c.	*Rue des Postes. Rue Neuve S. Etienne.*

Noms des Rues.	*Tenans & aboutiſſans.*
Rue des Poules, 120....... cc.	*R. du Puits qui parle.* *R. de la vieille Eſtrapade.*
R. neuve Ste Geneviéve, 190....... cc.	*Rue des Poſtes.* *R. de la vieille Eſtrapade.*

La Communauté des Dames de Sainte Aure a été fondée par le Roi *Dagobert* l'an 639 ; il y a 34 Religieuſes Profeſſes, & dix Sœurs Converſes. Leur enclos a 110 pas, ſur 100.

Rue Contreſcarpe, 140...... c	*Rue Mouffetard.* *R. Neuve Ste Geneviéve.*
Rue du Pot de Fer, 225...... cc.	*Rue Mouffetard.* *Rue des Poſtes.*

La Communauté de l'Inſtruction a été fondée en 1657, par Madame Rouſſeau. Il y a 30 Sœurs. L'enclos a 125 pas, ſur 115.

Rue de l'Ourſine, 950...... cc.	*Rue Mouffetard.* *A la Barriere.*

L'Abbaye des Cordelieres de la Régle de Saint François a été fondée par Thibault, ſeptiéme Comte de Champagne, fondée à Troye l'an 1270; & depuis la Reine Marguerite de Provence, femme de Saint Louis, les a établies l'an 1289, rue de l'Oursine, & y passa sa vie après la mort de Saint Louis son Epoux. Leur enclos a 320 pas, sur 180. Elles sont 40 Religieuses.

Noms de Rues.	*Tenans & aboutissans.*
Rue des Bourguignons, 190 . . . . . . c c.	*Rue de l'Oursine.* *Rue des Capucins.*
Cul-de-sac Hautefort.	*Rue des Bourguignons.*
Rue de l'Arbalêtre, 300 . . . . . . c c c.	*Rue Mouffetard.* *Rue des Charbonniers.*

La Communauté des Filles de la Providence a été fondée l'an 1643, par la Reine Anne d'Autriche: elles sont 20 Religieuses & 12 Sœurs. L'enclos a 150 pas, sur 80.

Rue des Lyonnais, 210 . . . . . . c c.	*Rue des Charbonniers.* *Rue de l'Oursine.*
Rue des Charbonniers, 300 . . . . . . c c c.	*Rue de l'Arbalêtre.* *Rue des Bourguignons.*
Rue de la Santé, 300 . . . . . . c c.	*Champ des Capucins.* *Barriere de la Santé.*
Rue des Capucins, & le Champ des Capucins.	*Rue S. Jacques.* *Rue des Bourguignons.*

Les Capucins furent établis par Godefroy de la Tour, lequel donna à ces Peres par son Testament, l'an 1613, le terrein qu'ils possédent, qui a 400 pas, sur 300. Le Tableau du Maître-Autel est remarquable. Ils sont 60 Religieux.

On lit dans l'Histoire de la Ligue que ceux de la Maison de Joyeuse en furent les Partisans.

Henri de Joyeuse, après la mort de sa femme, se fit Capucin, sous le nom de Frere Ange. Après la mort du Duc de Joyeuse, le Cardinal refusant d'être à la tête de la Ligue, quatre ou cinq mille hommes se rendirent au Couvent des Capucins, & les forcerent de leur donner le Pere Ange qui se trouvait alors à Toulouse.

Il quitta son habit pour prendre le commandement des troupes. Enfin il fit son accommodement avec Henri IV.

Le Roi étant avec lui sur un balcon, au-dessous duquel beaucoup de peuple s'était assemblé; *mon Cousin*, lui dit Henri IV, *ces gens me paraissent fort-aises de voir un Apostat & un Renégat*. Cette parole du Roi le fit rentrer dans son Couvent en 1599, où il mourut en 1608, âgé de quarante-cinq ans.

Au bout du Champ des Capucins est une Croix de pierre en forme pyramydale, & qu'on nomme la Croix de la Sainte Hostie. En 1668, trois Voleurs entrerent la nuit dans l'Eglise de Saint Martin au Fauxbourg S. Marcel, rompirent le Tabernacle & emporterent le Saint Ciboire ; ils furent pris & brûlés. Ils déclarerent qu'ils avaient enveloppé une des Hosties dans un mouchoir & l'avaient jettée contre les murs du Jardin du Val-de-Grace. Ce fut en réparation de ce sacrilége, qu'on fit une Procession générale, qui s'est renouvellée au mois de Juillet 1768, & qui se renouvellera tous les cent ans.

Noms des Rues.	*Tenans & aboutissans.*
Rue Mouffetard, 800...... cc.	*Rue Bordet.* *A la Barriere.*

Par ordre du Roi, l'an 1671, fut construit dans cette rue, au coin de celle du Pot de Fer, la Fontaine qui y est ; elle donne de l'eau d'Arcueil.

Il y a une Boëte aux Lettres pour la Province.

La Cour des Patriarches.	*Rue Mouffetard.*

Ce nom lui vient de Bertrand de Chonac, Cardinal & Patriarche de Jérusalem, qui y avait son Hôtel. Cet Hôtel est très-connu dans l'Histoire de Charles IX ; car en 1561 un Ministre Calviniste y faisant la prêche, étant interrompu par le son des Cloches de l'Eglise Saint Médard qui sonnaient les Vêpres, les Auditeurs sortirent en furie de la Prêche, entrerent dans l'Eglise Saint Médard, tuerent plusieurs Catholiques, briserent les Images, renverserent les Autels, pillerent la Sacristie & même foulerent aux pieds les Hosties. Quelques-uns de ces coupables furent punis de mort devant cette Eglise ; leurs biens furent confisqués & servirent en partie à rétablir l'Eglise.

Noms des Rues.	*Tenans & aboutissans.*
Cloître Saint Marcel.	*Rue Mouffetard.*

Le Séminaire de Saint Marcel fut établi par le Chapitre Saint Marcel, pour les Prêtres qui assistent à ce Chapitre.

Saint Marcel fut érigé en Paroisse sous le nom de Saint Martin, l'an 1480. Il y a un Curé à la nomnation du Chapitre de Saint Marcel, un Vicaire & cinq Prêtres habitués.

Rue Chartiere, 140. . . . . . c.	*Rue du Puits-Certain.* *Rue de Reims.*
Rue du Mont S. Hilaire, 150. . . . . . c c.	*Rue des Carmes.* *R. S. Jean de Beauvais.*

La Paroisse Saint Hilaire a été érigée en 1700 ; il y a un Curé, un Vicaire & quatre Prêtres habitués. La Cure est à la nomination du Chapitre de Saint Marcel.

Noms des Rues.	*Tenans & aboutissans.*
Cul-de-sac du Bœuf.	*Rue S. Hilaire.*
Rue S. Jean de Beauvais, 210......cc.	*Rue des Noyers.* *Rue du Puits-Certain.*

Le Collége de Beauvais a été fondé par Jean de Dorman, Evêque de Beauvais, Chancelier de France, en 1370, 1371, 1372; aujourd'hui transféré dans celui des ci-devant Jésuites, rue Saint Jacques. Il y a 22 Bourses, 20 pour Dorman & 2 pour Compiegne. L'enclos a 200 pas, sur 100. Il est de plein & entier exercice.

Dans cette rue sont les Ecoles de Droit Civil & de Droit Canon: en 1464 on répara ces Ecoles: la nécessité de défendre son bien, la satisfaction de mettre celui des autres à couvert & à l'abri des usurpateurs, ont été le motif d'établir ces Ecoles & de former de bonne-heure dans la Jurisprudence *des Sujets, tant pour le fond que pour la forme.*

Au-dessus de cette Ecole est une maison pour l'Imprimerie de Musique, qui est très-remarquable pour avoir servi depuis Henri II jusqu'à présent. C'est la seule Imprimerie de Musique qu'il

y a t

y ait en France, & a toujours appartenue à la Famille des Ballards, qui en a la direction. L'établissement de cette Imprimerie est de 1552, & a toujours été autorisé par nos Rois, depuis ce tems par des Lettres-Patentes.

En 1330, un Parisien nommé *des Mœurs* inventa les figures, ou caractères que l'on appelle des Notes, parce qu'elles désignent l'abaissement ou l'élévation de la voix, & toutes les variations qui peuvent faire harmonie.

Noms des Rues.	*Tenans & aboutissans.*
Rue des Carmes, 210. . . . . . CC.	*Rue des Noyers.* *Vis-à-vis l'Eglise Saint Hilaire.*

Le Collége des Prêtres a été fondé l'an 1303, par Raould de Presle, Confesseur du Roi Charles V; depuis la Réforme, loué à des particuliers.

Les Collége des Lombards, fondé en 1334; ayant été ruiné, deux Prêtres Irlandais le demanderent à Louis XIV; ils l'obtinrent en 1661 pour ceux de leur Nation. Il a été rebâti avec une belle Chapelle, par les soins de M. l'Abbé de Vaubrun, Supérieur.

Noms des Rues.	Tenans & aboutissans.
Rue des Noyers, 310 . . . . . . ccc.	Place Maubert. Rue S. Jacques.
Rue du Plâtre, 190 . . . . . . d*	Rue S. Jacques. Rue des Anglais.
Rue Galande, 310 . . . . . . cc.	Rue S. Jacques. Place Maubert.
Rue de la Bucherie, 300 . . . . . . cc.	Rue du petit Pont. Rue Pavée.

Cette rue ainsi nommée du Port aux Bûches. *Hypocrate* est le premier qui se soit donné à la connaissance des corps humains, & qui a donné des préceptes de Médecine.

Sous le regne de François premier, la dissection passait pour un sacrilége. Avant l'an 1537 il n'y avait point de Docteur en Médecine de marié ; le premier qui obtint cette permission, fut le nommé *la Riviere*, qui le fut l'an 1522. L'Ecole de la Faculté de Médecine, où s'assemblent tous les samedis de chaque semaine six Docteurs aux Ecoles qui s'y font rue de la Bucherie, pour donner des consultations gratuites aux malades qui s'y présentent ; elle fut établie l'an 1472, & l'an

1608 on y éleva le grand Théâtre Anatomique qui a été rétabli à neuf en 1745.

Noms des Rues.	*Tenans & aboutissans.*
Petit-Pont de l'Hôtel-Dieu..... **	*Rue de la Bucherie.* *Rue l'Evêque.*

Il s'appelle de son origine le Pont aux Doubles; parce que chaque personne qui y passe paye un double. Ce Péage est établi par les Lettres de Louis XIII, au mois de Mai 1634, vérifiées au Parlement le premier Juin suivant. L'on paye cependant un liard parce qu'il n'y a pas à présent de plus petite monnoie : quand l'on y passe trois personnes, le Receveur n'exige pas plus de deux liards : ce droit est pour l'entretien de ce Pont.

A l'entrée de ce Pont, du côté de la rue de la Bucherie, depuis la veille de Noël jusqu'à la Chandeleur, on voit la Nativité de Notre-Seigneur, représentée en belles figures de cire, grandes comme le naturel, ainsi que l'Adoration des trois Rois. Le prix des Places est de 4 s. par personne.

Rue S. Julien le Pauvre, 90 .... c.	*Rue de la Bucherie.* *Rue Galande.*

La Chapelle de S. Julien le Pauvre est très-ancienne : Saint Grégoire de Tours y a logé, sous le regne de Chilpéric : elle dépend de l'Hôtel-Dieu. Elle est dédiée à la Vierge. C'est où les Maîtres Couvreurs & les Marchands Papetiers font la Fête de leur Confrérie.

Noms des Rues.	*Tenans & aboutissans.*
Cloître Saint Julien le Pauvre.	*Rue Galande.* *Rue S. Julien le Pauvre.*
Rue du Fouare, 10. . . . . . cc.	*Rue Galande.* *Rue de la Bucherie.*

L'Université avait anciennement ses Classes dans cette rue des deux côtés : elle prit le nom de *du Fouare* (vieux mot qui signifiait paille) attendu que les Ecoliers ne s'asseyaient dans ce tems lorsqu'ils étaient en Classe que sur des bottes de paille, & que cette rue en était toujours remplie. Anciennement il n'y avait aussi ni Bancs ni Chaises dans les Eglises ; on les jonchait de paille fraîche & d'herbes odoriférantes, sur-tout à la Messe de Minuit & autres grandes Fêtes.

La Chapelle qui est dans cette rue appartient à la Nation de Picardie, ainsi que la maison qui en fait le coin : elle en porte le nom : l'Office n'y est pas réglé. L'on y fait la réception des Maîtres ès Arts de la Nation.

Noms des Rues.	*Tenans & aboutissans.*
Rue des Rats, 100...... c.	*Rue Galande.* *Rue de la Bucherie.*
Rue du Haut-Pavé, 20......c c.	*Rue de la Bucherie.* *Abreuvoir des Grands Dégrés.*
Cul-de-sac d'Amboise.	*Rue du Haut-Pavé.*
Rue des Trois Portes, 45......c.	*Place Maubert.* *Rue des Rats.*
Rue Jacinte, 54......c.	*Rue des Trois Portes.* *Rue Galande.*
Rue des Lavandieres, 70......c.	*Place Maubert.* *Rue des Noyers.*

Le Collége de Cornouaille, fondé en 1317; depuis la Réforme, loué à des particuliers.

Le Séminaire des Trente-trois ou de la Sainte Famille, établi en 1653 pour trente-trois pauvres Ecoliers, faveur des trente-trois ans de Jésus-Christ, par un Saint Prêtre nommé Bernard. La Reine Anne d'Autriche en assura la Fondation en 1657

& en fit un Séminaire. M. le Duc d'Orléans décédé à Sainte Geneviéve, leur a laissé un legs considérable.

Noms des Rues.	*Tenans & aboutissans.*
Rue des Anglais, 125 . . . . . . c.	*Rue des Noyers.* *Rue Galande.*
Rue Judas, 110 . . . . . . cc.	*Rue des Carmes.* *Montagne Ste Geneviéve.*
Rue & Montagne Sainte Geneviéve, 300 . . . . . . ccc.	*Vis-à-vis Saint Etienne du Mont.* *Place Maubert.*

Les Abbés de Sainte Geneviéve ont eu de tout tems la permission d'avoir des Boucheries; en 1245 la Boucherie de la Montagne Sainte Geneviéve fut établie.

La Fontaine Sainte Geneviéve donne de l'eau de l'Aquéduc d'Arcueil. Cet Aquéduc fut commencé par Marie de Médicis en 1613.

Les Carmes de la Place Maubert ont été amenés de la Palestine par Saint Louis, & furent fondés en 1349, par la Reine Jeanne, femme de Philippe-le-Bel : elle laissa à cette Maison sa Couronne d'organie de pierreries, une fleur-de-lys d'or qu'elle avait reçue le jour de son Couronnement, sa ceinture garnie de diamans & grosses perles, toute sa vaisselle d'argent & 1500 fleurs-de-lys d'or: le tout fut employé à bâtir le Couvent. L'Enclos a 199 pas, sur 110. Ils sont 70 Religieux.

Le Collége Royal de Navarre a été fondé par Philippe-le-Bel & la Reine Jeanne de Navarre sa femme, pour 70 pauvres Ecoliers, l'an 1304; & en 1635, par Antoine Fayet, Curé de Saint Paul. Le sceau de l'Université est à ce Collége. Le Roi est le premier Boursier: il vient de fonder une Chaire de Physique Expérimentale, c'est l'unique qui soit en France. Les revenus de sa bourse sont employés à l'achat des verges pour la discipline scolastique. Le Collége de Boncourt a été uni à celui de Navarre en 1639. Il a 200 pas, pris en triangle; il est de plein & entier exercice.

Le Collége de Laon, fondé par Guillaume de Laon, l'an 1314; depuis la Réforme, il est occupé par la Communauté des Prêtres de Lisieux. Il a 200 pas, sur 60.

Le Collége de la Marche fut fondé par Guillaume de la Marche l'an 1362: il a été considérablement augmenté en 1424 par Remy de Vienville. Il y a 21 Bourses à la collusion de l'Archevêque de Paris. Il a 200 pas en triangle ; il est de plein exercice.

Noms des Rues.	*Tenans & aboutissans.*
Rue S. Jacques, 900......cc.	*Rue du petit Pont.* *Fauxbourg S. Jacques.*

Au coin de cette rue & celle de S. Severin est une fontaine qui donne de l'eau de la Seine : elle fut bâtie en 1624.

Le Collége Du Plessis, fondé en 1322 & en 1328 par le Secrétaire de Philippe le Long, nommé Geoffroi Du Plessis Batisson, Notaire Apostolique. Le Cardinal de Richelieu qui s'était déclaré protecteur de ce Collége, a laissé des fonds pour le rétablir comme on le voit aujourd'hui. Il y a 10 bourses pour les Maîtres ès Arts & Philosophie. Il a 150 pas, sur 50 : il est de plein & entier exercice,

Le Collége de Louis le Grand comprend aujourd'hui tous les Boursiers des Colléges où il n'y a pas plein exercice. On leur a joint les Boursiers du Collége de Beauvais, parce que ce Collége a été transféré en entier à celui de Louis le Grand : les seuls Professeurs sont ceux de Beauvais. Il y a des Salles destinées aux Assemblées de la Faculté des Arts : le Recteur & les Officiers de l'Université y sont logés, & les Emérites. Les Archives de l'Université sont déposés dans ce Collége ; il est de plein exercice,

On élit tous les trois mois le Recteur de l'Université ; mais le plus souvent il est continué pendant deux ou trois ans ; sa puissance est aussi grande sur les quatre Facultés, qu'il peut faire cesser tous les Actes publics, & empêcher de donner des leçons ; & même le jour de sa Procession, il peut défendre aux Prédicateurs de monter en Chaire, comme Chef de l'Université. Il a le rang dans les Cérémonies publiques, après les Princes du Sang. Aux Enterremens des Rois de France, il marche à côté de l'Archevêque de Paris.

La Procession du Recteur de l'Université se fait tous les trois mois, en Mars, Juin, Octobre & Décembre, au jour que le Recteur indique par son Mandement public. On peut comparer cette Procession à la Cérémonie du Doge de Venise, lorsqu'il va épouser la Mer, accompagné du Sénat.

C'est par ces illustres Docteurs que l'Eglise de France a souvent fait décider les points de Théologie, & les cas de conscience les plus difficiles à résoudre, & dont les décisions sont ordinairement suivies.

Le Collége de Lisieux, rue Saint Jacques, à côté de celui de Louis le Grand, depuis que Messieurs de Saint Jean de Beauvais y ont été transférés, & qu'en même-tems celui de Lisieux a pris possession de celui de Beauvais. Celui de Lisieux a été fondé par Guillaume d'Harcourt, Evêque de Lisieux, en 1336: & en 1414, & les suivantes, Messieurs d'Etouteville, & singuliérement Monsieur l'Abbé de Fécamp, y ont contribué. Il y a treize Bourses affectées pour la Théologie & la Philosophie. L'enclos a 120 pas, sur 105. Il est de plein & entier exercice.

Il y a une Boëte aux Lettres pour la Province au coin de la rue des Cordiers.

Noms des Rues.	*Tenans & aboutissans.*
Place de Cambray.	*Rue Saint Jacques.* *Au Mont S. Hilaire.*

Il y a une Fontaine qui donne de l'eau de la Seine.

Le Collége Royal de France fut fondé par

François premier en 1530 : l'on y compte dix-neuf Chaires Royales ; sçavoir, douze d'établies par François premier, & sept par Charles IX, Henri III, Henri IV, Louis XIII & Louis XIV. Il y en a deux pour la Philosophie, deux pour le Syriaque, deux pour l'Arabe, deux pour le Grec, deux pour les Mathématiques, deux pour l'Eloquence, deux pour le Droit-Canon, une pour la Médecine, une pour la Chirurgie, une pour la Botanique & une pour la Pharmacie. Il n'y a pas plein exercice.

Le Collége de Cambray a été fondé en 1349, par Hugues Dépomards, Evêque de Langres, Hugues d'Arcy, Evêque de Laon, & Guillaume d'Auxonne, Evêque de Cambray : il a pris le nom de ce dernier, parce qu'il donna sa Maison pour en faire le Collége. Il y a six Bourses. Il n'y a pas plein exercice.

Noms des Rues.	*Tenans & aboutissans.*
Rue Saint Jean de Latran. 90. . . . . . . cc.	*Rue S. Jean de Beauvais.* *Place de Cambray.*

La Paroisse de Saint Jean de Latran, est une

Commanderie qui appartient à l'Ordre de Malthe : ce lieu est privilégié. On place sa fondation vers l'année 1171. Dans l'Eglise est le Tombeau du Commandeur, par *Anguier* l'aîné. L'enclos a 160 pas, sur 150. Il y a un Curé qui est Commandeur, & six Chapelains de l'Ordre de Malthe.

Noms des Rues.	*Tenans & aboutissans.*
Rue du Cimetiere S. Benoît, 80 ...... **	*Rue S. Jacques.* *Rue Fromentel.*
Rue Fromentel, 125 ...... c c.	*R. du Mont S. Hilaire.* *R. du Cimetiere S. Benoît.*
Rue du Four, 50 ...... c.	*Rue des Sept Voies.* *Rue d'Ecosse.*
Rue des Prêtres S. Etienne du Mont, 30 ...... **.	*Rue Bordet.* *Place Saint Etienne du Mont.*

LE QUARTIER
SAINT BENOIST

RENFERME:

4 Paroisses.
41 Prêtres.
1 Chapitre.
103 Chanoines.
2 Couvents d'hommes.
130 Religieux.
1 Abbaye.
2 Chapelles.
14 Colléges.
5 Séminaires.
2 Cloîtres.
7 Couvents de Femmes.
189 Religieuses.
1 Bibliothéque.
1 Cabinet de Curiosités.
1 Hôpital.
27 Sœurs Hospitalieres.

65 Rues.
10 Culs-de-sacs.
4 Places.
1 Pont.
2 Cours.
2 Marchés
4 Boucheries.
4 Fontaines.
3 Boëtes aux Lettres pour la Province.

ECOLES.

Chaire de Physique expérimentale de Droit Civil, de Droit Canon, de Médecine, l'Université.
L'Imprimerie de Musique.
1 Clos Privilégié.
307 Lanternes éclairaient ce Quartier.

TABLEAU DES RUES DU QUARTIER SAINT BENOIST.

Noms des Rues & culs-de-sacs.

Noms des Rues & culs-de-sacs.

QUARTIER

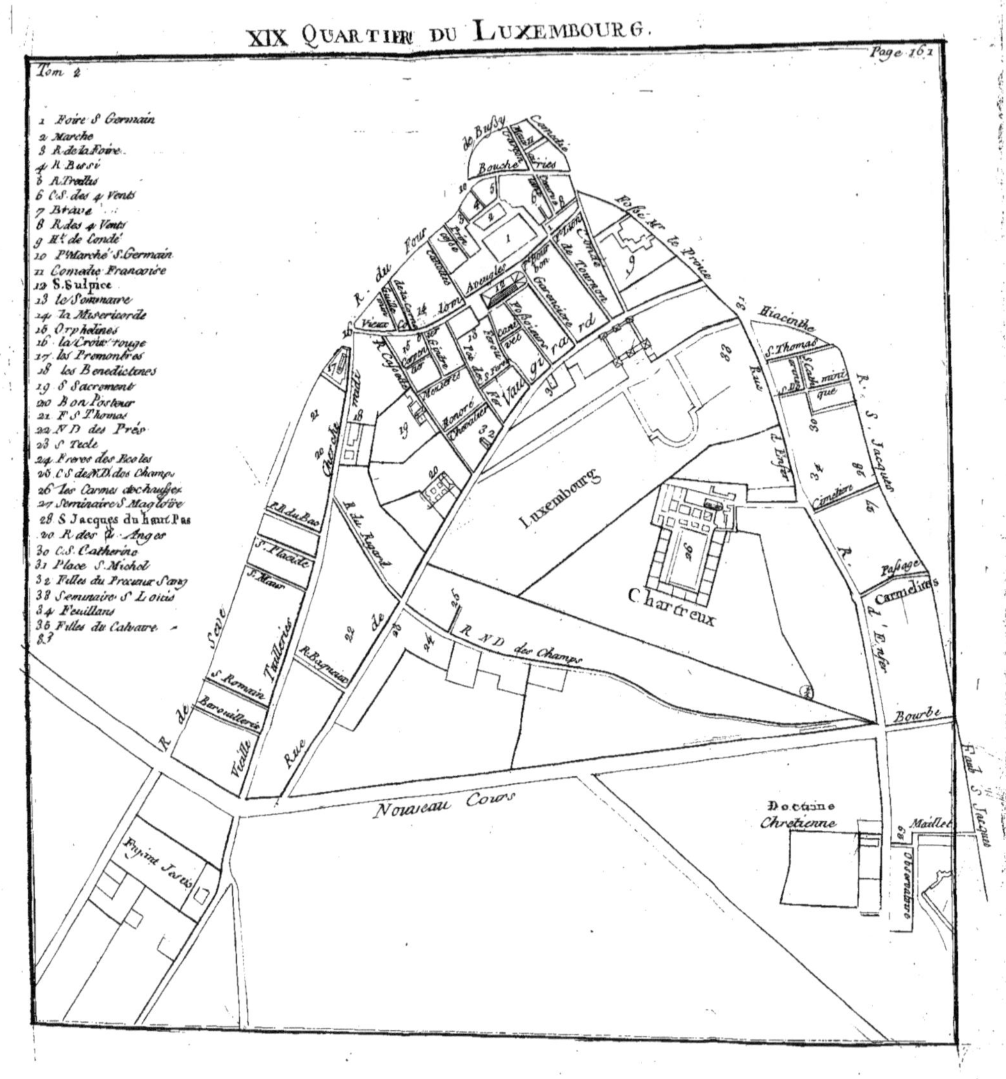
XIX QUARTIER DU LUXEMBOURG.
Tom 2
Page 161
1 Foire S Germain
2 Marche
3 R. de la Foire.
4 R. Bussi
5 R. Trelles
6 C.S. des 4 Vents
7 Brave
8 R. des 4 Vents
9 Hl. de Condé
10 Pt Marché S. Germain
11 Comedie Francoise
12 S. Sulpice
13 le Sominaire
14 la Misericorde
15 Orphelines
16 la Croix rouge
17 les Premontres
18 les Benedictines
19 S Sacrement
20 Bon Posteur
21 F S Thomas
22 N D des Prés
23 S Tecle
24 Freres des Ecoles
25 C S de N.D. des Champs
26 les Carmes dechaussés
27 Seminaire S Magloire
28 S Jacques du haut Pas
29 R. des Anges
30 C.S. Catherine
31 Place S. Michel
32 Filles du Precieux Sang
33 Seminaire S Louis
34 Feuillans
35 Filles du Calvaire
de Bussy
Comedie
Bouche
R. du Four
Vieux
Aveugles
Garencière
de Tournon
Condé
Fossé Mr le Prince
Vaugirard
Hiacinthe
S. Thomas
Rue
d'Enfer
R. S. Jacques
Luxembourg
Chartreux
Cimetière
Passage
Carmelites
R. du Regard
R. N D des Champs
R. Bagneux
Cherche midi
R. du Bac
S. Placide
S. Maur
R. de Seve
S. Romain
Baroüillerie
Vieille Tuilleries
Rue
Bourbe
Faub S. Jacques
Nouveau Cours
Doctrine Chretienne
Maillet
Observatoire
Enfant Jesus

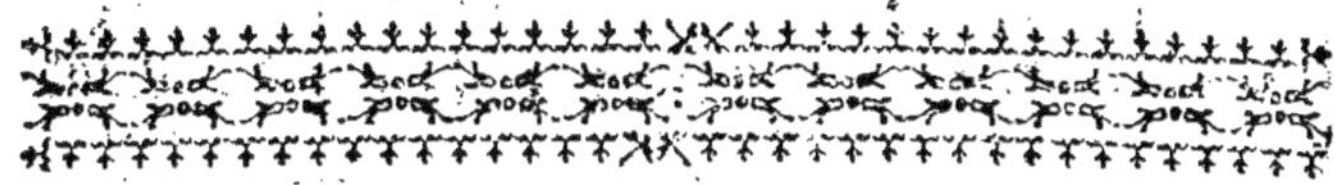

XIXe. QUARTIER,

DU LUXEMBOURG.

CE Quartier est borné, à l'Orient, par la rue du Fauxbourg Saint Jacques, exclusivement. Au Septentrion, par les rues des Fossés Saint Michel, dite rue Saint Hyacinthe; des Francs-Bourgeois, des Fossés M. le Prince & de Saint Germain des Prés, inclusivement: à l'Occident, par les rues de Bussi; du Four & de Séve, inclusivement; & au Midi, par les extrémités du Fauxbourg S. Jacques, inclusivement, depuis la rue de Séve, inclusivement, jusqu'au Fauxbourg Saint Jacques.

Ce Quartier est très-fréquenté à cause de la promenade du Luxembourg, de la Foire Saint Germain. Le Fauxbourg Saint Jacques est recommandable, parce qu'il abonde en Maisons Religieuses dont les Eglises sont très-bien ornées: Elles sont indiquées dans le corps de cet Ouvrage.

Le Peuple nombreux qui habitait ce Quartier, s'occupait autrefois à tricotter des bas; mais l'usage des bas au métier à fait tomber ces Fabriques.

C'est dans ce Quartier que logent les Rouliers d'Orléans & de Blois. Ils sont indiqués à l'article des Voitures.

Noms des Rues.	*Tenans & aboutissans.*
Foire Saint Germain.	*Rue du Four.* *Rue des Quatre-Vents.*

Il fut accordé aux Religieux de l'Abbaye Saint Germain des Prés, par Lettres-Patentes du Roi du mois de Mars 1482, la permission d'une Foire franche, pareille à celle dont jouissent les Religieux de S. Denis. Ces derniers formerent opposition à l'exécution de ces Lettres; les Religieux de Saint Germain obtinrent du Roi Charles VIII de nouvelles Lettres en forme de Chartres, qui furent expédiées en 1484, (vieux style.) La Foire qui ne devait durer que huit jours, a souvent été prolongée depuis, jusqu'à cinq ou six semaines entieres; mais la franchise n'a lieu que quinze jours. On suit toujours l'ancienne coutume; elle dure depuis la Chandeleur jusqu'au samedi des Rameaux. Louis de France, pere de Philippe le Bon & fils de Philippe le Hardi, avait fait bâtir son Hôtel dans l'endroit où sont à présent les Loges de la Foire, vers l'an 1228, avec quelques arpens de vignes qu'il avait achetées de Raoul de Presle, Avocat au Parlement, & pere de Raoul de Presle, recommandable par ses Ouvrages. Sous le regne de Charles V, il prenait le titre de Confesseur & Poëte du Roi.

Noms des Rues.	*Tenans & aboutissans.*
Rue des Aveugles, 140 . . . . . . c c.	*Rue du Vieux Colombier.* *Rue du petit Bourbon.*
Rue du Brave, 25. . . . . . c c c.	*Rue des Quatre-Vents.* *Rue de Tournon.*
Rue des Quatre-Vents, 100 . . . . c c c.	*Rue de Condé.* *Porte de la Foire Saint Germain.*
Cul-de-sac des Quatre-Vents.	*Rue des Quatre-Vents.*
Rue du Petit Lion, 80 . . . . c c c.	*Rue de Condé.* *Rue du Petit Bourbon.*
Rue du Cœur-Volant, 100. . . . . . c.	*Rue des Quatre-Vents.* *Rue des Boucheries.*
Rue du Four, 500 . . . . c c.	*Rue de Bussi.* *Rue de la Croix-Rouge.*

Noms des Rues.	*Tenans & aboutissans.*
Passage de la Treille.	*Rue des Boucheries.* *Marché de l'Abbaye.*
Rue des Ciseaux, 60 . . . . c.	*Rue Sainte Marguerite.* *Rue du Four.*
Rue Princesse, 90 . . . . . . cc.	*Rue du Four.* *Rue Guisarde.*
Rue Guisarde, 90. . . . . . **.	*Rue des Canettes.* *Foire Saint Germain.*
Place Saint Sulpice.	*Vis-à-vis l'Eglise.*

La Paroisse de Saint Sulpice n'était autrefois qu'une Chapelle, qui ne servait qu'aux Domestiques de l'Abbaye Saint Germain des Prés; elle s'augmenta peu à peu, & fut érigée en Paroisse l'an 1200. M. Languet en a fait un édifice magnifique; c'est la plus grande Paroisse de Paris: la Communauté des Prêtres qui est jointe au Séminaire, fait un Clergé de 400 Ecclésiastiques. Ce célèbre M. Languet est mort en 1750; son Mausolée est dans une des Chapelles de son Eglise: il est très-beau & digne d'être admiré, ainsi que l'Eglise. L'on voit deux Tours octogone de trente-six toises d'élevation : trois Portails ; le plus grand offre aux yeux un long Portique fermé par un double rang de colonnes Corinthiennes très-élevées, au-dessus duquel sont deux ordres d'architecture. Cette Eglise a été commencée par *le Veau*, continuée par *Gittard*, auquel à succédé *Oppenord* : les deux Portails de la croisée dûs au dernier. Le grand Portail élevé sur les dessins du Chevalier *Servandony*. La premiere pierre de la rue des Fossoyeurs a été posée en 1719 par feu M. le Duc d'Orléans. Dans l'Eglise, les pilastres Corinthiens entre les Arcades ; le plafond de la Chapelle de la Vierge, par *le Moine* : au-dessus quatre morceaux de *Carles-Vanloo*. Le Maître-Autel inventé par *Oppenord*, le Baldaquin, de M. *Slodtz* ; les Statues du Chœur, par *Bouchardon*. La statue & les Anges qui servent de lutrin, sont d'après ces modéles : le Mausolée de M. Languet, par *Slodtz*. Ils ont aussi fait les bas-reliefs du grand Portail. L'ornement des deux coquilles qui servent de Bénitiers, données par Louis XV, qui sont d'un Coquillage unique & très-estimé, dû à *Pigalle*, & les statues des portails de la croisée, par *Dumont*. La Cure de cette Paroisse est à la nomination de l'Abbé de S. Germain des Prés. Par Edit du Roi, donné à Compiégne en Juillet 1767, Article 19, MM. le Prevôt des Marchands & Echevins sont obligés d'employer un fonds de 450000 liv. pour former une Place devant ladite Eglise, en place du Séminaire qui sera transporté dans l'emplacement de l'Académie de Jouan.

Noms des Rues.	*Tenans & aboutissans.*
Rue Palatine ou du Cimetiere.	*Rue Férou.* *Rue Garenciere.*
Rue Canivet, 90 . . . . . . **.	*Rue des Fossoyeurs.* *Rue Férou.*
Rue Férou, 250 . . . . . . cc.	*Rue de Vaugirard.* *Portail Saint Sulpice.*
Cul-de-sac des Prêtres.	*Rue Férou.*
Rue de Vaugirard, 1400. . . . . . ccc.	*Rue des Fossés M. le Prince.* *Barriere de Vaugirard.*

A la Barriere de Vaugirard il y a un Dépôt de Pompes & un Corps-de-Garde de Pompes pour les Incendies.

Les Carmes Déchaussés ont commencé à s'établir en France par une très-petite maison que leur donna un Bourgeois nommé Nicolas Vivian : en 1613 il furent fondés par Marie de Médicis : ils sont 40 Religieux. L'enclos a 220 pas, sur 60. Sous François Premier le total des loyers des maisons de cette Capitale ne montaient qu'à la somme de trois cent mille livres. Ces Religieux, indépendamment du vaste terrain qu'ils occupent, jouissent de près de cent mille livres de rente, sur les maisons qu'ils ont fait bâtir dans cette rue & celles adjacentes. Il faut avouer que ces bons Moines n'ont pas mal prospéré.

Leur Église est bien bâtie & bien ornée : l'on y remarque les Balustrades, le Dôme peint par *Bertholet Flemal* : le Tableau de l'Autel par *Quintin Varin*. La Statue de la Vierge a coûté à Rome 10000 liv. au Cardinal Barberin, qui, outre cette somme, fit les frais de la faire transporter à Paris, & la donna à ces Religieux. Elle a été exécutée par *Raggi*, d'après un modèle de *Bernin*.

Les Filles du Calvaire, Ordre de Saint Benoît, furent fondées par Marie de Médicis en 1623, pour honorer les Mystères de la Croix. Leur Enclos a 110 pas, sur 90. Elles sont 30 Religieuses.

Les Bernardines, ou les Filles du Précieux Sang, établies en 1658, sont de l'Ordre de S. Bernard. Leur Enclos a 50 pas, sur 40. Elles sont 27 Religieuses.

La Communauté de l'Enfant Jesus, fondée par Marie de Leczinska, Princesse de Pologne, Reine de France & de Navarre, centiéme de ce titre &

dixiéme du nom de Marie, à l'occasion de la Naissance de M. le Duc de Bourgogne, le 13 Septembre 1751, pour les jeunes Demoiselles de condition ; les Dames ne sont point cloîtrées. Elles sont 70 y compris les Dames. Leur Enclos a 100 pas, sur 80.

Palais d'Orléans, appellé le Luxembourg.

Ce Palais a été construit sur le terein de l'ancien Hôtel du Luxembourg, d'une Ferme de l'Hôtel-Dieu & de plusieurs maisons, clos & jardins de particuliers, dont partie étaient de la censive de Saint Germain des Prés, & partie de celle de Ste Geneviéve. Les fondations en furent jettées l'an 1615 ; *Jacques de Brosse* eut la conduite de cet Edifice, qui passe pour un des plus beaux morceaux d'Architecture : il consiste en un gros corps-de-logis au fond de la cour, accompagné aux extrémités de 4 Pavillons ; & au milieu, d'un corps avancé, orné de colonnes : la petite terrasse qu'on a pratiquée sur le devant, est élevée & fermée par une balustrade de marbre blanc. La cour qui est fort grande, est terminée à droite & à gauche par deux galleries soûtenues chacune sur neuf Arcades, avec de grands Corridors voûtés sous lesquels on se promene. La façade qui est sur la rue, est une Terrasse avec un Bâtiment enrichi au milieu de deux colonnes couronnées d'un Dôme, au pourtour duquel on a placé plusieurs Statues pour lui servir d'accompagnement; & à l'extrémité des deux Terrasses, sont deux gros Pavillons quarrés plus avancés que la partie de la façade. Ce qu'il y a de plus remarquable, c'est la Gallerie de Rubens, représentant la vie de Marie de Médicis symboliquement. Les Tableaux du Cabinet du Roi, morceaux précieux; ils sont placés dans plusieurs Salles paralleles à la Gallerie de *Rubens*: on les voit deux fois la semaine, les mercredis & samedis depuis 10 heures du matin jusqu'à une heure après midi, du premier Octobre jusqu'en Janvier; & le reste de l'année, depuis quatre heures d'après midi jusqu'à sept heures du soir. L'étendue de ce Palais a 200 pas, sur 150.

La Reine fit planter, l'an 1603, les arbres du Parc & du Jardin : on travailla aux canaux des fontaines, pour conduire l'eau dans ce Palais, dont la premiere source prend au-dessus de Cachant, Château de l'Abbaye Saint Germain, près Arcueil, à une lieue de Paris; la seconde source est au-dessus du Village de Rongis, à une lieue & demie au-delà de Cachant. Jean Coing, Maître Maçon, eut l'entreprise qui monta à 460000 liv. Le 17 Juillet 1613, le Roi posa la premiere pierre de cet ouvrage, lequel ne fut fini qu'en 1624. Ce Jardin a 920 pas, sur 300. Il est promenade publique, & fort fréquenté.

Les Fontaines du Palais du Luxembourg qui donnent sur les rues d'Enfer & de Vaugirard, ainsi que celle de la cour des fontaines, dont l'usage est presque public pour tous les Voisins de ce Palais, donnent de l'eau du même Aqueduc.

Noms des Rues.	*Tenans & aboutissans.*
Rue du Petit Vaugirard.	*Rue de Vaugirard.* *Au Moulin.*
Rue des Fossoyeurs, 220...... ccc.	*Rue de Vaugirard.* *Cimetiere de Saint Sulpice.*
Rue Garenciere, 250...... ccc.	*Rue des Aveugles.* *Rue de Vaugirard.*

La Fontaine nommée Garenciere donne de l'eau d'Arcueil.

Rue du Petit Bourbon, 150...... cc.	*Rue des Aveugles.* *Rue de Tournon.*
Rue de Tournon, 250...... ccccc.	*Rue des Quatre-Vents.* *Au Palais du Luxembourg.*

Il y a une Boëte aux Lettres pour la Province.

Au coin de cette rue & celle du petit Bourbon, était autrefois l'Hôtel de cette furieuse Duchesse de Montpensier, sœur des Guises, complice de Bourgoins, Prieur des Jacobins, qui concerta avec ce scélérat les moyens d'approcher la personne d'Henry III.

Noms des Rues.	*Tenans & aboutissans.*
Rue de Condé, 280...... c c c.	*Rue de Vaugirard.* *Rue de la Commédie Française.*
Rue des Fossés M. le Prince, 480...... c c c.	*Rue de la Comédie.* *Rue des Francs-Bourgeois.*
Passage du bon Laboureur.	*Rue des Fossés M. le Prince.* *Rue de Condé.*
Rue d'Enfer, 900...... c c.	*Place Saint Michel.* *A la Barriere.*
Rue des Francs-Bourgeois, 160...... c c c.	*Rue des Fossés M. le Prince.* *Rue d'Enfer.*

Le Collége du Mans, fondé en 1526; depuis la Réforme loué à des particuliers.

Le Séminaire de S. Louis fondé par le Cardinal de Noailles l'an 1696 pour les pauvres Clercs: la Chapelle est assez belle. Son Enclos a 50 pas en quarré.

L'Institution de l'Oratoire a été fondée en 1650 dans cette rue pour être le Noviciat de ceux qui entrent dans cette Congrégation. Son Enclos est de 280 pas, sur 200: il y a trois Prêtres & douze Sujets, & beaucoup d'Appartemens pour les personnes de distinction qui y font retraite.

Il y a aussi un Couvent de Feuillans, du même Ordre que ceux de la rue Saint Honoré: ils sont douze Religieux. Leur Enclos a 200 pas, sur 110.

Les Chartreux ont été fondés en 1257, par S. Louis: il commença par établir cinq de ces Religieux au Village de Gentilly: il leur donna ensuite l'Hôtel de Vauvert, où ils sont actuellement. Leur terrein à 40 pas, sur 700 en triangle. L'Eglise est ornée de Tableaux faits d'habiles Peintres: Le petit Cloître est peint par *le Sueur*; c'est son chef-d'œuvre: la boiserie de leur Chœur est remarquable. Ils sont 50 Religieux.

Le nom d'Enfer est resté à cette rue, à cause des esprits qui revenaient à l'Hôtel du Château le Vauvert ; c'eſt ce qui a été en partie cauſe que le don de cet Hôtel a été fait à ces Religieux qui ont bientôt eu le ſecret d'en chaſſer les eſprits.

D'autres prétendent que la rue Saint Jacques s'appellait anciennement *Via Superior*, & la rue d'Enfer *Via Inferior*, & que c'eſt-là l'étymologie de la rue d'Enfer ; ce qui paroît le plus vraiſemblable.

Noms des Rues.	*Tenans & aboutiſſans.*
Place S. Michel.	*Rue Saint Jacques.* *Rue d'Enfer.* *Rue Saint Hyacinthe.*

La Fontaine donne de l'eau de Rongis.

Il y a une Boëte aux Lettres pour la Province.

La Place S. Michel eſt un petit Marché ; il vient des Boulangers deux fois la ſemaine, le mercredi & le ſamedi. Les Boucheries ont été établies en 1623.

Rue Saint Hyacinte, 200. . . . . . c c c.	*Rue Saint Jacques.* *Place Saint Michel.*
Rue S. Thomas, 200. . . . . . c c.	*Rue d'Enfer.* *Rue Saint Hyacinthe.*

Noms des Rues.	*Tenans & aboutiſſans.*
Rue Saint Dominique, 215 . . . . . . c c.	*Rue d'Enfer.* *Rue Saint Jacques.*
Cul-de-ſac Saint Dominique.	*Rue Saint Dominique.*
Rue Sainte Catherine, 60. . . . . . . c c.	*Rue Saint Dominique.* *Rue Saint Thomas.*
Ruelle Saint Jacques, ... **	*Rue d'Enfer.* *Rue Saint Jacques.*
Rue de la Bourbe, 200. . . . . c c.	*Rue d'Enfer.* *Rue Saint Jacques.*

L'Abbaye des Religieuſes de Port-Royal a été fondée en 1204, par la Maiſon de Montmorency : elle était avant ce tems dans le Diocèſe de Chartres, & portait ce même nom. Les mêmes Fondateurs ou la même Maiſon, les ont amenées à Paris, & cette Abbaye a toujours conſervé le nom de Port-Royal. Elle eſt à la place de celle des Champs, qui a été détruite l'an 1710. Son Enclos a 230 pas, ſur 130. Il y a 30 Religieuſes.

On y conſerve une Sainte Epine de la couronne de Notre Seigneur par la vertu de la quelle il s'eſt opéré pluſieurs miracles,

Noms des Rues.	*Tenans & aboutissans.*
Rue Maillet, 150. . . . . . . c.	*Fauxbourg S. Jacques.* *Réservoir d'Arcueil.*
Rue de l'Observatoire, 160. . . . . c c.	*Rue Maillet.* *Derriere l'Observatoire.*

L'Observatoire est un édifice qui a coûté plus de deux millions à bâtir; il fut fini en 1667: il est pour les Observations Astronomiques. Son terrein est de 100 pas, sur 150. La platte-forme est pavée en petits pavés de pierre à fusil. Cet édifice est tout voûté & n'a point de bois.

Il faut descendre 360 marches pour aller dans des soûterreins que l'on a pratiqués pour connaître les degrés de chaleur ou de fraîcheur: dans d'autres endroits l'eau s'y pétrifie: l'on peut aller par des différentes rues que l'on a pratiquées, jusqu'à la riviere, & a plus d'une lieue aux environs.

Thalès de Milet est le premier qui ait prédit les éclipses, 640 ans avant Jesus-Christ. *Archimede* qui vivait 208 ans avant Jésus-Christ, a inventé les miroirs ardens. *Magnès*, Berger, a trouvé l'aimant sur le Mont Ida, un morceau de cette pierre s'étant attaché à sa Houlette.

Les Bouſſoles ont été inventées par *Marc-Paul* : on aſſure que les Français l'ont connue en 1200, & que c'eſt par cette raiſon que l'on met ſur toutes les aiguilles des fleurs-de-lys.

Salviano Degli Armati, Florentin, a inventé les lunettes, vers la fin du XIII ſiecle.

Jacques Metius Dalmaer eſt le premier qui ait inventé les lunettes d'approche avec des verres ; la premiere de ſa façon parût l'an 1608.

Les Ethyopiens ſont les inventeurs de l'Aſtronomie, & des douzes ſignes du Zodiaque ; & ont diſtingué l'année en mois & ſaiſons.

Anaximandre de Babylonne eſt inventeur des cadrans ſolaires ; cette ſcience n'a été connue des Romains que 407 ans après la fondation de Rome.

Zacharias Joannides a inventé le Téleſcope & le Microſcope.

Noms des Rues.	*Tenans & aboutiſſans.*
Grande rue du Fauxbourg S. Jacques, 800. . . . . c c.	*Rue S. Jacques.* *A la Barriere.*

Le Val-de-Grace, auparavant nommé le Val profond, fut fondé au neuviéme ſiécle, dans la Paroiſſe de Biévre-le-Châtel, à trois lieues de Paris ;

Paris ; Louis XIII y nomma une Abesse en 1618 ; & la Reine Anne d'Autriche ; sous le bon plaisir du Roi, fit transférer les Religieuses de l'Ordre de Saint Benoît à Paris en 1421 ; alors le nom de l'Abbaye de Val-Profond ; fut changé en celui de Val-de-Grace.

L'Abbesse est élective & triénale. Il y a 50 Religieuses : l'enclos a 375 pas, sur 380.

La Reine ayant différé jusqu'à ce tems de s'acquitter d'un vœu qu'elle avait fait à Dieu, d'élever un magnifique Temple, en action de graces de l'inespérée naissance du Dauphin, (depuis Louis XIV ,) son Fils, qu'elle eut après 22 ans de stérilité, fit commencer ce célébre Monument de sa piété, le vingt-un Février 1645 ; & la même année Louis XIV, âgé de 7 ans, y posa la premiere pierre. Le Duc d'Anjou, Frere unique du Roi, posa aussi la premiere pierre du Cloître en 1655. Cette Eglise fut achevée en 1665.

L'Architecture est du dessin de *François Mansard* ; ensuite de *le Mercier* ; & l'exécution, de *le Muet & le Duc*.

On admire la magnificence de cet édifice, dans la structure du bâtiment, dans les figures & les colonnes de marbre ; dans les bas-reliefs de sculpture, & dans les peintures excellentes du Dôme à fresque, représentant la félicité des bienheureux dans le Paradis, qui ſont admirés des connaiſſeurs. Cet Ouvrage eſt le plus beau morceau qui ait été fait en France ; il a acquis une gloire immortelle à *Mignard*, dit le *Romain*. Le nombre des figures monte à plus de deux cens: on prétend que cet Ouvrage fut fait en treize mois. C'eſt dommage que ce grand Ouvrage de Peinture ſoit devenu tout blanc. Les principales ſculptures ſont de la main de Michel Anguiere.

Les grilles ſont admirables tant pour le travail, que par leur grandeur extraordinaire.

A gauche eſt une grande Chapelle toujours tendue de noir, dédiée à Sainte Anne, où l'on conſerve dans pluſieurs niches d'un petit caveau ſoûterrein, & revêtu de marbre, les Cœurs des Princes & Princeſſes du Sang Royal. Au milieu de cette Chapelle eſt une Repréſentation, couverte d'un poile de velours noir, avec les Armes de la Reine, bordé d'hermine, croiſé d'une toile d'argent. Le Cœur de la Reine Fondatrice y repoſe.

Les ſix colonnes torſes du Maître-Autel, ſont du deſſin de M. *le Duc*, d'un marbre noir, veiné de blanc, très-rare & d'une grande richeſſe ; elles ſont preſque les ſeules en France de cette forme & beauté ; elles ſont poſées ſur des piédeſtaux de marbre, garnis d'ouvrage de bronze doré, & ont coûté 60000 liv.

On expose les jours de grandes Fêtes un Soleil d'or émaillé, couleur de feu, tout couvert de diamans, & soûtenu par un Ange de même métail; la façon de cette riche Piece a coûté 15000 liv. L'Ouvrier a été 7 ans entiers à y travailler. C'est un don de la Reine, Mere de Louis XIV, qui a donné aussi quantité de Reliquaires d'or & d'argent enrichis de pierreries.

Le Couvent des Feuillantines fut fondé par la Reine Anne d'Autriche l'an 1622; elles sont 40 Religieuses de l'Ordre de Cîteaux : leur enclos a 350 pas, sur 80.

Les Benédictins Anglais ont été établis en 1657: l'Eglise a été bâtie en 1677; ils sont 14 Religieux: l'enclos a 280 pas, sur 60. Dans une Chapelle est en dépôt le corps de Jacques II, Roi d'Angleterre, d'Ecosse & d'Irlande; & celui de Marie-Louise Stuart, sa Fille. Dans l'Eglise sont deux Tableaux; l'un représente la Vierge, & l'autre Saint Benoît; peints par Madame l'Abbesse de *Montbuisson*, Princesse Palatine.

Les Carmelites furent fondées par Mademoiselle de *Longueville d'Orléans* l'an 1604 : elles sont 40 Religieuses; l'enclos a 250 pas, sur 150. L'Eglise est remarquable, par le beau Sanctuaire de marbre.

Tous les ornemens de l'Autel sont de bronze doré au feu : le Tabernacle qui représente l'Arche d'Alliance est tout d'argent ; le bas-relief est travaillé dans la perfection, & représente l'Annonciation. Rien n'est plus somptueux les jours de fêtes : il est alors orné d'un Soleil d'or, enrichi de pierreries, accompagné de Vases, de Chandeliers & d'autres piéces d'Orfévrerie de très-grand prix, dont la qualité égale la magnificence : le Crucifix qui est sur la porte du Chœur, est un des meilleurs Ouvrages que *Sarrazin* ait jamais sculpté.

La voûte de l'Eglise, où plusieurs histoires de l'Eglise Sainte sont représentées, a été peinte par *Champagne*, des libéralités de Marie de Médicis, en optique ; ce qui fait un effet aussi agréable que surprenant.

Toutes les Chapelles sont décorées de belles peintures, & la dorure y brille de tous côtés ; les 12 Tableaux qui sont placés sous les fénêtres représentent des sujets tirés du Nouveau Testament, & ont été peints par de très-habiles Maîtres.

La Chapelle de Sainte Marie-Madeleine est des plus magnifiques : il y a la Statue du Cardinal de Bérule, faite en marbre par *Sarrazin* en 1657 : sur l'Autel est un admirable Tableau qui est très-estimé des connaisseurs, le plus parfait que *le Brun* ait jamais peint ; il représente la Madeleine dans la pénitence : la douleur & le repentir sont si vivement exprimés dans cette figure, & l'habileté de cet excellent Maître y est si fortement prouvée par tous les accompagnemens, que l'on ne croit pas que l'on puisse rien voir de plus parfait ; la vie de cette Sainte est représentée dans le lambri de cette Chapelle.

Louise-Françoise de la Baume le Blanc, Duchesse de la Valliere, y a passé 30 années, sous le nom de Mere Louise de la Miséricorde, & est décédée l'an 1710.

Il y a une Fontaine qui donne de l'eau d'Arcueil.

Noms des Rues.	*Tenans & aboutissans.*
Cour & Passage des Carmelites.	*Rue Saint Jacques.* *Rue d'Enfer.*

Le Couvent des Ursulines, de la Régle de Saint Augustin, fut établi en 1610, par Madame Lhuillier, veuve de M. le Roux de Sainte-Beuve, pour l'instruction des jeunes filles. Leur enclos a 380 pas, sur 20. Elles sont 35 Religieuses.

Le Couvent de la Visitation fut fondé par Saint François de Sales, en 1619 : leur enclos a 180 pas, sur 70. Elles sont quarante Religieuses.

Le Séminaire de Saint Magloire, autrefois Abbaye de S. Benoît, fondé par Hugues Capet en 990. La Manse Abbatiale unie à l'Archevêché de Paris, & la Manse Monachale aux Prêtres de l'Oratoire, lesquels y ont établi un Séminaire en 1618.

Noms des Rues.	*Tenans & aboutissans.*
Passage de S. Jacques du Haut-Pas, ... **	*Rue du Fauxbourg Saint Jacques.* *Rue d'Enfer.*

La Paroisse de Saint Jacques du Haut-Pas était originairement un Hôpital qui fut bâti en 1630, & érigée en Paroisse en 1633. Il y a un Curé, 2 Vicaires & 12 Prêtres Le Curé de S. Hyppolite & le Chapitre Saint Benoît, nomment alternativement à cette Cure. Le Portail est remarquable par la régularité de ses proportions.

Il y a vis-à-vis une Boëte aux Lettres pour la Province.

Rue N. D. des Champs, 800. . . . . . c c c c.	*Rue de Vaugirard.* *Derriere les Chartreux.*

Les Freres des Ecoles, établis pour l'éducation des pauvres Garçons.

Noms des Rues.	*Tenans & aboutissans.*
Cul-de-sac Notre-Dame des Champs,	*Rue Notre-Dame des Champs.*
Rue des vieilles Tuileries, 400........ccc.	*Rue du Cherche-Midi.* *Barriere de Vaugirard.*

Il y a dans cette rue, vis-à-vis celle de Saint Maur, un Corps de-Garde de Pompiers pour les Incendies.

Rue Honoré-Chevalier, 160...... c.	*Rue Cassette.* *Rue Pot de Fer.*
Rue Pot de Fer, 300.......cc.	*Rue de Vaugirard.* *R. du vieux Colombier.*

La Communauté des Filles de l'Instruction Chrétienne a été fondée par Madame Rousseau, l'an 1657. Leur enclos a 125 pas, sur 90 : elles sont 30 Religieuses.

En 1610, Madeleine l'Huillier, veuve du sieur Beuve, Conseiller au Parlement, acheta l'Hôtel de Méziere, qui fut donné aux soi-disans Jésuites, pour y établir un Noviciat : on jetta les fondemens de l'Eglise en 1630, sur les dessins & la conduite de *Martel Ange.*

Noms des Rues.	*Tenans & aboutissans.*
Rue du Gindre, 110. . . . . . . c.	*Rue du vieux Colombier.* *Rue de Méziere.*
Rue Carpentier, 110 . . . . . . c.	*Rue du Gindre.* *Rue Cassette.*
Rue de Méziere, 150. . . . . . . cc.	*Rue Cassette.* *Rue du Pot de Fer.*
Rue Neuve Guillemain, 180. . . . . . . cc.	*Rue du vieux Colombier.* *Rue du Four.*
Rue des Cannettes, 180. . . . . . . cc.	*Rue du vieux Colombier.* *Rue du Four.*

L'Académie de M. Jouan eſt pour apprendre à la Jeuneſſe à monter à Cheval, & autres exercices convenables aux jeunes gens ; mais l'on croit qu'elle va ſervir pour le Séminaire de Saint ul-S pice.

Rue du vieux Colombier, 310. . . . . . . cc.	*Carrefour de la Croix-Rouge.* *Place Saint Sulpice.*

Le Séminaire de Saint Sulpice, fondé par M.

Olivier, Curé de cette Paroisse, achevé par son successeur M. de Bretonvillier, mort en 1676: il comprend celui de la rue Férou: ils sont fondés sous le nom de Prêtres de Saint Sulpice. L'on y remarque les belles peintures du Plafond, faites par *le Brun*. Il sera jetté bas pour former une Place devant l'Eglise: ainsi que nous l'avons expliqué page 111.

L'Hôpital des Orphelines a été fondé par la Paroisse de Saint Sulpice: il faut que les enfans qu'on y reçoit, soient baptisés sur cette Paroisse, & que les Peres & Meres y ayent été mariés. Il y a 6 sœurs.

Les Dames de la Miséricorde, de l'Ordre de S. Augustin, ont été fondées par la Reine Anne d'Autriche, en faveur des pauvres Filles Nobles, l'an 1651. Leur enclos est de 100 pas, sur 80; elles sont 20 Religieuses.

Noms des Rues.	*Tenans & aboutissans.*
Rue de Beuriere, ou de la Corne, 110 . . . . . . c.	*Rue du vieux Colombier.* *Rue du Four.*

Noms des Rues.	*Tenans & aboutissans.*
Carrefour de la Croix-Rouge ; il y a un Petit Marché d'Herbages.	*Rue du Cherche-Midi.* *Rue de Séve.* *R. du vieux Colombier.* *Rue de Grenelle.* *Rue du Four.*

Les Religieux Prémontrés réformés, ont été établis à Paris en 1662, par Anne d'Autriche. L'Eglise a été rebâtie en 1719. Ils sont 15 Religieux. L'enclos a 190 pas, sur 25.

Il y a une Boëte aux Lettres pour la Province.

Rue Cassette, 380 . . . . . . c c.	*R. du vieux Colombier.* *Rue de Vaugirard.*

Le Couvent des Bénédictines de l'Adoration perpétuelle du Saint Sacrement, a été établi & fondé par la Reine Anne d'Autriche, l'an 1632. La Congrégation de S. Maur était la premiere époque de ce Monastère. Elles suivent l'Observance étroite de S. Benoît. Leur enclos a 110 pas, sur 90. Elles sont 40 Religieuses.

La Communauté de l'Abbaye aux Bois, fut transférée de Noyon à Paris, l'an 1654; & substituée aux Religieuses de l'Annonciade. Leur enclos a 200 pas, sur 150. Il y a 30 Religieuses.

Au-delà de la Barriere, est la Communauté des Filles de Saint Thomas de Ville-Neuve, instituées l'an 1713, pour des Retraites Spirituelles *gratis* pour les femmes : elles sont dix Religieuses.

Les Bénédictines de Notre-Dame de Liesse, Ordre de Saint François de Sales, ont été fondées l'an 1656 : leur enclos est de 110 pas en quarré. Elles sont sept Religieuses.

La Communauté du Bon Pasteur fut établie l'an 1688. Cette Communauté est semblable à celle de Sainte Pélagie : leur enclos a 150 pas, sur 110. Il y a une Supérieure & six Sœurs.

Noms des Rues.	*Tenans & aboutissans.*
Rue du Cherche-Midi, 160. . . . . . c c c c.	*Carrefour de la Croix-Rouge.* *R. des vieilles Tuileries.*

Les Bénédictines du Cherche-Midi, furent fondées par Mademoiselle de Rohan-Soubise, l'an 1669 : leur enclos a 160 pas, sur 115. Elles sont 40 Religieuses.

Noms des Rues.	*Tenans & aboutissans.*
Rue du Regard, 290...... ccc.	*Rue de Vaugirard.* *Rue du Cherche-Midi.*
Rue de Bagneux, 180....... cc.	*Rue de Vaugirard.* *R. des vieilles Tuileries.*
Petite Rue du Bac, 130........ cc.	*Rue de Séve.* *R. des vieilles Tuileries.*
Rue Sainte Placide, 200....... cc.	*Rue de Sève.* *R. des vieilles Tuileries.*
Rue Saint Maur, 200..... cc.	*Rue de Séve.* *R. des vieilles Tuileries.*
Rue Saint Maur, 180...... cc.	*Rue de Séve.* *R. des vieilles Tuileries.*
Rue Barouillere, 180...... cc.	*Rue de Séve.* *R. des vieilles Tuileries.*

LE QUARTIER DU LUXEMBOURG

RENFERME:

2 Paroisses.
15 Prêtres.
6 Couvens d'Hommes.
34 Religieux.
17 Couvens de Femmes.
37 Religieuses.
2 Séminaires.
1 Collége.
1 Hôpital.
6 Sœurs.
1 Palais.
1 Jardin Public.
La Foire S. Germain.
L'Ecole des Freres pour les pauvres Garçons.
1 Académie pour monter à Cheval.
1 Observatoire.
3 Dépôts de Pompes pour les incendies.
4 Boëtes aux Lettres pour la Province.
3 Places.
6 Fontaines.
2 Marchés.
1 Marché au Pain.
1 Boucherie.
1 Carrefour.
3 Passages.
52 Rues.
5 Culs-de-sacs.
306 Lanternes éclairaient ce Quartier.

TABLEAU DES RUES
DU QUARTIER
DU LUXEMBOURG.

Noms des rues & culs-de-sacs.

Noms des rues & culs-de-sacs.

QUARTIER

T. 2 XX. QUARTIER MONTMARTRE

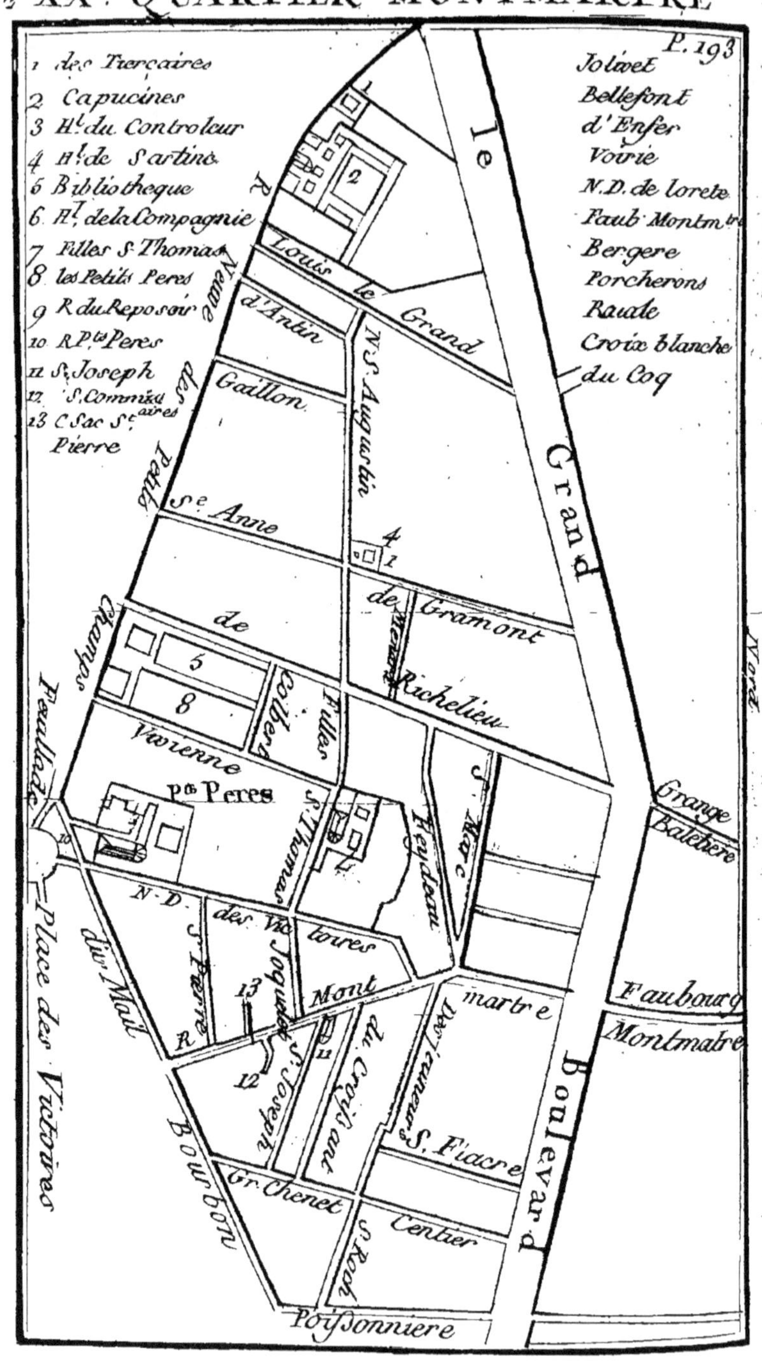

XIIIe QUARTIER
DE MONTMARTRE.

CE Quartier est borné, à l'Orient, par les rues Poissonniere & de Sainte Anne, exclusivement, jusqu'à l'extrémité des Fauxbourgs : au Septentrion, par les extrémités des Fauxbourgs, exclusivement : à l'Occident, par les Marais des Porcherons, inclusivement : au Midi, par la rue neuve des Petits-Champs, la Place des Victoires & les rues des Fossés Montmartre & neuve Saint Eustache, inclusivement.

Dans ce Quartier regne l'opulence : il y a quantité de belles Maisons, dans lesquelles l'on remarque le goût des ameublemens. La Place des Victoires annonce au premier coup-d'œil sa magnificence & la grandeur du Monarque qui y est représenté.

Noms des Rues.	*Tenans & aboutissans.*
Rue des Petits-Peres, 125 . . . . . . G C.	*Rue de la Feuillade.* *R. N. D. des Victoires.*

Noms des Rues.	*Tenans & aboutiſſans.*
Rue du Mail, 260. . . . . cccc.	*R. N. D. des Victoires.* *Rue Montmartre.*

Cette rue a pris ſon nom d'un jeu de Mail, qui a ſubſiſté juſqu'en 1633 : depuis on en a formé cette rue.

Rue Vuide-Gouſſet, 20 . . . . cc.	*Place des Victoires.* *Vis-à-vis les Auguſtins Déchauſſés.*
Rue de la Feuillade, 40 . . . . ccc.	*Rue des Bons-Enfans.* *Place des Victoires.*
Place des Victoires, 80 pas, ſur 70.	*Rue des Foſſés Montmartre.* *Rue de la Feuillade.* *Rue de la Vrilliere.* *Rue Croix des Petits Champs.*

Ce monument fut élevé en 1985, à la gloire de Louis XIV, par le zéle de M. le Duc de la Feuillade. L'on y remarque la Place de figure ovale, conſtruite par *J. H. Manſard*; les maiſons qui l'environnent ſont toutes de même ordre d'architecture. On y voit un piédeſtal de marbre blanc orné de bas-reliefs, qui représentent les exploits de Louis XIV. Aux quatre coins il y a quatre figures de bronze plus haute que nature, enchaînés avec leurs armes, & au bas desquelles on lit des devises latines. Au-dessus est la Statue de ce Monarque revêtu de ses habits Royaux, tenant sous ses pieds un Lion terrassé, & derriere celle d'une Victoire le pied sur un globe, qui lui met sur la tête une couronne de lauriers: groupe magnifique de bronze doré, fondu d'un seul jet, & de seize pieds de haut : le tout est du dessein de *Desjardins*. Les bas-reliefs en bronze qui occupent les quatre faces du piédestal ; le premier représentant la préséance accordée à la France sur l'Espagne en 1662 ; le second, le passage du Rhin en 1672 ; le troisiéme, la conquête de la Franche-Comté en 1678 ; & le quatriéme, la Paix de Nimegue en 1678. Deux petits bas-reliefs, dont l'un représente la destruction de l'Hérésie ; l'autre, l'abolition des duels.

Noms des Rues.	*Tenans & aboutissans.*
Rue S. Pierre, 110. . . . . . . c.	*Rue N. D. des Victoires.* *Rue Montmartre.*
Cul-de-sac S. Pierre.	*Rue Montmartre.*
Rue de Cléry, 700. . . . . cccc.	*Rue des Petits Carreaux.* *Rue Montmartre.*

Noms des Rues.	*Tenans & aboutissans.*
Rue S. Roch, 125 . . . . c c.	*Rue Poissonniere.* *Rue du Gros Chenet.*
Rue S. Joseph, 190. . . . . . c.	*Rue Montmartre.* *Rue du Gros Chenet.*
Rue S. Claude, 50. . . . . c c.	*Rue Sainte Foi.* *Rue de Cléry.*
Rue du Croissant, 150. . . . . . . c.	*Rue du Gros Chenet.* *Rue Montmartre.*
Rue des Jeûneurs, 150. . . . . . . c.	*Rue du Gros Chenet.* *Rue Montmartre.*
Rue du Gros Chenet, 200. . . . . c c c.	*Rue de Cléry.* *Rue du Sentier.*
Rue du Sentier, 50. . . . . . . c.	*Rue du Gros Chenet.* *Rue du Rempart.*
Rue Poissonniere, 200. . . . . c c.	*Rue des Petits Carreaux.* *Aux Boulevards.*
Rue S. Fiacre, 110. . . . . . . c c.	*Rue des Jeûneurs.* *Aux Boulevards.*
Rue S. Marc, 280. . . . . . c c c.	*Rue de Richelieu.* *Rue Montmartre.*

Noms des Rues.	Tenans & aboutissans.
Rue Faideau, 290. . . . . . . cc.	Rue de Richelieu. Rue Montmartre.
Rue Joquelet, 80. . . . . . . c.	Rue Montmartre. R. N. D. des Victoires.

La Fontaine des Petits-Peres donne de l'eau de la Seine.

Rue N. D. des Victoires, 410. . . . . . cc.	Rue du Mail. Rue Montmartre.

Les Augustins, dits Petits-Peres, ont été fondés par Louis XIII ; il posa la premiere pierre de leur Eglise : elle fut dédiée à Notre-Dame des Victoires : elle a été commencée par *le Muel*, & achevée par *Cartaud*, qui a donné le plan du Portail estimé pour sa noble simplicité : l'Architecture de l'Eglise d'Ordre Ionique, du *même*. Le Chœur est orné de six grands Tableaux représentant divers traits de la vie de S. Augustin de *Carles-Vanloo* : la statue en marbre de S. Augustin, de M. *Pigalle*. Dans la sacristie, la Translation des Reliques de S. Augustin, par *Galoche* ; au Réfectoire, un morceau de *Bologne la Fosse* : dans le Cabinet des Médailles & Antiques, plusieurs Tableaux ; au milieu de la Bibliothéque, un morceau de Peinture à fresque, exécuté en dix heures, par *Paul Matheo.*

Le petit Pere André Boulanger, fameux Prédicateur, était de ce Couvent : il y mourut le 2 Décembre 1657, âgé de 79 ans. Ils sont 70 Religieux. Leur enclos a 300 pas, sur 100.

Noms des Rues.	*Tenans & aboutissans.*
Rue Neuve des Filles S. Thomas, 200. . . . . . c c c.	*Rue de Richelieu.* *Rue Notre-Dame des Victoires.*

Les Filles Jacobines de Saint Thomas, furent fondées l'an 1626, par Anne de Caumont, femme de François d'Orléans-Longueville, Comte & Duc de Fronsac. Elles sont 20 Religieuses. L'enclos a 110 pas, sur 20 de large.

Rue Vivienne, 300. . . . . . c c c c.	*R. des Filles S. Thomas.* *Rue Neuve des Petits-Champs.*

La Bourse a 90 pas, sur 50 ; c'est le lieu où l'on commerce les Papiers Royaux & autres effets de commerce, depuis onze heures du matin jusqu'à une heure, excepté les jours de Fêtes. Il y a plusieurs Bureaux pour le payement des Rentes dont la Compagnie des Indes est chargée.

La premiere Bourse des Marchands, a été établie à Bruge, dans la Maison de Vanderbourse, fameux Négociant.

Celle de Paris n'a été établie que l'an mil sept cent vingt-quatre.

Noms des Rues.	*Tenans & aboutissans.*
Rue de Colbert, 95 ...... c c c.	*Rue Vivienne.* *Rue de Richelieu.*
Rue de Richelieu, 1100...... c c c.	*Rue S. Honoré.* *Rue Grange-Bateliere.*

La Fontaine de Colbert, dite de Richelieu, donne de l'eau de la Seine.

La Bibliothéque du Roi doit son établissement à Charles V, en 1380. Louis XII, François I, Henri II, Catherine de Médicis, Henri IV, Louis XIII, y ont rassemblé un nombre de manuscrits & imprimés ; mais jusques-là cela ne pouvait passer que pour un beau cabinet de Livres. Pierre & Jacques Dupuy l'ont beaucoup augmentée. Le Comte de Béthune donna plus de deux mille manuscrits originaux; & Jean-Baptiste de Colbert, Sur-Intendant des Bâtimens du Roi, l'a augmentée de plus de 60 mille volumes imprimés, & de huit mille manuſcrits, & l'a fait tranſporter où elle eſt.

Cette Bibliothéque a 210 pas, ſur 90; le Bâtiment, composé de magnifiques Galleries, contient environ cent cinquante mille volumes imprimés, & plus de quatre vingt mille manuſcrits.

Les Tablettes ſont d'une menuiſerie très-belle, parce que l'on a profité de toute la hauteur des piéces, & qu'on a ménagé des eſcaliers dérobés qui conduiſent à des balcons, pour avoir accès au haut deſdites Tablettes.

Le Cabinet d'Eſtampes eſt très-curieux par un précieux aſſemblage de Médailles d'or, d'argent & de piéces antiques, dont il eſt enrichi; comme auſſi un grand recueil d'animaux peints en miniature. Cette Bibliothéque eſt la plus précieuſe de l'Europe. Les livres y ſont en grande partie reliés en maroquin rouge, avec les Armes du Roi.

L'on voit dans la Bibliothéque, le Tombeau du Roi Childeric I, Roi de France. C'eſt le plus ancien Tombeau que nous connoiſſions de la Monarchie Françaiſe. Il fut découvert à Tournay, en travaillant à la réparation d'une Egliſe.

Elle eſt ouverte pour les livres imprimés, le mardi & le vendredi, depuis huit heures du matin juſqu'à midi, excepté les jours de fêtes &

pendant les Vacances. Les Etrangers, les Hommes de Lettres & les Curieux, y trouvent un facile accès auprès de ceux qui ſont chargés de leur adminiſter les ſecours litteraires dont ils ont beſoin.

Il y a un Dépôt de Pompes pour les Incendies.

Noms des Rues.	*Tenans & aboutiſſans.*
Rue Sainte Anne, 400. . . . . . c c c c.	*Rue Poiſſonniere.* *A la Barriere de la Nouvelle-France.*
Rue Joliver, 250. . . . . . c c c.	*A la Voierie de la Nouvelle-France.* *Rue Sainte Anne.*
Rue Bergere, 200. . . . . . . c c.	*Rue Poiſſonniere.* *Rue Montmartre.*

A l'Hôtel des Menus-Plaiſirs du Roi : on voit une Salle de Spectacle, dans laquelle on fait les repréſentations des Opéras & Balets qui ſe jouent devant le Roi ; c'eſt auſſi l'entrepôt de toutes les machines qui ſervent aux divertiſſemens deſtinés pour Sa Majeſté.

Rue Neuve S. Auguſtin, 600. . . . . c c c.	*Rue de Richelieu.* *Rue de Louis le Grand.*

L'Hôtel de Monsieur le Lieutenant-Général de Police.

Au Petit Hôtel sont les Bureaux de la Police. Il y a un Dépôt de Pompes & Voitures d'eau pour les Incendies.

Noms des Rues.	*Tenans & aboutissans.*
Rue de Gramont, 400...... ccc	*Aux Boulevards.* *Rue neuve S. Augustin*
Rue Gaillon, 125........ccc.	*Rue neuve des Petits Champs.* *Rue neuve S. Augustin.*
Rue d'Antin, 150...... ccc.	*Rue neuve des Petits-Champs.* *Rue neuve S. Augustin.*
Rue de Louis le Grand, 300....... cccc.	*Rue neuve des Petits Champs.* *Vis-à-vis les Capucines.*
Rue Grange-Bateliere, 310......cccc.	*Fauxbourg Montmartre.* *Rue de Richelieu.*

Noms des Rues.	*Tenans & aboutissans*
Cul-de-sac Grange-Bateliere.	*Rue Grange-Bateliere.*
R. du Fauxbourg Montmartre, 360....... c c c c.	*Rue Montmartre.* *A la Barriere.*

Il y a une Boëte aux Lettres pour la Province près la Barriere.

Rue de l'Egoût, 200......**	*Rue Sainte Anne.* *R. du Fauxbourg Montmartre.*

L'Abbaye de Montmartre est sur la Montagne ; elle fut bâtie l'an onze cent treize, dans le lieu même où S. Denis & ses Compagnons souffrirent le Martyre. Louis le Gros & la Reine Adélaïde, fonderent cette Abbaye. Le Pape Eugene, assisté de Saint Bernard & de Pierre le Vénérable, firent la Dédicace de l'Eglise. Il y a 30 Religieuses. Leur enclos a 200 pas, sur 270.

Rue d'Enfer, 375 .... c.	*Rue Sainte Anne.* *Rue de la Voierie.*
Rue Saint Germain, 75 ...... c.	*R. de la Tour des Dames.* *Rue Blanche.*

Noms des Rues.	*Tenans & aboutissans.*
Rue des Porcherons, 360........c c c c.	*Barriere des Porcherons.* *Rue des Martyrs.*
Rue Coquelard, 500...... c c.	*Barriere Coquelard.* *R. du Faub. Montmartre.*

La Paroisse de Notre-Dame de Lorette est un annexe de Montmartre ; il y a quatre Prêtres.

Rue des Martyrs, 400........c c c c c.	*Rue des Porcherons.* *A l'Abbaye Montmartre.*
Rue Cadet, 200.......c c.	*R. du Faub. Montmartre.* *Barriere Sainte Anne.*
Rue de la Voierie, 120......c c c.	*Rue d'Enfer.* *Rue Fauxb. Montmartre.*
R. de la Tour des Dames, 100......c c c.	*Rue de la Rochefoucaut.* *Marais des Porcherons.*
Rue Blanche, 50.......cc.	*Rue Saint Lazare.* *Aux Champs*
Chemin de la Grande Pinte, 500......c c.	*Barriere Blanche.* *Aux Boulevards.*

Au coin des Boulevards il y a le Dépôt des Gardes-Françaises.

Noms des Rues.	Tenans & aboutissans.
Rue Saint Lazare, 700 . . . . . . c c c.	*Barriere des Porcherons.* *Barriere Blanche.*
R. de la Rochefoucault, 150 . . . . . . c c c.	*R. de la Tour des Dames.* *A l'Abbaye Montmartre.*
Rue Royale, 200 . . . . . c c c.	*Rue Blanche.* *Aux Champs.*
Rue du Coq, 98 c	*R. de la Croix Blanche.* *Aux Champs.*
Rue d'Anjou, 800 . . . . c c c c.	*Rue Saint Honoré.* *A la Ville-l'Evêque.*
Rue de la Madeleine de la Ville-l'Evêque, 100 . . . . . . c c c,	*Rue du Fauxbourg S. Honoré.* *Aux Boulevards.*
Nouveau Marché.	*Rue du Cheval Verd.* *Rue de la Saussaie.*
Rue de Suresne, 310 . . . . c c c.	*Rue de la Ville-l'Evêque.* *Rue de la Saussaie.*
Rue du Chemin Verd, 350 . . . . . . c c c.	*Rue de Suresne.* *R. du Fauxb. S. Honoré.*

La Madeleine de la ville-l'Evêque, autrefois dépendante de Saint Germain l'Auxerrois, fut érigée en Paroisse en 1639. Il y a un Curé à la nomination de l'Archevêque, deux Vicaires & huit Prêtres habitués. L'on bâtit une nouvelle Eglise vis-à-vis la Place de Louis XV.

Noms des Rues.	*Tenans & aboutissans.*
R. de la Ville-l'Evêque, 400...... ccc.	*Rue de la Pologne.* *Rue de la Saussaie.*

Les Bénédictines de Notre-Dame de Grace doivent leur établissement à Catherine & Margurite d'Orléans de Longueville en 1713; c'est un Prieuré triénal. Il y a 50 Religieuses. L'enclos a 200 pas, sur 100.

Rue de la Saussaie, 210...... cc.	*Rue du Chemin Verd.* *R. de la Ville-l'Evêque.*
Rue de Duras, 125...... ccc.	*Rue du fauxbourg S. Honoré.* *Rue de la Saussaie.*
Rue d'Aguesseau, 180...... cc.	*Rue du fauxbourg S. Honoré.* *Rue de Suresne.*

L'Office de la Paroisse Saint Jacques & Saint Philippe se fait dans une grande Chapelle, parce que cette Paroisse, qui menaçait ruine, a été abattue : l'on compte en reconstruire une autre dans quelque tems. Il y a un Curé, un Vicaire & quatre Prêtres habitués.

Le Roule a été érigé en Fauxbourg en 1722.

Noms des Rues	*Tenans & aboutissans.*
Rue Villiers, 180 . . . . . . c c.	*R. du chemin de Neuilly.* *A la campagne.*
Rue Chevilly, 170 . . . . c c.	*Rue de Suresne.* *A la campagne.*

LE QUARTIER
MONTMARTRE
RENFERME.

3 Paroisses.
19 Prêtres.
1 Couvent d'Hommes.
70 Religieux.
3 Couvens de Femmes.
100 Religieuses.
La Bibliothéque du Roi.
L'Hôtel des Menus-Plaisirs du Roi.
L'Hôtel de M. le Lieutenant-Général de Police.
Un Corps-de-Garde pour les Incendies.
3 Boëtes aux Lettres pour la Province.
59 Rues.
3 Culs-de-Sacs.
3 Fontaines.
1 Marché.
1 Place.
300 Lanternes éclairaient ce Quartier.

TABLEAU

TABLEAU DES RUES
DU QUARTIER
MONTMARTRE.

Noms des Rues & culs-de-sacs. Pages

Noms des Rues & culs-de-sacs.

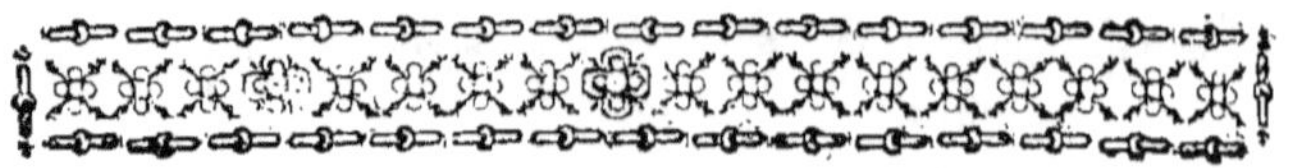

DESCRIPTION DE L'HOTEL ROYAL DES INVALIDES.

PHILIPPE AUGUSTE forma le Projet de bâtir & de fonder une Maiſon, pour ſervir de Retraite à ceux qui auraient vieilli dans le Service ; ce projet ne fut point exécuté.

Mais nos Rois s'étaient réſervé le droit de placer dans pluſieurs Monaſtères de Fondation Royale, un Soldat eſtropié qui avait une portion monachale, & qui était en même tems obligé d'y rendre certains ſervices.

Louis le Grand éxécuta ce projet, mais d'une toute autre maniere que *Philippe Auguſte* ne l'avait imaginé ; c'eſt-à-dire, avec des idées plus nobles & plus convenables à cet établiſſement.

Après que ce Prince eût donné la Paix à ſes peuples, ſignée à Aix-la-Chapelle, il voulut en faire goûter les avantages à ceux qui, aux dépens de leur ſang, & au péril de leur vie, avaient contribué à ce glorieux repos dont jouissait le Royaume. Sa Majesté pour réparer les maux que les Guerres avaient causés, & pourvoir aux besoins des Officiers & des Soldats que le sort des armes ou le tems mettait hors d'état de continuer une profession si noble, attacha à cet établissement les fonds des pensions de tous les *Moines Lais*, dont étaient chargées les Abbayes de Fondations Royales. Il y affecta encore les fonds des deux deniers pour livre, de tous les payemens qui seraient faits par les Trésoriers Généraux de l'Ordinaire & de l'Extraordinaire des Guerres, & par ceux de la Cavalerie Légere & de l'Artillerie.

Ces fonds se trouverent suffisans pour la construction & l'ameublement de l'Hôtel, & ensuite pour l'entretien des Soldats & des Officiers qu'on y logerait. Cela fut ainsi réglé par un Edit du mois d'Avril 1674.

Cet Hôtel, un des plus beaux monumens des libéralités de Louis XIV, fut bâti sur les dessins de M. *Bruant* pere. Il est situé à l'extrémité du Fauxbourg S. Germain, dans un lieu spacieux qui n'est resserré ni borné d'aucune hauteur; assis sur un terrein un peu élevé, presque au milieu de la plaine de Grenelle: la grande façade est vers le Septentrion, & conduite par une chaussée de dix toises de large, & de 260 de long, jusqu'au bord de la Seine; chaque côté divisé en six compartimens d'arbres enfermés de barrieres, qui forment une promenade gracieuse. Il est environné d'un paysage qui rend sa situation aussi agréable, que l'air qu'on y respire la rend salutaire.

Il y a une grande Place faite en demi-lune, au-devant de l'entrée de l'avant-cour, où l'on entre par une porte de fer d'un très-beau travail, aux deux côtés de laquelle sont deux Pavillons qui servent de Corps-de-Garde, enrichis d'un monde fleur-delisé avec la devise du Roi & plusieurs trophées d'Armes.

Cette avant-cour est environnée d'un grand & large Fossé profond & gazonné, revêtu d'un gros mur de pierres de taille, élevé à hauteur d'appui, dont l'un soûtient le penchant de la cour & l'autre borde ses dehors : on voit dans cette avant-cour aux quatre coins des petites guérites où il y a toujours des sentinelles; c'est dès l'entrée de cette avant-cour que paraît la grande façade de ce majestueux Bâtiment.

La principale entrée du côté du Septentrion, qui fait face à la riviere, se fait remarquer d'un coup d'œil, par la symmétrie & la beauté de tous les étages, avec les pavillons aux extrémités, les avant-corps d'espace en espace, aussi-bien que la majesté du grand portail qui est au milieu soûtenu d'un ordre Ionique, & qui s'élevant jusqu'au comble, étale avec pompe les plus justes proportions de la symmétrie, & les plus riches ornemens de la sculpture, dont le plus beau est une Statue beaucoup plus grande que nature, où le Roi paraît à cheval.

En entrant par le grand Portail, on se trouve dans une grande cour, nommée *Cour Royale* à cause de sa beauté : on y compte vingt-quatre Portiques qui en soûtiennent quatre-vingt autres, pour former de grandes galleries qui servent de promenade en tout tems : l'on y admire plusieurs beaux Ouvrages de sculpture, entre lesquels quatre grands colosses posés sur des angles saillans le peuvent disputer en beauté avec les Ouvrages les plus vantés de l'Antiquité.

Cette cour en a quatre autres moins spacieuses à ses côtés, qui toutes sont distinguées & environnées de différens corps-de-logis qui forment ce grand quarré de l'Hôtel, dont les angles sont flanqués de quatre gros Pavillons, & le milieu soûtenu par trois perrons avancés, qui ont six marches chacun. L'on remarque dans le fond de cette grande cour le Portail de l'Eglise de la Maison, chargé de deux ordres d'architecture Ioninique & Composite, à la Françaiſe, qui le rendent très-majeſtueux, avec ſon fronton orné d'un cadran & couronné d'une grande lanterne à jour, qui a ſix pans en hexagône, laquelle eſt remplie de cloches & d'une Horloge pour la commodité de cet Hôtel.

Quatre grands Réfectoires pour les Soldats, qui ſont à droite & à gauche de la Cour Royale; deux ont vingt-cinq toiſes chacun de long, & les deux autres vingt-trois chacun, ſur quatre de large. Ce qu'il y a de plus remarquable, ſont les peintures qui repréſentent les campagnes & les conquêtes de Louis XIV, dans les guerres de Flandres & de Hollande.

Le premier Réfectoire à gauche, du côté de Paris, on voit ſur la porte un grand Tableau qui repréſente le Roi environné des Graces, revêtu de toute la valeur des Romains.

Du côté de ce Réfectoire oppoſé aux fenêtres, on voit dans différents Tableaux les conquêtes du Roi en Flandres; comme la priſe de Charles-Roi, de Tournai, de Douai, de Bergue, de Lille, de Furnes, de Courtrai, d'Alort & d'Oudenarde: ſur l'autre Porte du même Réfectoire, l'on voit un Tableau où le Roi eſt dépeint à cheval avec ſes Gardes derriere lui, comme s'il revenait de la conquête de toutes ces Villes.

De l'autre côté de ce même Réfectoire, dans chaque espace qui est entre les croisées, on y remarque divers Tableaux des conquêtes de la Franche-Comté ; comme Besançon, Salins, Dôle, Grais, du Fort & Château de Joux, de Saint-Laurent, la Roche & de Sainte-Anne.

Dans le second Réfectoire du même côté, on voit au-dessus de la Porte, un Tableau de la déclaration de guerre aux Hollandais : le Roi y est assis sur son Lit de Justice, qui en prononce l'Arrêt.

On voit sur le côté opposé, la prise des Villes de Rimbergue, de Vesel, le Fort de la Lippe, de Rées, de Schin, d'Emerik, de Guritz, de Zurphen, de Narden, d'Utrecht, & de Tiel. Sur l'autre Porte est un Tableau représentant la France, chargée de gloire & de dépouilles des Ennemis, couronnée par la Valeur & par la Victoire. On voit entre les fenêtres, les prises des Villes de Graves, de Bommel, de Crevecœur, du Fort Saint-André, de Voom, de Nimegue, de Znotzembourg, de Vianem, d'Oudenarde, de Culembourg, de Doësbourg, de Dorsoi, & d'Arnhem.

Dans le Réfectoire à droite du côté de Saint-Cloud, on voit le Roi vainqueur, accompagné de Minerve, de Bellone, & de la Victoire, s'acheminant vers la Meuſe qui ſemble déja être ſoumiſe : le Rhin & l'Europe ſe préparent auſſi à être bien-tôt conquis par ce Monarque. On remarque dans les Tableaux du côté oppoſé aux croiſées, quelques conquêtes du Roi, entre chacune deſquelles il y a des Trophées d'Armes dépeintes; dans d'autres cadres on voit la priſe de Maſtricht, de Dinan, la bataille de Seneff, la levée du Siége d'Oudenarde, par les trois Armées des Eſpagnols, des Impériaux & des Hollandais ; la priſe de Huy, de Limbourg & autres : au-deſſus de l'autre Porte eſt un grand Médaillon, qui repréſente la Clémence aſſiſe ſur des Trophées d'Armes, tenant une Victoire en ſa main avec cette inſcription, *Victoris Clementia.* De l'autre côté l'on voit pluſieurs autres Tableaux ſemblables, comme la priſe de Joux, de Beſançon, de Saline, de Dôle, pour la ſeconde fois ; celle de Lure, de Veſou & de Fauconnier.

Dans le quatriéme & dernier Réfectoire, au-deſſus de la Porte, eſt un Tableau repréſentant le Roi à cheval dans ſon Camp, donnant les ordres néceſſaires pour les expéditions de ſes dernieres Campagnes. Du côté oppoſé aux fenêtres ſont repréſentées les priſes des Villes de Valenciennes, de Condé, de Cambray, de Bouchain, de Saint-Omer, d'Aire, le ſecours de Maſtricht, &c.

Au-dessus de la seconde Porte, le Roi est dépeint recevant les humbles remercîmens des Ambassadeurs d'Espagne, de Hollande & d'Allemagne, pour la Paix qu'il leur vient d'accorder.

Parocel peignit un de ces Réfectoires, & *Vender-Meulen* les autres.

Il y a aussi quatre Réfectoires pour les Officiers, qui sont moins grands, & qui ne le cedent point en beauté à ces premiers.

L'Eglise de l'Hôtel.

On a divisé ce Temple en deux Eglises; la premiere est celle qui est du côté du Septentrion, composée du Chœur, de la Nef, & des bas-côtés; c'est celle qu'on appelle l'Eglise de la Maison, parce qu'elle est destinée pour les Officiers & Soldats.

L'autre Eglise du côté du Midi, appellée l'Eglise du Dôme, à cause qu'elle est libre à toutes les personnes du dehors, de maniere que quoique par la liaison & la communication que ces deux Eglises ont entr'elles, n'en fasse qu'une ensemble, dédiée à Saint Louis, cependant la Nef & le Dôme qui en font les deux parties les plus considérables, sont destinées à divers usages, formée de différentes architectures, & ouverte de deux entrées opposées, dont l'une est pour les gens de la Maison, & l'autre pour ceux de dehors.

L'Eglise de la Nef à son entrée du côté de la Maison, au fond de la Cour Royale : son Portail est au Septentrion, sous un frontispice de deux ordres, Ionique & Composite, qui font symmétrie aux deux rangs de galleries qui regnent tout au tour de cette grande cour.

L'Eglise a 32 toises de long, sur onze de large, éclairée de 54 croisées, divisées par deux rangs de piliers qui forment trois allées, dont celle du milieu fait la Nef, & les deux autres sont les bas-côtés. On y remarque la Chaire : sa belle menuiserie dorée sur un fond blanc, le Dais & les sculptures sont de *Kassé*.

Elle est voûtée de pierres de taille en plein cintre dans toute son étendue : son architecture est d'un ordre Corinthien qui a toutes ses proportions depuis sa plinte jusqu'à sa corniche, sur laquelle commencent les appuis des grands vitreaux, faits par compartiments de fer & de verre, dont il y a plusieurs paneaux de verre d'apprêt ; c'est-à-dire, de différentes couleurs, où diverses figures, chiffres & blasons sont représentés.

L'Eglise du Dôme, située au Midi, est bâtie sur les dessins de *J. H. Mansard* ; elle est d'une figure quarrée de 26 toises ou environ à chaque face ; toute sa masse est soutenue par plusieurs piliers, dont les uns sont isolés & les autres adossés contre les murs, & tous ensemble font huit allées posées en croix, en sautoirs & en orle. L'on remarque l'intérieur de ce superbe Edifice, son architecture d'ordre Corinthien, les dix grandes colonnes & pilastres de 31 pieds de haut qui sont au pourtour. Au-dessus de ces colonnes & dans les pendentifs du Dôme, les quatre Evangélistes peints à fresque, par *la Fosse* : la voûte distribuée en deux parties ; dans la premiere, qui est formée de douze grands espaces, on voit les 12 Apôtres peints à fresque & d'une grande maniere par *Jouvenet* ; ils sont désignés chacun par les instrumens de leur martyre ; dans la seconde, qui est la plus élevée de la coupole, l'œil apperçoit une Gloire représentant une multitude infinie de Saints & d'Esprits bienheureux en adoration : on y distingue Saint Louis offrant à Dieu sa couronne : cet ouvrage admirable de peinture est de *la Fosse*. L'Autel de l'Eglise du Dôme ; sa décoration, de la plus grande magnificence, les six colonnes torses, le baldaquin, les figures de l'amortissement, de *Vancleve* & de *Coustou le jeune* : les peintures de la voûte, au-dessus du même Autel, représentent la Sainte-Trinité ; un Tableau de *Noël Coypel* : les groupes d'Anges dans les embrâsures des fenêtres ; de *Louis* & *Boulogne* : tous ces ouvrages sont d'un coloris tendre & ravissant. Les Chapelles ; les peintures des coupoles sont à fresque ; celle de Saint Grégoire est de *Michel Corneil* ; la statue de ce Saint, de *Lemoine* ; les autres, de *le Lorrain* & de *Fremin*. Chapelle de la Vierge : la statue est de *Pigale*. Chapelle de S. Jérôme : les peintures de *Boulogne* l'aîné : la figure du Saint, d'*Adam* l'aîné. Chapelle de Saint Augustin : les peintures de *Boulogne* le jeune : la statue du Saint de *Poultier*. Chapelle de Sainte Thérese : la statue de la Sainte, de *Magnier*. Chapelle de Saint Ambroise, les peintures de *Boulogne* l'aîné : la statue du Saint, de *Slodtz*. Les bas-reliefs qui sont sur les portes des Chapelles en face du Dôme, ouvrage des plus habiles Sculpteurs.

Toutes les colonnes sont d'un ordre Corinthien avec toutes les proportions & ornemens d'une architecture complette : dans le fond à l'opposite du grand Portail est une grande grille de fer doré à jour, d'un dessin très-curieux, pour séparer la partie du Dôme de celle de la Nef: au-delà de cette grille est le Sanctuaire dans un espace oval de 9 toises, où est placé le grand Autel isolé & admirable par la beauté de sa structure : aux deux côtés, deux tourelles de 5 toises de diamètre qui servent de Sacristie. Les combles de cette Eglise sont de 27 toises de longueur, sur 40 pieds de largeur; & de hauteur depuis le rez-de-chaussée du milieu du Dôme jusqu'au-dessus de la croix de la pyramide, de 49 toises & demie.

Le Pavé de marbre entrelassé de différentes especes de couleurs, dont les plattes-bandes qui regnent autour de ces compartimens, répondent à plomb aux accès des voûtes qui sont au-dessus, commençant devant le socle de chaque pilastre & aboutissant à l'entrée de la Nef, d'un dessein le plus convenable à cet édifice : en se plaçant à l'endroit nommé le point de vue, marqué perpendiculairement sous le Dôme, par un rond de marbre, l'on peut voir sept Prêtres dire la Messe aux sept Autels des magnifiques Chapelles.

Les ventaux de la grande Porte du Dôme, couverts de quantité de sculptures & de dorures d'un très-riche travail. La Sacristie qui est auprès du Dôme renferme de très-beaux ornemens donnés par Louis XIV, & qui méritent d'être vus. La forme extérieure du Dôme environné de 40 colonnes, & la justesse de ses proportions. La façade, la belle architecture qu'elle présente : elle est formée d'un grand nombre de statues représentant les Peres de l'Eglise. On remarque particuliérement les deux qui sont en marbre, à droite

& à gauche de la Porte du Dôme : l'un est S. Louis, de *Coustou* l'aîné ; & l'autre, Charlemagne, de *Coysevox*. La riche couverture du Dôme toute en plomb, ornée de douze grandes côtes dorées, qui s'élévent jusqu'au sommet & de trophées d'armes. Le Lanternin formé de douze colonnes couvertes de plomb, avec quatre ouvertures soutenant une grosse boule surmontée d'une croix pyramidale : le tout doré & d'un grand brillant.

Le Dehors de l'Hôtel.

Les beautés du dehors ne le cedent en rien à celles du dedans : la principale entrée du côté de la plaine de Grenelle : son frontispice fait face au Midi, avec 24 colonnes détachées sur deux ordres qui régnent sur deux faces : l'ordre Dorique & le Corinthien soûtiennent son Portail où toutes les proportions sont observées depuis la plinte jusqu'aux corniches ; les instrumens de la Passion de Notre-Sauveur & quelques ornemens de l'Eglise servent de triglyphes & de métopes à la frise. Les colonnes sont distribuées en forme de paritil, parce que les entre-colonnemens sont larges à proportion des portes, des fenêtres, des niches, & bossages qui les remplissent.

La couverture est faite en voûte depuis l'entablement

tablement jusqu'au vuide de ce Dôme de dalles de pierres en recouvrement, qui forment une espèce d'escalier par leurs penchans & glacis. Autour du vuide de ce Dôme regne un ordre Composite, qu'on pourrait nommer *Piénostile*, à cause des colonnes qui sont si serrées, qu'elles ne laissent que le jour des fenêtres pour entre-colonnement. Sur cet ordre Composite qui a ses ornemens réguliers, regne une balustrade de même qualité & façon qu'à celui de devant, & tous les piédestaux sont chargés de figures grandes comme nature. Après cette balustrade est une retraite en forme de chemin pour la commodité des Ouvriers; ensuite l'on voit un attique élevé avec autant d'arcs-boutans qu'il y a de piliers & de fenêtres dans l'ordre de dessus.

La corniche qui est chargée de vases & de figures en relief, a pour amortissement une Pyramide de fleurs-de-lys, qui porte un monde couronné de France & croisé d'or. La dorure seule du Dôme a coûté plus de 50 mille écus.

Ce superbe édifice est éclairé de plus de 51 fenêtres hautes & larges, dans les plus belles proportions, & douze lucarnes dans la calotte du Dôme.

Toutes les assises de pierres employées dans les paremens extérieurs des murs & des piliers, tant en dedans qu'en dehors, sont d'une même hauteur; ensorte que les joints des lits de chaque assise regnent au même niveau en tout le pourtour du dedans & du dehors de cette Eglise.

Cet Hôtel est composé d'un grand nombre de Bâtimens pour la commodité des Malades, comme des infirmeries, une grande cuisine dans laquelle il y a plusieurs robinets au-dessus des marmites, pour fournir commodément de l'eau: une dépense, un garde-manger, un lavoir où il y a plusieurs robinets pour donner abondamment l'eau qui y est nécessaire: une buandrie pour la lessive: une Apothicairerie très-bien fournie: une Chirurgie garnie de tous ses instrumens: un Laboratoire très-commode pour les distillations & pour la Chymie; un Réfectoire pour les Sœurs de la Charité; une grande Salle pour le linge: six grandes Salles pour les malades & blessés, faites en croix, & qui ont dans leur point milieu, où elles se croisent, un Autel de figure isolée où se dit la Messe & où chaque malade de son lit peut l'entendre: deux autres Salles, l'une de Saint Joseph & l'autre de Saint Côme, où il y a un Autel de même: outre cela, des petites Salles de traverses pour les convalescens, lesquelles contiennent ensembles 289 lits: chaque malade a son lit & sa petite commodité pour cabinet commun. Au bout de ces

Salles sont plusieurs petites Loges pour les Insensés.

Au premier étage se trouve une grande Salle nommée Saint Louis, contenant 261 lits pours les maladies contagieuses ; toutes ces Infirmeries contiennent 550 lits. La lingerie & les magasins pour le linge qui a servi, les compresses, les charpies, les bandes &c. D'autres magasins pour les meubles, pour les habits des malades ; l'Infirmerie particuliere des Sœurs ; leurs Oratoires, leurs Dortoirs ; des chambres pour repasser & sécher le linge ; d'autres pour la couture, pour les fruits, les confitures ; de sorte que toutes les commodités s'y trouvent.

Une machine qui fournit abondamment une eau claire & légère, aussi pure que celle des meilleures fontaines. C'est un puits creusé dix pieds plus bas que le dessous du lit de la riviere : il a dix toises de profondeur, sept pieds de diamètre par le bas, & sept pieds & demi par le haut : il est bâti de bonnes assises de pierre dure, pavé au fond d'une seule pierre fendue en deux, de sept pieds de diamètre, & d'un pied d'épaisseur. On a fait mettre sous cette pierre un aire de cailloux de vigne, passés à la claie, d'un pied de haut, & l'on a fait jetter cinq à six cens tombereaux de mêmes cailloux derriere les assises de pierre qui font le tour de ce puits pour mieux purifier l'eau en hiver ; il a

22 pieds 8 pouces d'eau , & 16 pieds 3 pouces en été. Dans les plus grandes ſécherεſſes il fournit de l'eau dans tous les endroits de la Maiſon , par le moyen d'une chaîne ſans fin attachée à une machine qui occupe le travail de 3 mulets qui la font tourner, & qui donne continuellement douze pouces d'eau, & remplit en peu de tems un grand réſervoir de plomb de 15 pieds de haut, qui contient plus de 400 muids ; il eſt placé au-deſſus de ce puits ; de-là l'eau deſcend par de gros tuyaux de plomb enfoncés de 3 pieds en terre , & qui ſe diſtribuent par une infinité de petits tuyaux, qui rendent chacun dans différens endroits de la Maiſon.

Ce magnifique édifice a été conſtruit en faveur des Officiers, Lieutenans-Colonels, Commandans de Bataillons, Capitaines, Lieutenans , Sergens , Maréchaux-des-Logis , & Soldats hors d'état de ſervir dans les Troupes ; ils y ſont logés , nourris & entretenus de toutes choſes le reſte de leur vie.

Les Suiſſes Proteſtans ne peuvent y être admis à cauſe de la différence de Religion ; mais tous les ans l'on prend ſur les fonds deſtinés à l'entretien de cet Hôtel , une ſomme de 6000 liv. qui ſe diſtribue en penſion de 100 liv. pour chaque Officier , & de 75 liv. pour chaque Soldat de cette Nation retiré dans ſa Patrie, & qui ſerait dans le cas d'être admis à l'Hôtel, sans l'obstacle qu'y apporte la Religion. Le Secrétaire d'Ambassade de France en Suisse, est chargé du Rôle de ces Pensions, & y admet ceux qui doivent y avoir part, à mesure qu'il vaque des places jusqu'à la concurrence des 6000 liv.

Ceux qui servent vingt années de suite y sont admis. Il fut d'abord fondé pour 4000 hommes; mais le nombre est beaucoup plus grand actuellement : les moins infirmes sont distribués en 130 Compagnies de Fusiliers sur pied, réduites à 65, dont chacune est commandée par des Capitaines & deux Lieutenans, composée de deux Sergens, trois Caporaux, trois Appointés, cinquante-deux Fusiliers & deux Tambours. Il y a cinq Compagnies de Bas-Officiers, employées à la garde des Tuileries, de Vincennes, de la Bastille, de l'Arsenal, & de l'Ecole Royale Militaire : & un détachement pour la garde de Versailles, composé d'un Commandant, d'un Lieutenant & de cent dix-sept Bas-Officiers.

Tous les Soldats Invalides qui ont des métiers & qui peuvent travailler, sont fournis aux dépens du Roi de tous les outils & matériaux qui leur sont nécessaires suivant leurs professions ; & l'argent qu'ils gagnent est à leur profit.

Pour le Gouvernement Spirituel, les Missionnaires de la Maiſon de Saint Lazare, ſont les Directeurs de cette Maiſon; composé d'un Curé, de 12 Prêtres & 12 Enfans de Chœur: ils y exercent les mêmes fonctions & offices que les Curés des Paroiſſes. Tous les mois on fait un Service pour les Officiers & Soldats décédés, tant dans cet Hôtel que dans les Armées, & enſuite à perpétuité tous les ans, pour le Roi Fondateur de cette Maiſon.

Il y a un *Major* qui veille ſur la vie, ſur les mœurs & la conduite de tout en général. Il y a deux *Aides-Majors*, un *Commiſſaire* pour l'économie & la police des vivres, & qui aſſiſte à tous les repas dans les Réfectoires; le *Contrôleur* eſt pour les habillemens; le *Secrétaire*, pour des Extraits, des Paſſeports & Certificats de ſervice pour ceux qui ſe préſentent pour être admis à cet Hôtel.

L'adminiſtration générale de cette Maiſon eſt entre les mains d'un Miniſtre & Secrétaire d'Etat qui a le département de la Guerre, & qui a ſous ſes ordres un Directeur & un Intendant, un Contrôleur & un Inſpecteur général, un Secrétaire & Garde des Archives, un Secrétaire de l'Intendance, un Garde du Depôt de la guerre, deux Tréſoriers généraux, un Sous-Contrôleur & un Sous-Inſpecteur.

Il y a une Ecole de Trompette, etablie en

1731, où l'on inſtruit les Cavaliers deſtinés à être Trompettes ou Timbaliers dans les Régimens de Cavalerie & la Maiſon du Roi.

Je ne rapporterai point les Ordonnances & Reglemens de cet Hôtel, non plus que des habillemens des Officiers & Soldats, ni de leurs chambres & nourritures; j'entrerais dans un trop long détail: je dirai ſeulement que leurs Exercices ſe réduiſent à trois choſes; ſçavoir, les exercices de Dévotion, ceux de la Guerre & ceux des Arts.

La Dévotion & la Piété y ſont cultivées avec l'exactitude néceſſaire à un bon Chrétien.

Les Exercices Militaires ſe font auſſi exactement dans cet Hôtel que dans la Place de Guerre la mieux gardée.

Quant aux exercices des Arts, les Manufactures établies dans cet Hôtel ont fait connaître l'adreſſe d'un chacun; de ſorte qu'il en eſt ſorti une grande quantité de beaux ouvrages, même des Tapiſſeries: ils ont profité avec tant de ſuccès, que le Roi voulut qu'on ſe ſervît d'eux pour tous les ouvrages de la Maiſon, en les payant comme ouvriers externes; ils ont la liberté de vendre leurs ouvrages dans Paris. On fit voir au Roi les Livres d'Egliſe, travaillés par des Invalides manchots: il les trouva ſi beaux qu'il voului qu'ils en fissent de semblables pour sa Chapelle de Versailles.

Il y a dans l'infirmerie de cet Hôtel pour soigner & gouverner les malades un Médecin qui est choisi dans les Médecins d'Armées, un Chirurgien-Major de même, un Apothicaire gagnant maitrise, douze Chirurgiens en sous-ordre, & trente-cinq Sœurs.

L'adjudication, pour la subſtance des Invalides, tant pour le pain & le vin, que pour la boucherie, le bois, le charbon, & généralement tout ce qui concerne l'approvisionnement de cette Maison, se fait tous les ans. L'adjudication des habillemens, linges, chaussures, &c. se fait tous les trois ans.

Un si bel établissement a donné lieu à l'Epitre suivante.

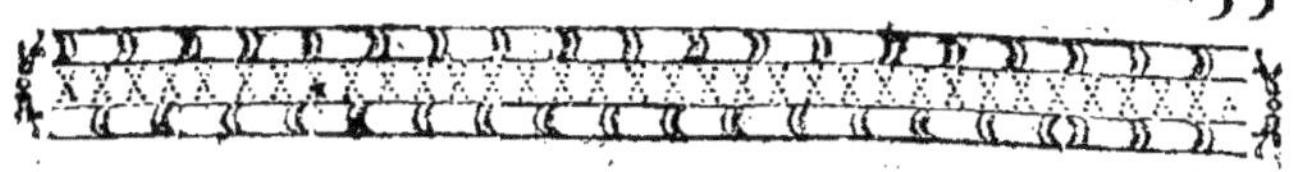

EPITRE

A LA NATION FRANÇAISE.

SUperbe Monument d'un des grands Rois du monde,
Murs qui m'en rappellez la ſageſſe profonde,
Le ſoin qu'il prit toujours des Arts & des Talens,
Vous me rappellerez ſes exploits éclatans ;
Mais avant tout, le front baiſſé ſur la pouſſiere,
Préſentons notre hommage au Dieu de la lumiere ;
Certains qu'il n'a ſur nous que de juſtes projets,
Proſternés dans ſon Temple, adorons ſes décrets.
Ecoute, écoute-moi, Dieu bon, Dieu formidable,
Dieu clément, Dieu vengeur, ſeul Etre impénétrable ;
Toi qui d'un rien fis tout, grand Dieu, tu fis les Rois
Pour nous donner l'exemple en nous donnant des Loix ;
Veille ſur eux, leur gloire aſſure ici la nôtre :
T'adorer, les ſervir, nous n'en voulons pas d'autre.
A leurs jours précieux daigne encor ajoûter,
Notre plus grand malheur eſt de les regretter.
Français, fixez vos yeux ſur ce noble Edifice
Où des Français encore offrent en ſacrifice
Des jours qu'ils ont pour vous paſſés dans les travaux

Pour éloigner de vous la guerre & ses fléaux ;
Ce Temple qu'annoblit, qu'enrichit la Peinture ;
Lieu Saint, de ces Héros tranquille Sépulture,
Doit graver dans vos cœurs, avec des traits de feu ;
La bonté du Monarque & la grandeur de Dieu.
L'Artiste y sçut placer décence, ordre & noblesse ;
Le simple en est le beau, son art avec adresse
En fait à chaque pas découvrir les progrès ;
Et d'un jour lumineux ménageant les reflets,
Disposant à son gré des rayons de lumiere,
Laisse ignorer d'où part le vrai point qui l'éclaire ;
Et le contour du Dôme, artistement voûté,
Couvre le Sanctuaire, en fait la majesté.

Mais c'est trop m'arrêter à sa seule structure ;
Qu'un plus touchant spectacle ici pour la nature,
Heureuse Nation, attache vos regards :
Contemplez ces Soldats échappés aux hasards,
Leurs blessures, leurs fronts couverts de cicatrices ;
De leurs nobles travaux sont encor les indices :
Ce sont les défenseurs de vos jours & des miens ;
La Patrie & l'honneur ont été leurs liens :
Compagnons de Louis au milieu des batailles,
Sous ses ordres leurs bras renversaient des murailles ;
Le Rhin, dont jusqu'alors l'indocile fierté,
Du Belge & du Français faisait la sûreté,
Ce Fleuve impétueux, (Barriere formidable)
Ne rend point à LOUIS l'abord impraticable :

Il le passe à la nâge avec ses fiers Guerriers ;
Et moissonne avec eux d'inombrables lauriers ;
Chacun d'eux à l'Etat consacra sa jeunesse,
Il en fallait au moins adoucir la vieillesse ;
Assurer aux blessés la vie & des secours,
Et que l'Etat prît soin des restes de leurs jours.

LOUIS le Grand voulut en avoir seul la gloire ;
L'humanité triomphe aux champs de la Victoire ;
Dans des momens de sang, de carnage & d'horreur,
Il en forma le plan, ouvrage de son cœur.
Dans l'instant où l'on voit l'instant de cesser d'être,
Français, oui, vos seuls jours occupaient votre Maître;
Ce fut sans doute alors qu'il sentit ce Héros,
Que la Gloire elle-même a besoin de repos.
Tout le sang qu'elle coûte en ce moment lui crie ;
Que le sang qu'elle épargne est cher à la Patrie,
Et doit couler en paix dans des asyles surs ;
C'est pour l'y recueillir qu'il éleva ces murs.

La de ces vieux Guerriers il a fixé l'asyle,
La Gloire leur rappelle en ce séjour tranquille,
Que leur mâle courage assura le bonheur
De l'Empire Français, & de leur Bienfaiteur.
De leurs travaux passés que d'images touchantes !
Tels étaient ces Héros, dont les ombres errantes
Aux Champs Elisiens rappellaient leurs lauriers,
Par des chants belligueux seul repos des Guerriers ;
Dans combien de momens LOUIS, sensible & tendre
Ne regretta-t'il pas le sang qu'il fit répandre !

Jaloux de ſes ſuccès, l'Empire eſt irrité;
Et ſur les Mers l'Anglais craint la rivalité.
Sous les prétextes vains d'une juſte balance,
On cherche à prévenir l'excès de ſa puiſſance.
L'Europe entiere alors menace ſes Remparts:
Combien contre la France unit-on d'Etendarts!
Louis ſeul contre tous faiſant tête à l'orage,
Oppoſe à leurs efforts la valeur, le courage.
Touché des maux qu'il voit fondre ſur ſes Sujets;
Sa fierté céde enfin, il demande la Paix;
Son cœur eſt affligé d'une guerre barbare...
Mais à ſon propre ſang l'on veut qu'il la déclare;
L'audace reparaît ſur ſon front indigné.
Oui, je triompherai, dit il, où j'ai regné.
France, tu partageas les tranſports de ſon ame,
Le même ſentiment & t'affecte & t'enflâme;
L'affront devint commun entre l'Eſpagne & toi,
Et tu voulus venger, & le Pere, & le Roi.

Les Soldats frémiſſant d'une juſte colere,
Vont planter tes Drapeaux ſous une autre hémiſphère;
Les Français ſont par-tout, la haine les conduit,
La mort marche en avant, la Victoire les ſuit;
La vengeance après eux laiſſe d'affreux ſpectacles:
Philippe, plus heureux, franchit tous les obſtacles;
Le Ciel conduit le bras qui devient ſon appui,
Le Ciel briſe le bras qui s'arme contre lui.

Que vous êtes heureux, Arbitres de la Terre!
Dieu vous a confié l'image du Tonnerre,
Ce Dieu vous a remis ſon glaive étincelant,
Le pouvoir d'en frapper, & l'exemple touchant.

De n'écouter jamais le cri de la vengeance.
Vous dispensez sous lui les trésors, l'abondance :
L'Eternel a voulu vous rapprocher de lui ;
Par vous à l'infortune assurer un appui,
Sauver le malheureux, que la misere accable ;
Protéger l'innocent, pardonner au coupable.

Louis, noble instrument de ses justes décrets ;
N'a-t'il pas du Très-Haut rempli tous les projets ?
La foudre dans ses mains ne punit que le crime,
Raffermit sur le Trône un Prince légitime,
Venge l'insulte faite au Pavillon Français,
Et la foudre est éteinte au milieu du succès.

Cette Maison célèbre, à l'humanité chere,
Rend l'Epoux à l'Epouse, & le Fils à son Pere,
Le Pere à ses Enfans, qu'il quitta pour l'Etat ;
Son zèle, à son pays déjà rend un Soldat :
Déjà ce vieux guerrier a conté ses batailles,
Ses enfans avec lui sont aux pieds des murailles ;
Des Châteaux, dont la chûte est le prix de son sang.
Cette attaque, dit-il, m'a fait gagner un rang ;
A celle-ci, j'obtins cette marque honorable,
Louis me l'attacha de sa main respectable.

Aimez bien ce bon Maître, il me rend à vos pleurs ;
Mes fils, n'en versez plus . . . Il enflâme les cœurs ;
Le plus jeune n'attend que quelques ans peut-être
Pour servir sa Patrie, & l'Etat, & son Maître,
Et leur donner des jours plus longs, plus précieux,
Pour les jours de son Pere encor jouis par eux.

ECOLE
ROYALE MILITAIRE.

Cette Ecole fut fondée par Edit du mois de Janvier 1751, pour l'éducation de 500 jeunes Gentilshommes. Elle est placée dans la plaine de Grenelle : les bâtimens, cours & jardins ont 800 pas, sur 60. L'objet de ce glorieux établissement ne peut être mieux présenté qu'en rapportant l'Edit de sa fondation.

Le Roi s'explique ainsi. Après l'expérience que nos Prédécesseurs & Nous, avons faite de ce que peuvent sur la Noblesse Française les seuls principes de l'honneur, que n'en devrions-nous pas attendre, si tous ceux qui la composent y joignaient des lumieres acquises par une heureuse éducation ? Mais nous n'avons pû envisager sans attendrissement, que plusieurs d'entr'eux après avoir consommé leurs biens à la défense de l'Etat, se trouvassent réduits à laisser sans éducation des Enfans qui auraient pû servir un jour d'appui à leurs Familles, & qui éprouvassent le sort de périr ou de vieillir dans nos Armées, avec la douleur de prévoir l'avilissement de leur nom, dans une postérité hors d'état d'en soutenir le lustre.

Nous avons résolu de fonder une *Ecole Militaire*, & d'y faire élever sous nos yeux cinq cens Gentilshommes nés sans bien, dans le choix desquels Nous préférons ceux qui, en perdant leurs Peres à la Guerre, sont devenus les Enfans de l'Etat.

Nous espérons même que le plan qui sera suivi dans l'éducation des cinq cens Gentilshommes que Nous adoptons, servira de modèle aux Peres qui sont en état de la procurer à leurs enfans; en sorte que l'ancien préjugé qui a fait croire que la valeur seule fait l'Homme de Guerre, cede insensiblement au goût des Etudes Militaires que Nous avons introduit.

Enfin Nous avons considéré que si le feu Roi a fait construire l'Hôtel des Invalides, pour être le terme honorable où viendraient finir paisiblement leurs jours ceux qui auraient vieilli dans la profession des Armes, Nous ne pouvons mieux seconder ses vûes, qu'en fondant une Ecole où la jeune Noblesse qui doit entrer dans cette carriere pût apprendre les principes de l'Art de la Guerre.

C'est sur des motifs si pressans que Nous nous sommes déterminés à faire bâtir incessamment auprès de notre bonne Ville de Paris & sous le Titre de *l'Ecole Royale Militaire*, un Hôtel assez grand & assez spacieux pour recevoir non-seulement les cinqs cens Gentilhommes nés sans bien, pour lesquels Nous le destinons, mais encore pour loger les Officiers de nos Troupes, auxquels nous en confierons le commandement; les Maîtres en tous genres qui seront préposés aux instructions & exercices, & tous ceux qui auront une part nécessaire à l'administration spirituelle & temporelle de cette Maison.

A ces causes; &c.

Le Roi (par des vûes & des considérations aussi sages que bien apperçûes) partage les prétendans en huit Classes, dont la premiere doit être préférée à la seconde; la seconde, à la troisiéme; la troisiéme, à la quatriéme; & ainsi des autres.

La premiere Classe est celle des Orphelins dont les Peres auront été tués au Service, ou seront morts de leurs blessures, &c.

La deuxiéme, des Orphelins dont les Peres seront morts au Service d'une mort naturelle, & qui ne s'en sont retirés qu'après trente ans de commission de quelqu'espèce que ce soit.

La

La troisiéme, des enfans qui seront à la charge de leurs Meres, leurs Peres ayant été tués au Service, ou étant morts de leurs blessures soit au Service, soit après s'en être retirés à cause de leurs blessures.

La quatriéme, des enfans qui seront à la charge de leurs Meres, leurs Peres étant morts au Service d'une mort naturelle, ou s'étant retirés du Service après trente ans de commission de quelque espèce que ce soit.

La cinquiéme, des enfans dont les Peres se trouvent actuellement au Service.

La sixiéme, des enfans dont les Peres auront quitté le Service par rapport à leur âge, à leurs infirmités, ou pour quelques autres causes légitimes.

La septiéme, des enfans dont les Peres n'auront pas servi ; mais dont les Ancêtres auront servi.

La huitiéme, enfin des enfans de tout le reste de la Noblesse qui par son indigence se trouve dans le cas d'avoir besoin de ce secours.

Les Prétendans seront tenus de faire preuve de quatre degrés de Noblesse du côté paternel. Ils seront reçus depuis huit à neuf ans jusqu'à dix & onze, à l'exception des Orphelins qui peuvent être reçus jusqu'à treize ans ;

ils doivent sçavoir lire & écrire, de façon qu'on puisse les appliquer tout de suite à l'étude des Langues.

Leur éducation comprend toutes les Sciences qui ont rapport à la Guerre, & toutes celles qui doivent être de l'éducation d'un Gentilhomme.

Parvenus à l'âge de dix-huit ou vingt ans, ils seront employés dans les Troupes du Roi & dans les autres parties de la Guerre, suivant leurs talens & leurs dispositions : ils jouiront alors d'une pension de 200 liv. sur les fonds de l'Ecole Militaire.

Le Champ de Mars, attenant l'Ecole Militaire, du côté de la Riviere, est un nouvel emplacement construit par ordre du Roi. C'est un grand espace de terrein que l'on a applani qui forme un quarré long & renfermé par de grands & larges fossés revêtus d'une belle maçonnerie. Pour y donner accès, on a pratiqué des Ponts de pierre & cinq grilles de fer. Il est destiné pour y faire les revues des Troupes de la Maison du Roi en présence de Sa Majesté. Il peut contenir dix mille hommes en bataille. On travaille actuellement à un bâtiment qui doit servir de halte pour le Roi en cas de mauvais tems.

La Garde de l'Hôtel est composée d'une Compagnie de Bas-Officiers Invalides, de 70 hommes pour la Garde intérieure, & d'une Compagnie de simples Invalides pour les Portes du dehors.

Toutes les constructions n'étant pas encore achevées, il n'est pas possible d'en donner un détail bien correct pour le présent ; mais rien n'y sera épargné afin que tout réponde à la beauté & à l'utilité de cette Maison. La Machine qui vient d'être nouvellement posée sur quatre grands Puits couverts, donne un eau claire, légere & très-pure : ces Puits sont creusés quinze pieds plus bas que le dessous du lit de la Riviere, bâtis de bonnes assises de pierres de taille. Cette Machine Hydraulique est en pivot de fonte élevé en forme de pyramide ronde, sur lequel tourne une espèce d'arc de fer au-dessus duquel sont ajustées quatre barres de fer, dont chacune répond à une bascule placée perpendiculairement sur chaque Puits, auxquelles est attaché le piston des Pompes, lesquelles par le tirage de deux chevaux seulement, font aspirer & fouler deux Pompes à la fois, & tirent quarante-quatre muids d'eau par heure, qui se décharge dans un Réservoir construit à côté desdits Puits, qui contient huit cent muids d'eau, d'où elle descend par des tuyaux de plomb qui la distribuent par une infinité de tuyaux qui rendent & fournissent aux besoins, de même qu'à ceux des Abreuvoirs pour les chevaux. Cette Machine est de l'invention & exécution de Messieurs *Laurent & Gilleront.*

EPITRE
SUR L'EDIT
Portant Création d'une Noblesse Militaire.

LOUIS le Bien-Aimé, jaloux de l'avantage
Qu'a sur lui le grand Roi dont il tient l'héritage;
LOUIS dont le nom seul annonce les bienfaits,
La tendresse & l'amour qu'ont pour lui ses Sujets,
Aux Fils de ce Héros, enfans de la Victoire,
Vient ouvrir le chemin qui conduit à la gloire:
Il embrasse un projet qui le rend immortel;
Sous ses yeux aujourd'hui s'éleve un autre Hôtel,
C'est de-là qu'ils verront, ces jeunes Militaires,
Le soin que prend l'Etat de leurs vertueux Peres.
Vous, Peres affaiblis par d'anciens travaux,
Voyez avec plaisir s'élever ces Héros!
Tel un jeune arbrisseau, dans la séve premiere,
Croît à l'ombre du Cédre, & sous sa tête altiere
Impunément livrée à la fureur des vents,
Trouve sa sûreté de ses rameaux naissants;
A son exemple enfin il bravera l'orage:
Le Cédre avec plaisir lui prête son ombrage;
Déjà dans l'avenir il le voit comme lui
A d'autres arbrisseaux servir un jour d'appui;

C'eſt l'Aigle audacieux qui, planant ſur la nue;
Y fixait le Soleil ſans détourner la vue;
Ses regards affaiblis par cet aſtre divin,
A ſes Aiglons encore en montre le chemin:
Aux plantes que je vois naître ici d'âge en âge,
Vous, Cédre du Liban, vous ſervirez d'ombrage;
A ces jeunes Aiglons, Aigles audacieux,
Vous montrerez la route, & les ſuivrez des yeux;
Le ſoin qu'en prend Louis, fruit de ſa bienfaiſance,
Eſt encor le tribut de ſa reconnaiſſance;
Son Ayeul a payé le ſang de vos Ayeux,
Il en a recueilli les reſtes précieux.
Pere de ſes Sujets, de ſes Sujets qu'il aime,
Son Succeſſeur ne veut ſe fier qu'à lui-même,
Pour veiller ſur des jours qui défendent les ſiens;
En compter à l'Etat, ils ſeront ſes ſoutiens.
Voyez-les chaque jour, vertueux & dociles,
S'endurcir aux travaux ſous des Maître habiles:
Le courage n'eſt rien ſans l'art de s'en ſervir,
Ils apprendront ſous eux le grand art d'obéir;
Des bontés de nos Rois, Monumens reſpectables,
De la valeur Françaiſe aſyles honorables,
L'un prolonge des jours que l'on reſpecte encor,
Et l'autre pour l'Etat eſt un nouveau tréſor;

C'eſt-là qu'il ſe prépare une heureuſe reſſource ;
De la gloire Françaiſe illuſtre & digne ſource ;
C'eſt vous qui fourniſſez d'invincibles Guerriers ;
Le ſang de vos Ayeuls arroſa leurs lauriers :
Cueillez-en de nouveaux, Enfans, au prix du vôtre ;
Le Guide fut l'honneur, n'en ayez jamais d'autre ;
C'eſt le prix du devoir, c'eſt le prix du Vainqueur ;
C'eſt le vrai prix du ſang que répand la valeur.....

Qu'entends-je ? à vos travaux on joint de nouveaux charmes :
» Nobleſſe, a dit Louis, ſois la Fille des Armes ;
» Si dans ſa ſource, un ſang qui fut peut-être obſcur
» S'annoblit par le tems, l'autre titre eſt plus ſûr...
Antiques parchemins, vous n'êtes que chimères ;
Cedez à la Nobleſſe acquiſe par les Peres
Dont le ſang répandu fait des titres plus beaux,
Sans tache conſervés par de nobles travaux.

Huit ſiécles bien prouvés d'une oiſive Nobleſſe,
Paſſés dans les plaiſirs, perdus dans la molleſſe,
Sont-ils plus que cent ans d'un Guerrier qui me dit :
» Je deſcends d'un Bourgeois que l'Epée annoblit ? »
De quel prix à nos yeux ne doivent donc pas être
Ces noms chers aux Français, ces noms chers à leur Maître,
Ces Hommes dont l'Epée a de nos premiers Rois

Affermi la Couronne & défendu les Droits?
Ces noms fameux, ces noms consacrés à l'Histoire,
Viennent en foule ici s'offrir à ma mémoire.

Turenne, Châtillon, d'Estaing, Montmorency,
De Nesle, Lusignant, Melun, & vous, Coucy,
Sortez de vos Tombeaux; rendus à la lumiere,
Voyez vos Descendans illustrer la carriere
Où la Gloire avant eux vous couronna cent fois;
Le Ciel devait encor ce prix à vos exploits:
Vous, Fils de ces Héros, fiers de cet avantage,
Vous qui faites revivre aujourd'hui leur courage,
Souffrez, jeunes Guerriers, que nos Guerriers nouveaux
Partagent avec vous l'honneur de vos travaux.

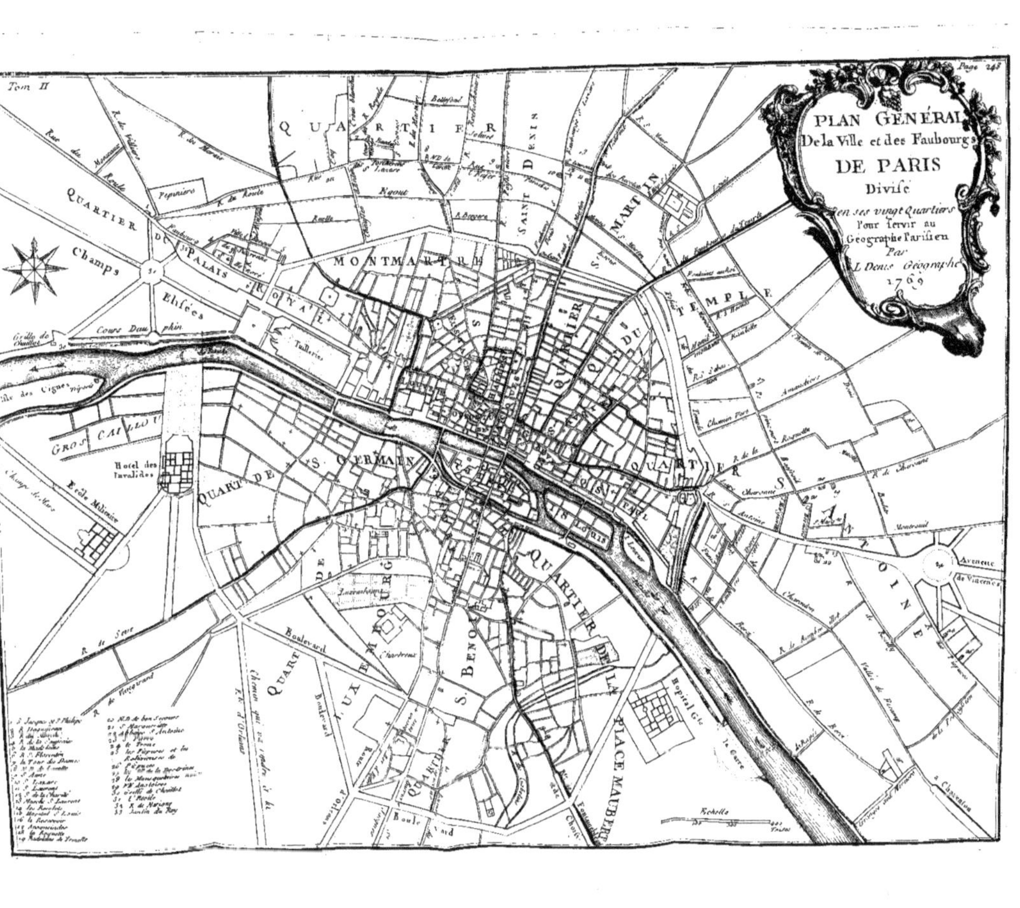
PLAN GENERAL
De la Ville et des Faubourgs
DE PARIS
Divisé
en ses vingt Quartiers
Pour servir au
Geographe Parisien
Par
L. Denis Géographe
1769
QUARTIER
SAINT DENIS
S. MARTIN
MONTMARTRE
PALAIS ROYAL
QUARTIER DU TEMPLE
QUARTIER S. ANTOINE
QUARTIER DE S. GERMAIN
QUARTIER DE LA PLACE MAUBERT
QUARTIER S. BENOIT
QUARTIER DU LUXEMBOURG
Champs Elisées
Cours Dauphin
Tuilleries
GROS CAILLOU
Hotel des Invalides
Ecole Militaire
Isle des Cignes
Boulevard
Chartreux
Hopital Gal
Echelle

MAISONS ROYALES.

On en rapporte les Noms afin de les indiquer dans les Rues où elles sont situées, pour les trouver plus facilement.

CEs Maisons Royales sont des objets dignes de la curiosité des Etrangers. On en a donné la description dans le corps de cet Ouvrage.

	Pages.
Le Louvre.	203
Les Tuileries.	64 T. II.
Les Galleries du Louvre . .	213
Le Luxembourg.	168 T. II.
Les Invalides hors Paris . .	212 T. II.
L'Ecole Royale Militaire hors Paris.	238 T. II.

Des Palais & Hôtels des Grands Seigneurs.

Ces Palais méritent d'autant être vus, que la beauté de leur architecture, leurs peintures & sculptures font l'admiration de tous les connaisseurs tant à cause de la magnificence, que de ce qui sert à les décorer.

Le Palais Royal. La Gallerie & collection des Tableaux

L'Hôtel de Bourbon, rue de l'Université, à présent à M. le Prince de Condé.

L'Hôtel des Ambaſſadeurs Extraordinaires, ci-devant d'Evreux, Fauxbourg Saint Honoré. L'intérieur, la diſtribution ingénieuſe, le goût & la richeſſe des ameublemens & les jardins.

L'Hôtel d'Aumont, rue de Jouy. L'eſcalier, le plafond de *le Brun*, l'ordonnance du Bâtiment ſur le jardin.

L'Hôtel de Belle-Iſle, rue de Bourbon. Le grand deſſin de l'édifice, les Appartemens, la vue qu'offre la Terraſſe.

L'Hôtel de Biron, rue de Varenne. Les Appartemens, le grand Salon, l'étendue des Bâtimens, l'extérieur du Palais.

L'Hôtel de Bouillon, Quai Malaquais. Le grand extérieur, les Tableaux remarquables.

L'Hôtel de Bretonvilliers, Iſle Saint Louis. Il eſt d'un très-grand extérieur; ſa ſituation entre les deux bras de la Seine, eſt des plus belles. Il y a une Gallerie qui regne ſur toute la largeur de l'aile gauche: le plafond repréſentant différens ſujets de métamorphoſes, eſt de *Boudon*. Entre les croiſées & le long du mur oppoſé ſont de très-beaux médaillons. On prétend que les têtes des figures ſont les Portraits de la Famille des Bretonvilliers. Il y a ſur cette Gallerie un Cabinet qu'on nomme *Doré*. Les peintures du plafond sont dignes de la curiosité des connaisseurs. Dans les appartemens sont différents Tableaux fort estimés, sur-tout celui qui représente Madame de Bretonvilliers badinant avec ses Enfans.

L'Hôtel de Broglie, Place de Louis le Grand. La décoration, une collection de Tableaux.

L'Hôtel de Broglie, rue Saint Dominique. Le péristyle, les nouveaux embellissemens.

L'Hôtel de la Chancellerie, Place de Louis le Grand.

L'Hôtel de Carnavalet, rue Culture Sainte Catherine.

L'Hôtel du Contrôleur Général, ci-devant *Hôtel de Pont-Chartrin*, rue des Petits-Champs. L'architecture & peinture des plafonds.

L'Hôtel Molé, rue Saint Dominique. L'ordonnance du dessin, les appartemens.

L'Hôtel de Noailles, rue S. Honoré. L'entrée; la façade, l'escalier, les sculptures & l'architecture sur le jardin.

L'Hôtel de Noailles, rue de l'Université. Quantité d'excellens Tableaux.

L'Hôtel de Pont, rue de l'Université. L'architecture.

L'Hôtel de la Rochechouart, ci-devant de Beauvilliers, rue Sainte Avoie. L'architecture.

L'Hôtel de la Rochefoucault, rue de Seine. Son grand extérieur, son étendue.

L'Hôtel de Rhoan, ci-devant du Cardinal de Rohan, Vieille rue du Temple. Les sculptures de la porte & de la salle de compagnie, l'escalier, la Bibliothéque.

L'Hôtel de Rohan, rue de Varenne. Le dessin du Bâtiment.

L'Hôtel de Richelieu, ci-devant *d'Antin*, rue Neuve Saint Augustin. La décoration de l'entrée, les peintures, les sculptures, le beau Pavillon qui donne sur le Boulevard.

L'Hôtel de Sens, rue de Grenelle. L'architecture.

L'Hôtel de Toulouse, ou *de Penthiévre*, rue de la Vrilliere.

L'Hôtel de la Tremouille, rue Sainte Avoie. La décoration du Bâtiment & l'entrée.

L'Hôtel de Villars, rue de Varenne. Les Appartemens.

L'Hôtel de Villeroi, rue de Varenne. Les Appartemens.

L'Hôtel des Menus-Plaisirs du Roi, rue Bergere, au-delà des Boulevards.

Il y a nombre d'autres Hôtels qui depuis plus d'un siécle ont été élevés dans Paris : mais comme il n'est pas possible d'indiquer tout ceux qui ne le cédent point en magnificence à ceux que l'on vient de nommer, ainſi que certaines Maiſons qui pourraient paſſer pour des Hôtels, par les décorations & la richeſſe des ameublemens, que cet article aurait infiniment groſſi cet Ouvrage & que l'on ne ferait que rapporter ce que l'on voit dans différents Auteurs, ainſi qu'une infinité d'autres anciens Hôtels, dont la plûpart ne ſubſiſtent plus, l'on ne donne que ceux qui méritent la préférence ſur tous les autres.

Des Barrieres de devant les Maiſons Royales & devant quelques Hôtels.

Les Princes du Sang avaient une entiere Juriſdiction ſur leurs Domeſtiques: les Officiers de la Couronne l'avaient de même ſur tous ceux qui étaient par leurs Charges, emplois ou métiers dans leurs départemens. S'il arrivait quelques tumultes parmi les Peuples, & s'il y avait quelques plaintes ſubites à porter, ils s'aſſemblaient devant la Maiſon ou du Gouverneur, ou du Grand-Aumônier, ou du Connétable, ou du Grand-Chancelier & Grand-Chambellan, ou du Grand-Ecuyer, ou du Prince du Sang, en un mot, devant l'Hôtel de celui qui avait droit de les juger.

Ce Prince ou ce grand Officier deſcendait à

ſa porte où il y avait une Barriere, pour ne point être aſſailli par le peuple, & ſur laquelle il s'appuyait pour entendre les plaintes & griefs & rendre juſtice à qui elle était due.

Voilà l'origine des Barrieres que l'on voit devant différens Hôtels.

Le Doyen des Maréchaux de France a droit de Barriere, de même que le Chancelier & le Garde des Sceaux.

Ces Barrieres ne peuvent être arrachées; il faut qu'elles pourriſſent où elles ſont poſées : c'eſt ce qui fait que l'on tolere celles qui ont reſtées aux Hôtels où ceux qui y demeuraient avaient droit de Barriere.

On doit cependant être étonné d'en voir une devant l'Hôtel de la Compagnie des Indes, quoiqu'elle ne ſoit pas faite comme les autres

Effets curieux.

Le Garde-Meuble de la Couronne était l'Hôtel Conti; mais comme l'on y bâtit une nouvelle Monnoie, il ſera placé derriere le Périſtyle de la Place de Louis XV, rue de Saint-Florentin, vis-à-vis l'Hôtel, auſſi-tôt qu'il ſera achevé de bâtir.

L'on voit dans ce Garde-Meuble de riches

Tapisseries, tant nouvelles qu'anciennes, faites sous le regne de François I, sçavoir:

Les Batailles du grand Scipion, 120 aunes de cours en 22 piéces, sur 4 aunes de hauteur. François premier les acheta 22 mille écus des Ouvriers Flamands. Cette Tapisserie est d'après les dessins de *Jules Romain*; ainsi que l'Histoire de Saint Paul, qui a coûté autant. L'Histoire de Josué, de 43 aunes de cours, en 8 piéces, d'après les dessins de *Raphaël*. La Fable de Psichée, en 106 aunes. Les Actes des Apôtres, en 10 piéces de 53 aunes, aussi de *Raphaël*. Plusieurs tentures d'après les cartons d'*Albert Duret* & de *Lucas Leyde*, contemporains. Les douze mois de l'année, en 37 aunes de cours, où les Chasses de toutes les Saisons sont représentées; de *Leyde*; cette magnifique Tapisserie à long-tems appartenue à la Maison de Guise.

Les sept Ages, en 22 aunes, sont de *Lucas*. Louis XIV en a fait fabriquer une très-grande quantité aux Gobelins, sur les dessins & sous la conduite de *le Brun*: la plûpart sont rehaussées en or & argent. L'on remarque sur-tout les principaux évenemens du regne de ce Monarque: elles contiennent 16 piéces, sur 100 aunes de cours, & 4 de hauteur.

Louis XV a fait fabriquer plusieurs belles

Tapisseries aux Gobelins, représentant plusieurs Sujets de l'Ancien Testament, en 8 piéces, d'après les dessins de *Coypel*; d'autres sujets du Nouveau Testament d'après *Jouvenet*.

L'Histoire d'Esther, d'après *Troyen*, en 9 piéces, & divers sujets de Chasses, d'après *Oudri*, en 9 piéces; & plusieurs sujets d'Histoire de Dom Quichotte, d'après *Coypel* fils.

L'aunage de ces superbes Tapisseries, monte à près de 24 mille aunes.

Il y a plusieurs Tapis de la célèbre Manufacture de la Savonnerie, qui sont d'une grande beauté : on admire principalement celui qui était destiné pour la grande Gallerie du Louvre; il est en 92 piéces, contenant ensemble 227 toises de long, ouvrage unique.

L'on voit ensuite les riches broderies anciennes, comme lits, tentures de chambres, & d'alcôves, qui ont appartenu au Roi François I, & Henri II, dont les cartouches en soie plate, ont été dessinés par les premiers Maîtres de ces tems. Un Manteau de velours violet, semé de fleurs-de-lys d'or, qui a servi à Henri III, pour la premiere cérémonie de l'Ordre du Saint-Esprit, dont il est l'Instituteur. Des caparaçons pour 30 mulets, faits pour son

Mariage

Mariage ; des piéces détachées très-riches, où il est représenté lui-même, d'après *Hincelin.*

Un Lit à fond d'argent, où l'on voit tous les Rois & Reines de France, avec les Princes & Princesses du Sang en habits de leur tems : le tout en broderie, exécuté à Saint Joseph.

Un autre Lit d'une broderie rehaussée d'une quantité de Perles d'un très-grand prix.

Ce Lit a été donné à Louis XIV par Mademoiselle Marie de Lorraine, Duchesse de Guise, par testament du 20 Mars 1688.

Le Lit du Sacre, parce qu'il sert à la Reine au Sacre des Rois ; il est de broderie de fond & à grains d'or : il représente plusieurs sujets de l'Histoire de Moyse, d'après les dessins de *Raphaël* : il a été fait par les ordres de François premier.

Les Langes envoyés par le Pape Benoît XIII, pour M. le Dauphin ; ils sont de broderie d'or en plein, sur un fond de toile d'argent de trait.

L'on voit aussi une Chapelle d'or, donnée par le Cardinal de Richelieu, par contrat du premier Juin 1636 ; composée d'une croix d'or, deux chandeliers, un calice & sa patène, deux burettes & un Saint Louis pesant 72 marcs, garnis de 9013 diamans & de 224 rubis.

La Nef d'or du Roi qui ſert dans les grandes Cérémonies, peſe 106 marcs; elle eſt enrichie de diamans & de rubis : ouvrage de *Balin*, célèbre Orfévre.

L'Armure que François premier portait à la fameuſe journée de Pavie, ſur laquelle on voit les coups qu'il reçut avant que de ſe rendre aux Eſpagnols. Elle eſt de fer poli, ciſelé en relief, de demi-rond de boſſe, de divers ſujets d'hiſtoire de Pompée, par *Jules Romain.*

L'Armure de Philippe de Valois eſt de fer bruni, enrichi de larges bandes d'or damaſquinées.

L'Armure d'Henri II, lorſqu'il fut bleſſé dans le Tournoi de la rue Saint Antoine par le Comte de Montgommery, l'année 1559.

Les Armes d'Henri IV & de Louis XIII, celles de la République de Veniſe, dont elle fit préſent à Louis XIV, enrichies de gravûre repréſentant douze Villes priſes en Flandres par Sa Majeſté.

Celles dont la Ville de Paris fit préſent à Monſeigneur, lorſqu'il n'était encore âgé que de dix ans.

L'Epée de bataille d'Henri IV, dont le pommeau eſt formé par une tête d'Aigle d'argent.

Celles d'Henri III, avant qu'il fût nommé Roi de Pologne.

Celles de Casimir V du nom, Roi de Pologne, mort à Nevers le 14 Décembre 1672.

Les présens faits à Louis XV. par l'Ambassadeur de la Porte, Saïd-Méhemet; deux Caparaçons de cheval, l'un de drap écarlate, dessein Arabesque, brodé en or, argent & soie; l'autre, de drap écarlate, de forme irréguliére, brodé & enrichi de pierres & perles fines : une Selle de velours cramoisi, brodée d'or & d'argent : le pommeau de l'arçon garni de vermeil, enrichi de topase, d'émeraudes, de petits diamans & autres pierres précieuses.

Un Portrait enrichi d'or émaillé de différentes couleurs d'espace en espace, orné de diamans roses de plusieurs grosseurs : deux étriers, deux fontes de pistolets, une têtiere, une cartouche, une poire à poudre : le tout partie en vermeil & or émaillé & garni de pierreries; plusieurs carquois, fusils & pistolets garnis d'or

On voit diverses piéces de vases d'agathe, de jaspe, amétis, crystal de roche, & autres pierres fines, encore embellies d'or & de pierreries.

Cabinet d'Histoire Naturelle.

Le Cabinet du Jardin du Roi est le plus beau & le plus riche qui soit en Europe ; celui de M. de Réaumur y a été transporté.

Les Collections du nombreux & précieux dessin, sont aux Galleries du Louvre.

Le magnifique Cabinet des Roi pour les Médailles & les Antiques, à la Bibliothéque de Sa Majesté.

La Collection étrangere la plus complette & des mieux arrangée, est à la même Bibliothéque.

A l'Abbaye Sainte Geneviéve pour les Médailles, & pour l'Histoire Naturelle. Il y a aussi une Collection de Vases Etruques très-précieux : il a été enrichi par M. le Duc d'Orléans défunt, de 800 médailles d'or.

A l'Abbaye de Saint Germain des Prés, l'Histoire Naturelle, les Médailles, les Antiques, & pour les Divinités Indiennes, dont la collection est considérable.

Les Célestins, pour l'Histoire Naturelle & les autres curiosités.

Les Petits-Peres, pour l'Histoire Naturelle & les antiques.

Les Minimes : l'on admire dans l'une des Galleries, deux morceaux d'Optique curieux : la Madeleine en contemplation dans une grotte ; l'autre, Saint Jean l'Evangéliste écrivant son Apocalypse dans *l'Isle de Pathmos*.

Le Séminaire S. Sulpice, pour les Estampes & l'Histoire Naturelle, remarquable sur-tout par un *Madrepore* des mieux conservés, le plus grand & le plus beau de cette espéce qui soit à Paris.

Il y a en outre beaucoup d'autres Cabinets de curiosités en tous les genres & espèces dont nous venons de parler, chez des particuliers dont le goût & la curiosité leur fait avoir des collections de rares Tableaux, d'Histoire Naturelle, de pierres précieuses, &c. dont on ne parle pas, attendu les mutations de demeures ; ce qui deviendrait embarrassant pour pouvoir les indiquer avec assurance ; mais pour les découvrir, on peut sçavoir leurs demeures dans la premiere Bibliothéque ou Cabinet de curiosiotés, ci-dessus dénommés.

Au Palais Royal, une collection de Tableaux des plus curieux & des plus riches de l'Europe, avec une collection des médailles, avec les pierres gravées. Un singulier Cabinet d'Histoire Naturelle pour la *Minéralogie* ; les mines sont en très-grand nombres, les matieres qui accompagnent les mines; celles qui sont rejettées par les volcans, la collection des corps marins fossiles, & une suite rare de granites de France; le poisson de scie le plus grand qui soit à Paris, & parmi les insectes celui que les *Hottentons* adorent comme une Divinité.

Etiquettes pour les Deuils.

Au commencement du regne de Philippe Auguste, on ne connaissait point l'usage du Deuil en France & dans les Royaumes voisins.

On ne porte les grands Deuils que pour Pere & Mere, grand-pere & grand'-Mere, Mari & Femme, Frere & Sœur, Cousin & Cousine.

On appelle *grands Deuils*, ceux qui se partagent en trois tems, *la laine*, *la soie*, & le *petit Deuil*, ou les habits coupés.

Les autres *Deuils* ne se partagent qu'en deux tems, le noir & le blanc; jamais on ne drape dans ces sortes de *Deuils*; & toutes les fois qu'on ne drape point, les femmes peuvent porter les diamans, & les hommes l'épée & les boucles d'argent.

Les *Deuils* de Peres & Meres est de six mois; les trois premiers, la *laine* en papeline ou Raz de

Saint-Maur ; la garniture d'étamine avec éfilé uni ; les bas & les gants de soie noire, les souliers & boucles bronzés.

Si c'est un grand habit, on prend les bonnets d'étamine noire, les barbes plates garnies d'éfilé uni, la coëffe pendante, les mantilles de même étoffe, ainsi que l'ajustement, les manches de crêpe blanc, garnies d'éfilé uni, pendant les six premieres semaines.

Si c'est en robe, on porte les bonnets, les barbes, les manches & le fichu de crêpe blanc d'éfilé uni.

Au bout des six semaines, on quitte la coëffe, on prend les barbes frisées, & on peut mettre des pierres noires.

Les trois mois finis, on prend la soie noire pour six semaines, le poil de soie en hiver, le taffetas de Tours en été, avec les coëffures, manches & fichu de gaze brochée, garnies d'éfilé découpé, soit en grand habit, soit en robe.

Les six dernieres semaines sont de petit *Deuil*, on porte le blanc avec la gaze brochée, & les agrémens pareils & les diamans.

L'Etiquette des *Deuils* des grands-peres & grandes-meres est le même ; mais le *Deuil* n'est que de quatre mois & demi, six semaines en laine, & ſix ſemaines en ſoie, & ſix ſemaines en *petit Deuil.*

Pour les Freres & Sœurs, la laine pendant trois ſemaines, quinze jours la ſoie, huit jours le *petit Deuil.*

Pour les Oncles & Tantes, le *Deuil* eſt de trois ſemaines, peut ſe porter en ſoie, quinze jours avec éfilé, ſept jours avec gaze brochée ou blonde.

Le *Deuil* des Couſins-Germains, quinze jours, huit avec éfilé, ſept en gaze brochée ou en blonde.

Pour Oncle à la mode de Bretagne, onze jours, ſix en noir, cinq en blanc.

Pour Couſins iſſus de Germains, huit jours, cinq en noir & trois en blanc.

Le *Deuil* d'un Mari eſt d'un an & ſix ſemaines : pendant les ſix premiers mois, les Veuves portent le raz de Saint-Maur de laine, la robe à grande queue retrouſſée par une gance attachée au jupon ſur le côté, & qu'on fait reſortir par la poche ; les plis de la robe arrêtés par-devant & par derriere ; les deux devants joints par des agraffes ou des rubans; point de compere, les manches en pagode.

La coëffure de batiſte à grands ourlets, les manches plattes à un rang & grand ourlet, le fichu de batiste aussi à grand ourlet, une ceinture de crêpe noir, agrassée par-devant, pour arrêter les plis de la taille, les deux bouts pendant jusqu'au bas de la robe.

Une écharpe de crêpe plissée par derriere, comme on les portait anciennement, la grande coëffe de crêpe noir, les gants, les souliers & boucles bronzés, le manchon revêtu de raz de Saint-Maur sans garniture, ou l'éventail de crêpe.

Les six autres mois, la soie noire, les manches & garniture de crêpe blanc, & pierres noires si l'on veut.

Pendant les six dernieres semaines, le noir & le blanc uni, la coëffure & les manches de gaze brochée, les agrémens ou tout noirs, ou tout blancs, au choix de la Veuve.

Les anti-chambres doivent être tendues de noir; la chambre à coucher & le cabinet, de gris, pendant un an; les glaces cachées pendant six mois.

Les Veuves ne peuvent paraître à la Cour qu'au bout des premiers six mois.

Le *Deuil* des Femmes est de six mois; l'Homme veuf doit porter l'habit & les bas de laine, les manchettes de batiste à ourlet plat; l'épée, les souliers & boucles bronzés; une cravate unie, les grandes & petites pleureuſes ; on quitte les grandes après les trois premieres ſemaines.

Au bout de ſix ſemaines les bas de ſoie noirs, les manchettes éfilées ; mais toujours l'épée & les boucles noires.

Les ſix ſemaines ſuivantes, l'habit de ſoie noir, l'épée & les boucles d'argent ; & pendant les ſix dernieres, l'habit coupé, ou petit Deuil, les bas de ſoie blancs.

Les Hommes peuvent paraître à la Cour dès les premiers jours de leur Deuil.

Il n'y a d'exception à ces regles, que pour les Deuils des Parens dont on hérite. Le Deuil d'un Frere, par exemple, n'eſt ordinairement que de ſix ſemaines ; mais ſi l'on en hérite, il eſt de ſix mois, comme celui de Pere & de Mere.

Les uſages généraux où l'on drape pour les Deuils de Cour, ſont partagés en trois tems, la laine, la ſoie, & les pierres noires, le petit Deuil, & les diamans.

Dans ceux où l'on ne drape point, les Femmes portent les diamans ; & les Hommes, les épées & boucles d'argent.

Dans les Deuils où les jours ſont pairs, on prend le noir pendant la premiere moitié, & le petit Deuil pendant la ſeconde.

Dans ceux dont les jours ſont impairs, la

plus forte moitié ſe porte en noir ; par exemple, ſi le Deuil eſt de quinze jours, on porte le noir les huit premiers jours, & le blanc les ſept jours ſuivants.

Les Reines de France juſqu'à la Reine Anne de Bretagne, avaient toujours porté le Deuil en blanc ; c'eſt ce qui fait que juſqu'à ce tems-là on donna aux Veuves de nos Rois le nom de *Reines Blanches*. Anne de Bretagne pleura ſincerement Charles VIII, & en porta le deuil en noir. Louis XII qui l'épouſa après la mort de ſon Prédéceſſeur, en étant devenu veuf, en porta le deuil en noir, contre l'uſage des Rois, qui le portent en violet, ainſi que les Cardinaux.

Le Chancelier eſt le ſeul dans le Royaume qui ne porte jamais le Deuil, pour quelque ſujet que ce puiſſe être ; parce qu'il ſe détache en quelque ſorte de lui-même, pour ne plus repréſenter que la Juſtice, dont il eſt le Chef.

Le Bureau des Annonces de Deuil eſt Place des Victoires, au Bureau Général de Correſpondance. L'abonnement eſt de 6 liv. par an.

Gazettes.

Les Gazettes ont été établies en France l'an 1631, par Théophraſte Renaudot, Médecin.

De pareilles Feuilles avaient été inventées à Venise; on les avait appellées *Gazettes*, parce que l'on payait pour les lire *una Gazetta*, petite piéce de monnoie de ce pays-là : voilà l'origine & le nom de notre *Gazette*.

Le Public y a pris tant de goût, qu'il y a peu de personnes qui ne soient dans l'habitude de les lire ; elles se lisent généralement dans tous les Caffés de Paris ; sur le Quai des Augustins, de même que sous les Charniers des Innocens. Lorsque l'on veut en faire une collection, on peut les avoir tous les samedis aux *Galleries du Louvre*, où elles se débitent, vis-à-vis la rue Saint Thomas du Louvre, pour la Gazette de France.

Pour les Gazettes Etrangeres, en Langue Française, sçavoir, celles d'Amsterdam, d'Utrecht, de Leyde, de la Haie, de Bruxelles, de Cologne, de Berne, s'impriment dans les Villes dont elles portent le nom ; elles se trouvent à Paris, au Bureau Général des Gazettes, rue d'Enfer, Porte S. Michel, vis-à-vis la rue S. Thomas.

La Gazette ou le Courier d'Avignon, se distribue au Bureau de la Grande Poste, rue Plâtriere.

A l'égard des Annonces, Affiches & Avis divers, qui indiquent toutes les Affiches qui paraissent journellement, les ventes, les desirs d'acheter, de placer de l'argent ou d'en emprunter, le cours du change de la Bourse, l'augmentation ou la déclinaison des Effets Royaux, de Banque, tant des Places Etrangeres que de celles de la France, les morts & mariages, les Arrêts, Sentences & autres Annonces où l'on peut faire mettre tout ce que l'on désire, *gratis* : il faut s'adresser au Bureau général, rue Baillet.

Spectacles.

L'Opera, sans contredit le plus beau.

Le grand Bal, à l'Opera.

La Comédie Françaife, ou le Théâtre de la Nation.

La Comédie Italienne, l'Opera-Comique réuni à ce Théâtre ; spectacle agréable.

Le Concert Spirituel, au Château des Tuileries.

Combat du Taureau, rue de Séve.

Promenades Publiques.

Jardin des Tuileries.

Jardin de l'Infante.

Jardin du Palais Royal.

Jardin du Luxembourg.

Jardin du Roi.
Jardin de l'Arcenal.
Jardin de Soubise.
Jardin de Bretonvilliers.
Jardin du Terrein.

Promenades en Carrosse.

Les Remparts ou Boulevards.

Ces Boulevards, plantés de deux rangées d'arbres de chaque côté, sablés dans les contre-allées, arrosés dans le milieu, forment une très-belle Promenade, ouverte à tout le monde, & la plus fréquentée de Paris; ils ont 2400 toises depuis la Porte Saint Antoine, jusqu'à la Porte Saint Honoré.

L'on s'y promene en Equipage; les deux plus beaux jours sont le Dimanche & le jeudi : l'on y trouve des jeux, des parades, des spectacles, des caffés, des rafraîchissemens en tout genre; l'on y loue des chaises; tout y peint le goût & la magnificence de cette vaste Capitale.

Les nouveaux Boulevards ont 6000 pas, ou une lieue & demie de long, depuis les Invalides jusqu'à l'Hôpital.

Le Cours-la-Reine, ou le petit Cours a 900

pas dans sa plus grande largeur, & 300 pas à l'entrée du côté de la Place de Louis XV. Il est situé positivement sur le bord de la riviere de Seine, dans la plus belle vue du monde, en face des Invalides, du Palais de Bourbon & de l'Ecole Royale Militaire; il s'étend depuis la Place de Louis XV jusqu'à Chaillot.

Le Cours Dauphin a 1500 pas de long, & deux grilles de fer; il est entre la riviere & le Cours-la-Reine.

Les Champs Elisés viennent d'être plantés nouvellement; ils annoncent pour la suite une promenade très-gracieuse, tant pour les gens en Equipages que pour ceux de pied.

Le Bois de Boulogne, grand enclos à une demi-lieue de Paris, qui renferme de belles allées d'arbres; dans ce Bois sont les Châteaux de Madrid & de la Muette ou Meute.

Il y a encore d'autres Promenades, mais elles sont hors de Paris: ces sortes de promenades sont pour ceux qui, lassés du grand monde, veulent prendre l'air de la campagne, & pour les gens dutiers-état qui préférent les Guinguettes à tous les autres plaisirs. Dans ces Guinguettes il y regne une joie plus vive & plus amusante que fine & délicate, & où ces sortes de gens font meilleure contenance qu'aux Promenades distinguées.

Ces Guinguettes sont tous les Cabarets aux environs des Barrieres de Paris.

SÇAVOIR:

Le Roulle.
La Nouvelle-France.
Les Porcherons.
La Courtille.
La Haute-Borne.
Le Grand & le Petit Charonne.
La Rapée.
Le Port-à-l'Anglais.
Vaugirard.
La petite Courtille.
Les Moulins hors Paris.
Le Gros-Caillou.
Le Moulin de Javelle.
La Grenouilliere.
La Barriere S. Bernard.

Les Allées de Vincenne à la sortie du Fauxbourg Saint Antoine, ont demi-lieue, & finissent au Bois de Vincenne; promenade charmante, où il y a un beau Château Royal de même nom: l'on renferme dans ce Château des Prisonniers d'Etat.

Des Manufactures.

Manufacture Royale des Gobelins pour les Teintures, & pour les Tapisseries de la Couronne.

Manufacture Royale de Porcelaine, au Village

lage de Séve, se vendent rue Saint Honoré.

Manufacture des Glaces, rue de Reuilly, Fauxbourg Saint Antoine, où on les polit: la fonte des glaces est au Château de S. Gobin près la Ferre, & à la Tour-la-Ville près Cherbourg.

Manufacture Royale de Tapis de la Couronne au bas de Chaillot.

Manufacture Royale de Lanternes, de Réverberes, rue Saint Louis dans la Cité.

Manufacture Royale de Terre d'Angleterre, au Pont-aux-Choux.

Manufacture de Porcelaine de Saint-Cloud, rue de la Madeleine, Fauxbourg Saint Honoré.

Manufacture de Coutil peint, façon de verdure & d'histoire, rue Saint Antoine près la rue de l'Egoût.

Manufacture de Cuir doré, de Tontisse & de Toile à fleurs, rue Saint Antoine près la Bastille.

Manufacture de Fayence rue de la Raquette: il y en a plusieurs dans cette rue.

Manufacture de Colle-forte, rue de Charonne.

Manufacture de Velours à la Turque, près les Enfans-Trouvés, Fauxbourg Saint Antoine. L'usage du velours est devenu si commun sous le regne d'Henri III, qu'il fut défendu aux

Etats tenus à Blois en 1576 aux Domestiques de paraître en habit de velours.

Manufacture d'Etain en feuille pour les glaces, rue du Fauxbourg Saint Antoine, vis-à-vis les Enfans-Trouvés.

Manufacture de Chandelle à Scipion, rue de la Barre, Fauxbourg Saint Marcel.

Manufacture pour les beaux Vernis, Fauxbourg Saint Martin, & à l'Hôtel Jabac, rue Saint Merry.

Manufacture de Cuir d'Hongrie, rue du Fauxbourg Saint Martin.

Manufacture de Pots de terre, Fauxbourg Saint Antoine.

Manufactures de Bas au métier dans tous les endroits privilégiés, & différents quartiers de Paris.

Manufactures de Castors; elles sont dans Paris au nombre de 28 qui appartiennent au Corps des Chapeliers. C'est sous le regne de Charles VII en 1423, qu'on commença à voir en France des chapeaux. Ils s'introduisirent peu-à-peu à la place des chaperons.

Manufacture pour dégraisser & épurer les laines pour faire des matelats & des couvertures, au Port-à-l'Anglais.

Manufacture de Poëles de fayence, rue du Fauxbourg Saint Antoine.

Manufacture de Toiles peintes à Corbeil; le

magasin rue Saint Honoré, vis-à-vis la rue des Bourdonnais; il y en a encore une à S. Denis & une à Séve.

Manufacture de Cylindre, Fauxbourg Saint Antoine, rues Dauphine & du Fauxbourg du Temple.

Manufacture de Bonneterie, rue Mouffetard; une rue Bordet, une rue de la Raquette.

Manufacture de Lampes, rue Saint Antoine, vis-à-vis les Filles de Sainte Marie.

Manufacture de Tapisseries peintes, Porte S. Antoine.

Manufacture de Cheminées à la Prussienne, rue de la Raquette.

Le sieur *Lancake*, Anglais de Nation, a obtenu du Roi une permission pour établir à Carriere près Paris, une Manufacture de Papiers peints pour meubles, d'imprimer & teindre toutes sortes de Toiles. L'entrepôt général est rue Saint Antoine, vis-à-vis celle Geoffroi-l'Asnier; le public trouvera de quoi satisfaire son goût.

Manufacture de Toile cirée, rue neuve Sainte Marguerite, Fauxbourg Saint Antoine.

Manufacture de Papiers veloutés, Fauxbourg Saint Antoine.

Manufacture d'huile de pieds de bœufs, à la pointe de l'Isle aux Cygnes.

Manufacture de Papier velouté sur toile, sur le Pont-Marie.

Manufacture de Plomb laminé, rue de Bétizy.

Manufacture de Maroquin, rue Saint Hypolite Fauxbourg Saint Marceau.

Manufacture de Fer battu & blanchi, dit de fer-blanc, rues Bafroi & de l'Arbre-Sec.

Manufacture pour garantir le fer de la rouille, à la Villette près Patin.

Manufacture de Pompes pour la marine du Roi & les incendies, au Boulevard S. Antoine. C'est un Comédien qui mit en usage les pompes, en 1705, que le feu prit dans la rue Saint Antoine : l'on forma depuis une Loterie pour en faire construire de nouvelles par Lettres-Patentes.

Manufacture de Vernis de la Chine sur tous métaux, aux Boulevards près le Réservoir de la Ville.

Manufacture de Moires & Etoffes de Paris, rue de Charonne.

Origine des Six Corps Marchands.

Cette Origine est très-ancienne, attendu que le Commerce de Paris ne se faisait que par une

Compagnie de gens associés sous le titre de *Marchands de l'eau hansez* de Paris ; cette Compagnie formait le Corps de Ville ; c'est par cette raison que l'on appelle le Prevôt des Marchands le Chef de l'Hôtel-de-Ville. La réunion des six Corps doit son origine à Philippe Auguste. Cette Ville prit une nouvelle face en 1222. Le Roi consentit que l'Evêque eût dans son Parvis un sujet de la plûpart des Professions qui étaient alors établies à Paris, pour jouir des Priviléges dont les Bourgeois de l'Evêque jouissaient parmi ces sujets de diverses professions. On trouve, dit *Sauval*, un Drapier, un Orfévre, un Pelletier, & un Epicier ; les Merciers étaient aussi établis ; car ils avaient la Halle à Champeau. Quant aux Bonnetiers, leur Communauté n'est pas si ancienne ; en 1390 on les appellait Aulmussiers, Bonnetiers, Mitainiers & Chapeliers de Paris.

Prérogatives des Six Corps Marchands.

Chacun des six Corps des Marchands est gouverné par six Maîtres & Gardes, choisis par le Corps entre ceux qui sont les plus intelligens, & dont la réputation est sans reproche ; leur administration dure deux années : dans les Cérémonies publiques ils ont droit de porter la Robe de drap noir à colet, & des manches pendantes parmentées & bordées de velours noir, de couleurs différentes pour chaque Corps. Les six Corps ont eu l'honneur de complimenter Louis XV au Palais des Tuileries, au sujet de sa Majorité. C'est à cette occasion qu'ils firent frapper une Médaille qui représente le buste du Roi, & au revers on lit cette Inscription : *Les Six Corps des Marchands ont complimenté le Roi sur sa Majorité, étant présentés par le Duc de Gêvres, Gouverneur de Paris*, *le* XXIII *Fevrier* M. DCC. XXIII. On les doit regarder comme les canaux par où passe tout le commerce de Paris.

Les six Corps forment entr'eux une étroite confédération, en vertu de laquelle ils sont unis pour le bien du commerce en général; cette union & ses effets sont exprimés dans leur devise : elle a pour corps un Hercule assis, qui s'efforce inutilement de rompre six baguettes liées ensemble en forme de faisceau, & pour Armes ces mots : *Vincit concordia Fratrum.* C'est pour marquer que tant que les six Corps demeureront unis leur commerce subsistera, & leurs priviléges seront maintenus

Des Six Corps en particulier.

La Draperie s'est toujours maintenue dans le premier rang, & l'on dit qu'il leur a été cédé en 1183 par la Pelleterie. La Draperie a pour armoirie, suivant la concession de Christophe Sanguin & des Echevins, en date du 27 Juin 1629, un Navire d'argent à banniere de France, en champ d'azur ou œil en chef, avec cette légende : *Ut cæteras dirigat*, qui donne à entendre qu'il est le premier des six Corps.

L'Epicerie. Ce Corps est composé des Epiciers, des Apothicaires, & prend la qualité de Marchands *Grossier*, *Apothicaire*, *& Epicier*. Les Chandeliers ont été des six Corps, jusqu'au milieu du XVe. siécle. On n'a point trouvé de titres qui fassent mention des Apothicaires avant l'an 1484 ; mais on en trouve un de l'an 1321, où les Epiciers sont nommés *le commun des Officiers d'avoir des Poids Marchands*. Cette qualité leur vient à cause que les Epiciers & Apothicaires ont eu de tout tems la garde des Etalons Royaux des poids fabriqués du tems de Charlemagne, & sont en droit de faire des visites générales dans toutes les boutiques des Marchands & Artisans de Paris, qui vendent aux poids : c'est ce qu'ils font réguliérement deux ou trois fois par an, pour la réformation des poids & balances. Les armoiries données à leur Corps en 1629, sont coupées d'azur d'or, sur azur à la main d'argent, tenant des balances d'or, & sur l'or deux nefs de gueule flottantes aux bannieres de France, accompagnées de deux étoiles de gueule avec ces mots en haut *Lances & pondera servant*, qui marque le dépôt des poids & des balances, confié au Corps.

Le Corps des Merciers est considérable ; il contient plus de 3000 familles : il s'étend sur tous les Corps des Marchands ; il sont Merciers, Grossiers & Jouailliers. Les Armoiries qui leur ont été accordées en 1629, sont de sinople à trois nefs d'argent à la banniere de France, 2. 1. un Soleil d'or à huit raits en chef entre deux nefs. Ils y ont ajouté pour devise ces mots : *Te toto orbe sequemur*.

Le Corps de la Pelleterie est appellé dans toutes les Cérémonies publiques ; ils disputent le pas à la Mercerie ; mais la Mercerie s'est toujours soutenue. La Communauté des Fourreurs fut unie à ce Corps sous Henri III, en 1586 ; cependant il est le moins nombreux des six Corps : ses Armoiries sont un Agneau Pascal d'argent, en champ d'azur à la banniere de gueule, ornée de deux croix d'or ; pour support deux hermines, & sur l'eau une couronne ducale ; ses Armes sont anciennes; la concession vient d'un Duc de Bourbon, Comte de Clermont, Grand Chambellan de France, vivant en 1368, & qui était Protecteur de ce Corps.

Les Changeurs habitaient autrefois le Pont-au-Change ; ils en furent expulsés par le Prevôt de Paris en 1331, avec l'approbation du Parlement. Vers la fin du siécle suivant, leur Corps s'affaiblit, & ils cesserent d'être des six Corps ; ils céderent la place aux Bonnetiers.

La Bonneterie tient la place des Changeurs : les Armes qui leur furent accordées en 1629, sont d'argent à cinq Navires ; depuis, ces Armes ont été l'étoile pour mettre en abîme une toison d'argent accompagnée de trois Navires en chef & deux en pointe.

Le Corps de l'Orfévrerie-Jouaillerie est le dernier des six Corps des Marchands de Paris. Philippe de Valois a honoré ce Corps des Armoiries qu'ils ont aujourd'hui ; elles sont de gueule à trois croix d'or dentelées accompagnées de 1 & 4 quartier d'une coupe d'or, & au 2 & 3 d'une couronne aussi d'or, au chef d'azur, sémé de fleurs-de-lys sans nombre, avec cette légende : *In sacra inque coronat*, qui fait voir que l'Orfévrerie s'est principalement dévouée à la pompe du Culte Divin, & à la magnificence des Rois.

Corps & Communautées qui sont dans Paris.

PROFESSIONS.	BUREAUX.
La Draperie.	R. des Déchargeurs.
L'Epicerie & Apoticairie.	Cloître Ste Opportune.
La Mercerie.	R. Quinquampoix.
La Pelleterie.	R. des Lavandieres.
La Bonneterie.	Cloître S. Jacques de la B.

Henri II en 1559 fut le premier qui ait porté des bas de soie : par cette magnificence, il voulut honorer les Noces de sa Sœur Marguerite de France, avec Emmanuel Philibert, Duc de Savoie.

L'Orfévrerie.	R. des Orfévres.

La Manufacture des Gobelins a droit de donner des priviléges pour l'établissement de 200 Orfévres ; leur Communauté est différente des autres.

La Communauté des Marchands de Vin, sans être des six Corps, jouit du même Privilége.

Marchands de Vins.	R. de la Poterie.
Imprimeurs-Libraires.	R. du Foin S. Jacques.

L'Abbé Tritheme, dans sa Chronique, en l'an 1450, dit que *Jean Guttemberg*, citoyen de Mayence, & *Jean Fust*, ont trouvé les premiers l'Art de l'Imprimerie; mais que *Pierre Schoeffert*, homme adroit, lequel avait été Domestique, & puis Gendre de *Jean Fust*, trouva le secret de faire & de fondre toutes sortes de caractères en plomb pour l'Imprimerie; que ce secret dans le commencement fut très-renfermé entr'eux trois: les premiers qui en profiterent furent ceux de Strasbourg en 1470. *Ulric Gering* de Constance, *Martin Craute*, & *Michel Friburget*, de Colmar, attirés par les sollicitations de *Guillaume Fichet*, Savoyard, & *Jean Hegutin*, dit la Pierre, établirent leurs Presses au Collége de Sorbonne, & donnerent au Public la même année & les deux suivantes, les *Lettres de Gasparin de Bergame*, *l'Abrégé de Tite-Live*, par *Flours* & *Salust*, *la Théorie de Fichet*, & nombres d'autres en caractères romain & ronde, & que ce ne fut qu'en 1480 que les gothiques parurent. De-là ils furent s'établir rue S. Jacques en 1473, à l'enseigne du Soleil d'or: en 1510 *Gering* mourut le 13 Août: l'on ne sçait pas où il fut enterré.

La lettre italique ou couchée, fut inventée

par *Aldemanni*, Romain, Imprimeur de Venise; peu de tems après ils passerent à Paris. En 1507 *Gilles Gourmont* qui demeurait vis-à-vis le Collége de Cambray, a mis en pratique les Caractères Grecs. Les premiers essais des Caractères Hébreux & Arabe, ont été faits par *Guillaume Gourmont*, sous la conduite de *Tissard*.

Depuis l'an 1618 la Librairie & Imprimerie de Paris, a été érigée en Communauté, sous l'autorité du Roi & des Magistrats, à qui Sa Majesté en a confié la police & la direction.

Quant à l'Approbation & aux Priviléges des Livres, ils dépendent de M. le Garde des Sceaux de France, & de M. le Lieutenant-Général de Police; ces Priviléges doivent être enregistrés sur les Registres de la Communauté des Libraires.

ARTS ET METIERS

Qui forment des Corps & Commmunautés dans cette Ville.

Noms des Métiers.	*Bureaux.*
Aiguilletiers-Epingliers.	R.S. Germain l'Auxerrois.
Arquebusiers.	R. Cocatrix.
Balanciers.	Chez le Juré en Charge.
Batteurs d'or.	R. des Billettes.
Boisseliers.	R. Montorgueil.
Bonnetiers.	Cloître S. Jacques la B.
Bouchers.	Place au Veaux.
Boulangers.	Quai de Conti.
Bouquetieres.	Chez le Juré en Charge.
Bourreliers.	Quai Pelletier.
Boursiers.	Place de Greve.
Boutonniers.	R. Aumaire.
Boyaudiers.	Chez le Juré en Charge.
Brasseurs.	R. de la Femme sans tête.
Brodeurs.	R. Montorg. aux pet. Carr.
Cardeurs.	R. de la Vannerie.

Noms des Métiers.	*Bureaux.*
Ceinturonniers.	Place de Greve.
Chaînetiers	Place de Greve.
Chaircuitiers.	R. de la Cossonnerie.
Chandeliers.	R. de la Tixeranderie.
Chapelliers	R. de la Pelleterie.
Charrons.	Place de Greve.
Charpentiers.	R. Galande.
Chaudronniers.	R. S. Denis.
Cizeleurs.	R. d'Enfer S. Landry.
Cloutiers.	R. S. Jacques de la B.
Coffretiers-Malletiers.	Chez le Juré en Charge.
Cordiers-Criniers.	R. des Grands Augustins.
Cordonniers.	Place de Greve.
Corroyeurs.	Quai Pelletier.
Coûtelliers.	R. de la Pelleterie.
Couturieres.	R. de la Verrerie.
Couvreurs.	R. S. Julien le Pauvre.
Crieurs de vieux Fer.	R. de la Vannerie.
Cuisiniers-Traiteurs.	Quai Pelletier.
Découpeurs de Draps.	Chez le Juré en Charge.
Distillateurs-Caffetiers.	R. de la Pelleterie.
Doreurs & Argenteurs	R. Bertin Poirée.
Ecrivains.	Chez le Syndic.

Noms des Métiers.	*Bureaux.*
Emailleurs-Fayanciers.	R. S. Denis, au Renard R.

La Fayance a été inventée à *Faenza*, Ville d'Italie. *Le Ticien* & autres fameux Peintres se sont exercés à peindre sur la Fayance, & l'art de peindre en émail a été perfectionné par *Jean Tousin*.

Emballeurs.	R. du Bouloir.
Eperonniers.	R. S. Denis.
Eventaillistes.	R. S. Denis.
Fabriquans d'Etoffes d'or.	R. S. Méry.
Fabriquans d'instr. de Mus.	R. de la Pelleterie.
Fillassiers.	A la Halle au Bled.
Ferblantiers-Taillandiers.	Place de Greve.
Fondeurs.	Chez le Juré en Charge.
Formiers-Talonniers.	Chez le Juré en Charge.
Fouleurs de Draps.	Chez le Juré en Charge.
Fourbisseurs.	R. de la Pelleterie.
Fripiers.	R. Montmartre.
Fruitiers-Orangers.	A la Halle au Beurre.
Gainiers.	Carré S Landry.
Gantiers-Parfumeurs.	Rue de la Pelleterie.
Grainiers.	R. de la Cordonnerie.
Graveurs sur Métaux.	R. d'Enfer S. Landry.

L'Art de graver sur tous les Métaux a été

trouvé par *Masso Finiguerra*, vers l'an 1560. *Albert*, *Durer*, *Lucas*, *Marc-Antoine*, *Carrache* l'ont perfectionné.

Noms des Métiers.	*Bureaux.*
Horlogers.	Parvis de Notre-Dame.
Jardiniers.	R. des Rosiers au Marais.
Imprimeurs en taille-douce.	R. du Plâtre.
Imprimeurs en Musique.	R. du Plâtre.
Layetiers.	R. du Haut-Moulin.
Lapidaires-Diamantaires.	R. de la Huchette.

La mine du Diamant a été trouvée par hasard par un Berger. Cette mine est à 108 milles de Masulipatan.

Lingeres.	Cloître Ste Opportune.
Liniers-filassiers.	Ancienne Halle au Bled.
Maçons & Tail. de pierres.	R. de la Harpe.
Maîtres d'Armes.	R. S. Martin.
Maîtres à danser.	R. S. Martin.
Mds. de Poisson.	A la Halle.
Mds. de Marée.	A la Halle.
Maréchaux.	R. des Grands Augustins.
Mégissiers.	R. Mouffetard.
Menuisiers.	Quai de la Mégisserie.

Noms

Noms des Métiers.	*Bureaux.*
Miroitiers.	Cul-de-ſac Ste. Marine.
Oiſeliers.	R. de la Pelleterie.
Plumaſſiers-Panachers.	Chez le Juré en Charge.
Pain-dépiciers.	Chez le plus ancien Juré.
Papetiers-Cart. Coleurs.	R. S. Julien le Pauvre.
Parcheminiers.	R. S. Louis.
Pâtiſſiers.	Rue de la Pelleterie.
Patenôtiers.	Chez le Juré le plus ancien
Paveurs & Carreleurs.	R. de la Pelleterie.
Paumiers.	R. Saint Martin.
Peauſſiers-Teinturiers.	Place de Grève.
Peigners-Tabletiers.	Place de Grève.
Peintres & Sculpteurs.	Rue du Haut Moulin.

C'eſt dans ce ſiécle qu'on a trouvé le ſecret de dorer ſur le bois & ſur le plâtre, & d'y appliquer le mat & le bruni ; de ſorte que la beauté des profils, la fineſſe & l'eſprit de la ſculpture, ne ſont aucunement altérés comme ils étaient auparavant, par une douzaine de couches d'aprêt pour mettre l'or en état de recevoir le bruni : ce qui ajoûte à la bonté de cette pratique, c'eſt de n'être point ſujette à s'écailler & de rendre la dorure ſur bois auſſi belle que l'or moulu appliqué ſur les métaux.

Noms des Métiers.	*Bureaux.*
Perruquiers Barbiers.	R. S. Germain l'Auxerrois.

Alexandre eſt le premier qui ſe ſoit fait faire la barbe : on ne connaiſſait pas les Barbiers avant l'an 450.

Plombiers.	R. S. Denis.
Potiers d'étain.	R. des Prêcheurs.
Potiers de terre.	R. des Arcis.
Relieurs-Doreurs.	R. des Sept Voies.
Rôtiſſeurs.	Aux grands Auguſtins.
Rubanniers.	R. S. Martin.
Savetiers.	R. de la Pelleterie.
Selliers-Carroſſiers.	Quai de la Mégiſſerie.
Serruriers.	R. de la Pelleterie.
Taillandiers.	Place de Greve.
Tailleurs d'Habits.	Quai de la Mégiſſerie.
Tanneurs.	R. du Jardin du Roi.
Tapiſſiers.	R. S. Martin.
Teinturiers.	R. de la Coſſonnerie.
Tireurs d'or.	R. S. Denis.
Tiſſerans.	Quai des Auguſtins.
Tonneliers	R. Saint Bon.
Tourneurs.	R. de la Mortellerie.
Verriers-Quincailliers.	R. des Auguſtins.

Noms des Métiers.	*Bureaux.*
Vergetiers.	Chez le Juré en Charge.
Vuidangeurs.	Chez le Juré en Charge.
Vinaigriers.	R. S. Denis.
Vitriers.	Cimetiere S. Jean.

Corps séparés des Arts & Métiers.

La Faculté de Médecine.
Chirurgiens-Accoucheurs.
Chirurgiens pour toutes sortes de maladies.
Chirurgiens-Dentistes.
Chirurgiens-Oculistes.
Chirurgiens pour les différens Bandages.
Les Sages-Femmes.
Les Apothicaires.

Indépendamment des Communautés dont on vient de donner l'énumération, il y a dans cette Ville deux Sociétés d'Ouvriers, qui, sans faire corps avec ceux dont on vient de parler, ont droit de travailler dans le même genre, en observant d'avoir à leurs têtes un d'entr'eux qui soit reçu Maitre ; les autres n'étant réputés que ses Compagnons.

Ces Sociétés sont composées de deux Communautés de Freres Cordonniers, & une de Freres Tailleurs, qui s'unissent sans faire aucun vœu, pour vivre du travail de leurs mains, & servir Dieu dans une observance qui leur est commune.

TRIBUNAUX QUI COMPOSENT LE PARLEMENT.

Grand'-Chambre.

Cette Chambre est composée de M. le Premier Président, neuf Présidens à Mortier, vingt-cinq Conseillers Lais, & douze Conseillers Clercs.

Les Princes du Sang, les Pairs de France, le Chancelier, le Garde des Sceaux, les Conseillers d'Etat, quatre Maîtres des Requêtes, le Gouverneur de Paris, & l'Abbé de Cluny, ont séance & voix délibérative en cette Chambre.

Le Premier Président & les quatre plus anciens Présidens à Mortier y servent toujours, les cinq autres à la Tournelle.

La Grande Audience se tient en Robe rouge, les Lundis, Mardis & Jeudis.

La premiere Chambre des Enquêtes a deux Présidens, trente & un Conseillers, & un Greffier.

La seconde Chambre des Enquêtes a deux Présidens, trente & un Conseillers, & un Greffier.

La troisiéme Chambre des Enquêtes a deux Présidens, trente & un Conseillers, & un Greffier.

La Petite Chambre des Requêtes a deux Présidens & treize Conseillers.

La seconde Chambre des Requêtes a deux

Présidens, treize Conseillers & onze Huissiers pour les deux Chambres.

Je crois que mes Lecteurs ne seront pas fâchés que je rapporte ce qui arriva à certains Procureurs qui étaient allés dîner à Creteil, au-dessus de Charenton.

Henri IV chassant du côté de Gros-Bois, se déroba à sa suite, & alla seul à Creteil descendre à l'heure du dîner à une Hôtellerie, & demanda à l'Hôtesse, si elle n'avait rien à lui servir. La femme lui répondit que non. *Henri IV* voyant la broche tourner & bien garnie, lui demanda: *Pour qui donc ce rôt? Pour des gens*, répondit-elle, *que je crois être des Procureurs. Allez leur dire*, reprit le Roi, *qu'un Gentilhomme fatigué, & qui a faim, les prie de lui céder un morceau de ce rôt, ou de lui permettre de se mettre au bout de la table, qu'il payera son écot.* Etre poli & Procureur, comme l'a remarqué *Dreux-Du-Radier*, n'est pas toujours la même chose; c'était de ce tems-là, comme aujourd'hui. Ces Messieurs refuserent tout net, & firent dire *que, du dîner qu'ils avaient commandé, il n'y en avait pas trop pour eux, & qu'ils ne pouvaient lui accorder une place à leur table, parce qu'ils voulaient être seuls.*

Henri IV, qui entendit cette réponse, demanda à l'Hôtesse un garçon pour lui chercher compagnie, & il l'envoya à M. de *Vitri*, qu'il lui désigna, sans lui en dire le nom, *par une casaque rouge que ce Seigneur portait*, & il le chargea de lui dire *de venir trouver le Maître du grand Cornet. M. de Vitri* vint accompagné de huit à dix autres Seigneurs. *Henri IV* leur raconta la grossiereté de ces Procureurs; il leur ordonna de s'en saisir, de les conduire à Gros-Bois, & de ne pas manquer à leur faire donner les étrivieres, *pour leur apprendre*, dit-il, *à être courtois*. Belle leçon dont bien des gens doivent profiter!

Tournelle Criminelle.

Les cinq derniers Présidens à Mortier, douze Conseillers de la Grand'-Chambre, & quatre des Chambres des Enquêtes, président à cette Cour.

Chambre des Vacations.

Un Président à Mortier, plusieurs Conseillers Laïcs & Clercs, un Substitut du Procureur Général, tiennent l'Audience.

Ressort Commun à toutes les Chambres du Parlement.

Il s'étend sur les Provinces de l'Isle de France, de la Beauce, de Sologne, du Berry, de l'Auvergne, du Lyonnais, du Forez, & Beaujolais, du Nivernois, du Bourbonnais, du Mâconnais, de l'Anjou, de l'Angoumois, du Maine, du Perche, de la Touraine, du Poitou, du Pays d'Aunis & Rochelois, de la Picardie, Champagne & Brie.

Parquet du Parlement.

C'eſt où Meſſieurs les Gens du Roi s'aſſemblent pour délibérer ſur les affaires qui regardent le miniſtere public, dans tout ce qui eſt ſuſceptible de concluſions par écrit ou à l'Audience. Ils jugent auſſi pluſieurs affaires que la Grand'-Chambre renvoye à leur déciſion.

Chambre des Comptes.

Cette Cour fut d'abord compoſée de Maîtres des Comptes, qui avaient des Clercs: c'eſt d'eux que les Correcteurs & Auditeurs tirent leur origine.

Cette Chambre a un Premier Préſident, 12 Préſidens, 78 Maîtres des Comptes, 38 Correcteurs, 182 Auditeurs, un Avocat un & Procureur-Général, des Greffiers, 30 Procureurs, & pluſieurs Huiſſiers. Anciennement ils portaient de grands cizeaux, pour marquer le pouvoir qu'ils ont de rogner & retrancher les mauvais emplois dans les comptes que l'on leur préſente. Cette Chambre a eu l'honneur d'avoir *Jacques de Bourbon*, premier Prince du Sang, pour Premier Président, l'an 1397.

Cour des Aides.

Le Roi Jean fit une assemblée des Etats du Royaume, rendit une Ordonnance datée du 28 Décembre 1355, pour une levée fixe de droits sur le Sel & d'autres droits d'*Aides* sur les Marchandises & denrées, a raison de huit deniers pour livre, qu'il ordonna être payés sans exception de personne.

Pour cette perception il établit des Juges pour connaître des différends qui pourraient naître à l'occasion de ces impositions, les uns en premiere instance, les autres en dernier ressort. Il fut choisi dans chacun des Bailliages un Elu de chacun des trois Etats, du Clergé, de la Noblesse & du Tiers-Etat; & neuf Généraux qui auraient l'autorité sur tous ces Juges, pour juger des Matiéres d'*Aides* en premiere instance, & par les Généraux, en dernier ressort, quand on appellerait à ces Juges dont les jugemens vaudraient comme les Arrêts du Parlement, sans qu'on en pût appeller. Voilà l'origine & le premier établissement de cette Cour: elle est composée de trois Chambres.

La premiere a quatre Présidens & dix-huit Conseillers, sans Honoraires.

La seconde a trois Présidens & quinze Conseillers.

La troisiéme Chambre a trois Présidens & quinze Conseillers ; les Gens du Roi servant les trois Chambres, sont trois Avocats Généraux, un Procureur Général, cinq Substituts, huit Greffiers, cinq Secrétaires du Roi, un Trésorier, & plusieurs Commis.

Grand-Conseil.

Cette Cour a été de son origine le Conseil des Rois : Charles VII l'établit en Jurisdiction ordinaire & contentieuse ; elle tient ses Audiences au Louvre.

Cette Jurisdiction comprend toute l'étendue du Royaume : le Chancelier de France est le seul Chef & Président né de cette Compagnie, qui sert par Semestre ; l'un commence le premier Octobre, & l'autre le premier Avril : le Président nommé par le Roi fait les deux Semestres. Chaque Semestre a huit Présidens, qui le sont par commission, & qui sont compris dans les quatre-vingt Maîtres des Requêtes : les Conseillers sont au nombre de quarante-huit pour les deux

Semestres sans les Honoraires. Les Gens du Roi sont, un Avocat Général, un Procureur Général & douze Substituts : il y a un Greffier en Chef, trois Greffiers, deux premiers Huissiers, un Trésorier, deux Contrôleurs, vingt Procureurs & trente Huissiers.

Cour des Monnoies.

La Cour des Monnoies où l'on sert par Semestre, a neuf Présidens, deux Chevaliers d'honneur & trente-six Conseillers sans les Honoraires : les Gens du Roi sont, deux Avocats Généraux, un Procureur-Général, un Greffier en Chef, un premier Huissier, un Trésorier, trois Contrôleurs & plusieurs Commis.

Il y a un Prévôt Général des Monnoies, créé pour faire exécuter les Arrêts de la Cour, avec un Lieutenant, trois Exempts, un Greffier & plusieurs Archers.

Prevôté & Maréchaussée Générale de l'Isle de France.

Elle est composée d'un Prevôt, de cinq Lieutenans, d'un Accesseur, d'un Procureur du Roi & de deux Greffiers.

Tous les crimes commis par les vagabonds & gens sans aveu, de désertion, port d'armes, séditions &c. sont de leur compétence.

Jurisdictions du Châtelet.

Le Châtelet est ainsi nommé, parce que ses Bâtimens avaient servi autrefois de Château ou de Forteresse à cette Capitale. C'est la Jurisdiction ordinaire de la Ville, Vicomté & Prevôté de Paris.

La Justice s'y rend au nom du Prevôt de Paris.

Le Procureur Général du Parlement a le même droit, lorsque le Siége est vacant.

Cette Jurisdiction est composée d'un Parc Civil, d'un Présidial, des Chambres, Civile, de la Police, Criminelle, de Robe-Courte & des Auditeurs. A ces Chambres l'on peut ajouter les Audiences des Criées & de l'Ordinaire qui se tiennent dans le Parc-Civil, à l'issue de l'Audience.

Les jours d'Audience & Criées, c'est le Lieutenant-Particulier qui tient d'abord l'Audience à l'Ordinaire ; & ensuite celle des Criées.

Attribution particuliere du Châtelet.

Il y en a quatre principales qui ont leurs effets dans tout le Royaume.

La premiere, le Privilége du Sceau du Châtelet, qui est attributif de Jurisdiction.

La seconde, le droit de suite ou de faire continuer les Inventaires, par les Notaires de Paris, lorsque les scellés ont étés apposés par un Commissaire du Châtelet.

La troisiéme, la conservation des Priviléges de l'Université.

La quatriéme, le droit d'Arrêt que les Bourgeois de Paris ont sur leurs Débiteurs Forains.

Prevôt de Paris.

Il représente le Roi au fait de Justice ; c'est pourquoi il a un *Dais* au-dessus de son Siége, ou de celui qui le représente, en qualité de *Lieutenant-Civil.*

Il est installé au *Châtelet* par un Président à Mortier, & quatre Conseillers de la Grand'-Chambre : l'on y plaide ce jour-là une Cause dont le prononcé est un *Arrêt.*

Il a la Garde du Parquet lorsque le Roi tient son Lit de Justice ; sa Place est au-dessus du grand Chambellan.

Il est Conservateur des Priviléges de l'Université. Les *Sentences* & les *Contrats* en forme sont intitulés en son nom : il a *voix délibérative* au Châtelet ; ce sont ses Lieutenans qui recueillent les voix & qui prononcent.

Le Lieutenant Civil.

Ce Magistrat est le premier des Lieutenants

des Prevôts de Paris ; ce qui lui donne droit de présider aux Assemblées du Châtelet. Il est Juge & Conservateur des Priviléges Royaux, accordés aux particuliers de l'Université : il tient les Audiences du Parc Civil & de la Chambre Civile.

Le Lieutenant-Général de Police.

Le Roi commet souvent ce Magistrat pour juger des affaires extraordinaires qui ne sont pas de sa compétence, & lui donne le pouvoir de les décider en dernier ressort.

Lieutenant Criminel.

Il préside à tous les Jugemens criminels, quoique les causes ayent été jugées être de la compétence du Prevôt de l'Isle, ou du Lieutenant Criminel de Robe-Courte.

Lieutenants Particuliers.

Ils tiennent l'Audience du Présidial de mois en mois, à commencer par le plus ancien ; pendant que l'un y préside, l'autre assiste à la Chambre du Conseil où se jugent les Procès par écrit.

Juge Auditeur

Il connaît des affaires purement personnelles jusqu'à la somme de 50 liv.

Conseillers.

Ils ont droit de donner leurs avis dans les affaires qui se présentent à l'Audience, ou sur les productions des Parties. Ceux qui se chargent de voir & examiner les procès ponr en faire le rapport sont appellés Conseillers - Rapporteurs.

Procureur du Roi.

Il est Substitut du Procureur Général, établi pour maintenir l'ordre public, & pour intervenir dans les cause où le Roi, le Public, les Mineurs ou l'Eglise ont intérêt.

Avocats du Roi.

Ils sont préposés pour maintenir les intérêts du Roi, ceux du Public & des Mineurs de l'Eglise.

Substituts du Procureur du Roi.

Ce sont eux qui, en cas d'absence du Procureur Général, en font les fonctions.

Avocats.

Il devient inutile de rappeller quelles sont les

fonctions d'une Profession si distinguée : ceux qui l'ont illustrée jusqu'à présent, & qui ne cessent par leurs Ouvrages d'en augmenter le crédit, sont au-dessus des éloges qu'on pourrait leur donner. Les Avocats plaident à toutes les Jurisdictions. Ils sont au nombre de 550. *Voyez* leur institution à l'Article du Palais quartier de la Cité.

Les Notaires.

Ils sont pour recevoir les intentions & instructions des Parties, & de rédiger leurs engagemens. La confiance qu'ils ont méritée, a étendu aux objets les plus intéressans leur travail, leurs obligations & leurs prérogatives.

Commissaires au Châtelet.

Ils doivent veiller à la Police générale, à la sûreté publique, & ont droit de faire exécuter les Edits & Réglemens concernant la Police & l'ordre public.

Ils apposent les Scellés dans la Ville, Fauxbourgs & Banlieue de Paris ; & par suite par-tout le Royaume.

Les Greffiers.

Ils sont pour écrire les Ordonnances, Appointemens, & Jugemens qui sont prononcés par Juges, de les expédier & délivrer aux Parties.

Les Procureurs.

Ils sont établis pour postuler & défendre en Justice les intérêts des Parties qui les leur confient.

Les Huissiers.

Ils sont établis pour assister les Juges dans leurs fonctions, & faire tous les Actes & exploits nécessaires pour mettre les Jugemens à exécution.

Les Huissiers-Priseurs font les mêmes fonctions, & ont le droit de faire des ventes de meubles.

Bureau de l'Hôtel de Ville.

Cette Jurisdiction est composée d'un Prevôt des Marchands, de quatre Echevins, d'un Procureur du Roi & de la Ville, d'un Avocat du Roi & de la Ville, d'un Substitut, de Greffiers, d'Huissiers, &c.

La Justice Consulaire.

Cette Jurisdiction fut créée en 1563 par Charles IX, pour connaître de tout procès pour fait de marchandises entre Marchands, leurs Veuves, leurs Facteurs, & non d'autres.

La Table de Marbre.

Ce nom se donne à trois Jurisdictions. La premiere, la *Connétablie*; la seconde, *l'Amirauté*; & troisiéme, *le Siége de la Réformation des Eaux & Forêts.*

Forêts. On les appelle la Table de Marbre parce qu'elles se tenaient autrefois à une Table de Marbre, qui occupait tout le travers de la grande Salle du Palais avant son incendie en 1618.

Connétablie & Maréchaussée de France.

Les Maréchaux de France en sont les Chefs: quand la Charge de Connétable n'est point remplie, les Commissaires & Contrôleurs des Guerres y ont Séance, suivant la Déclaration du Roi de l'année 1574. Elle est composée d'un Prevôt Général, de quatre Lieutenans, d'un Lieutenant Assesseur, d'un Procureur du Roi & d'un Greffier.

Amirauté de France.

Cette Jurisdiction attribuée au Grand-Amiral de France, est exercée par deux Lieutenans, l'un Général, l'autre Particulier; cinq Conseillers, un Procureur du Roi, trois Substituts, un Greffier, & cinq Huissiers.

Eaux & Forêts.

Elle est composée d'un Grand-Maître, d'un Lieutenant Général, d'un Lieutenant Particulier, de sept Conseillers, d'un Avocat, & d'un Procureur Général, de deux Greffiers, & de trois Huissiers.

Maîtrise particuliere des Eaux & Forêts.

Un Maître Particulier, un Lieutenant, un Procureur du Roi, un Garde-Marteau, deux Greffiers & deux Huissiers.

Capitaineries Royales des Chasses.

Varenne du Louvre.

Cette Jurisdiction est composée d'un Baillif Capitaine, d'un Lieutenant Général, d'un Lieutenant de Robe-Courte, de deux Sous-Lieutenans, d'un Avocat du Roi, d'un Procureur du Roi, d'un Substitut, d'un Garde-Scel, d'un Greffier, d'un Inspecteur Général, de huit Exempts & d'un Huissier.

Varenne des Tuileries.

Elle est composée d'un Baillif & d'un Capitaine, d'un Lieutenant; & le reste comme à la Varenne du Louvre.

Chambre du Domaine.

Charles VIII avait érigé en 1496 la Chambre du Trésor, pour connaître de toutes les affaires du Domaine, dans l'étendue de la Prevôté de Paris, & des huit Bailliages des environs. Louis XIV incorpora en 1693 cette Jurisdiction à la Compagnie des Trésoriers de France, & étendit son Ressort.

Elle forme depuis ce tems deux Chambres ; sçavoir, le Bureau des Trésoriers de France & des Finances, & la Chambre du Trésor.

Bailliage de l'Arsenal

Ce Bailliage est composé d'un Baillif d'Epée, d'un Lieutenant-Général, d'un Avocat du Roi, d'un Procureur du Roi, d'un Substitut, d'un Greffier & de deux Huissiers.

Jurisdiction de la Maçonnerie.

Trois Architectes Maîtres généraux des Bâtimens, font les fonctions de Juges.

Chambre de la Marée.

Elle est composée d'un Président à Mortier ; de 2 Conseillers & Commissaires, d'un Procureur Général, & de trois Greffiers.

Bailliage du Palais.

Il est composé d'un Baillif d'Epée ; d'un Lieutenant Général ; d'un Procureur du Roi, de Greffiers, d'Huissiers, &c.

La Basoche.

C'est la Communauté des Clercs du Parlement de Paris ; anciennement établie pour connaître des differends qui naissent entre les Clercs ; & régler leur discipline ; quelques-uns prétendent que le mot *Basoche* vient du mot *Basilica*, qui signifie le Palais du Prince : d'autres veulent qu'il soit tiré du mot Grec, qui signifie en Latin *Dicositas*, & en Français *discours gognard.* Cette Jurisdiction porte le titre de Royaume de la Basoche. Son institution a commencé en l'an 1302, tems où le Parlement a été rendu sédentaire à Paris.

Philipe-le-Bel, de l'avis de son Parlement, voulut qu'il y eût un Roi de la Basoche, pour juger en dernier ressort, sous le titre & autorité du Royaume de la Basoche, & en conséquence d'établir des Prevôts & Jurisdictions Basochiales dans les Siéges Royaux. La montre se faisait tous les ans à Paris, sur les Mandemens du Roi de la Basoche envoyés à ses Princes & Sujets, avec ordre de se trouver à Paris sous peine de grosses amendes, en plusieurs Compagnies sous les habits & livrées des Capitaines, dont chacun avait un modèle. Ces montres se faisaient en forme de Carrousel : il y avait beaucoup de monde, & ils faisaient tant de bruit, que François premier manda à son Parlement qu'il voulait voir la montre de la Basoche. Par Arrêt du 25 Juin 1540 la Cour ordonna que tout vaquerait un jour où deux. François I la vit : il y avait 800 Clercs, le 15 Juillet 1548. Le Peuple de Guyenne s'étant mutiné, Henri II y envoya le Connétable de Montmorency avec une forte Armée : le Roi de la Basoche & ses Suppôts s'offrirent au Roi ; ils étaient environ 6000 hommes, qui firent bien leur devoir. A leur retour, le Roi voulant reconnaître leurs services, leur demanda quelle récompense ils désiraient. Ils répondirent qu'ils n'en demandaient aucune ; qu'ils étaient prêts de servir Sa Majesté où Elle voudrait les envoyer. Le Roi content de cette réponse, leur donna de son propre mouvement, la permission de faire couper dans ses bois tels arbres qu'ils voudraient choisir, pour servir à la Cérémonie du plant du Mai qu'ils avaient accoutumé de faire planter ; & pour subvenir aux frais, il leur accorda tous les ans une somme à prendre sur le Domaine : il accorda de plus aux Trésoriers & Receveurs du Domaine de la Basoche le droit de faire sceller gratuitement en la Chancellerie du Parlement, une lettre de telle prix qu'ils la trouveraient, & que les Arrêts rendus à la Basoche seraient expédiés gratis de commission. Il permit en outre au Roi de la Basoche & à ses Suppôts d'avoir dans leurs Armoiries (qui sont trois Ecritoires) Timbre, Casque & Morion, pour marque de Souveraineté. Henri III révoqua le titre de Roi, attendu que le nombre des Clercs allait à près de 10000, & défendit qu'aucun Sujet du Royaume prît le titre de Roi ; ce qui a fait passer tous les droits de la Basoche en la personne de son Chancelier. Il ne reste plus aujourd'hui que le Corps de la Jurisdiction de la Basoche. Quoique les principaux Officiers portent les noms consacrés aux premiers Ministres de l'Etat, c'est sans conséquence. Les procédures & instructions s'y font par des Clercs qui y sont Avocats & qui plaident pour les Parties. Il y a Audience les mercredis & samedis, dans la Chambre de S. Louis, entre midi & une heure. Les Jugemens qui s'y rendent sont souverains, & portent le nom d'Arrêt, sous ce titre : *La Basoche regnante & triomphante & titre d'honneur, Salut* : & à la fin on met : *Fait audit Royaume le ....* Le Chancelier ne regne qu'un an ; l'Election s'en fait tous les ans au mois de Novembre : il ne peut être marié ni Bénéficié : il est obligé de donner un festin le jour de sa réception ; c'est ce qu'on appelle entr'eux, droit & devoir : on lui en donne acte à la fin du repas ; mais avant qu'il le puisse obtenir, il faut qu'il essuye quantité de contestations, & qui font vuider grand nombre de bouteilles.

Haut & Souverain Empire de Galilée.

C'eſt une Juriſdiction qui appartient aux Clercs de la Chambre des Comptes : elles eſt ſemblable à celle de la Baſoche ; ainſi que les Clercs du Châtelet.

Temporalité de l'Archevêché.

Cette Juriſdiction eſt exercée par un Juge qui connaît des Appellations des Sentences rendues en matiére Civile, par les Officiers de la Juſtice & Terre de l'Archevêché.

Barre du Chapitre.

Elle eſt compoſée d'un Baillif, d'un Lieutenant, d'un Procureur Fiſcal, d'un Greffier, & d'un Huiſſier.

Bailliages de certains Enclos de la Ville de Paris.

Juriſdiction du Temple.	S. Jean de Latran.
Abbaye de S. Germain des Prés.	Ste Geneviéve.
	S. Martin des Champs.
S. Denis de la Chartre.	Les Quinze-Vingts.

Dans chacune il y a un Baillif, un Lieutenant, un Procureur-Fiſcal, un Greffier & un Huiſſier.

Grenier à Sel.

Deux Préſidens alternatifs, deux Conſeillers-Graineriers, trois Contrôleurs, un Avocat du Roi, un Procureur du Roi, deux Greffiers & un Huiſſier.

Election.

Un Préſident, un Lieutenant, un Aſſeſſeur, vingt Conſeillers Elus, un Avocat du Roi, un Procureur du Roi, un Subſtitut, un Greffier, un Premier Huiſſier, trois Audienciers & ſix Procureurs.

Prevôté Générale des Monnoies.

Un Prevôt, quatre Lieutenans, un Aſſeſſeur, un Procureur du Roi, un Greffier & deux Huiſſiers.

Prevôté de l'Hôtel.

Un Grand-Prevôt, des Lieutenans Généraux, Civils & d'Epée, un Procureur du Roi, & pluſieurs autres Officiers.

Toutes ces Juriſdictions reſſortiſſent du Parlement.

Tribunal des Maréchaux de France.

Ce Tribunal ſe tient chez le plus ancien des Maréchaux de France, qui a tous les droits &

honneurs du Connétable : on y connaît sans appel des différends entre les Gentilshommes, ou personnes faisant profession des Armes, pour raison de leurs engagemens de parole ou écrit d'honneur.

Conseil des Dépêches.

Il connaît de toutes les matiéres de *l'Administration Générale*, & souvent des contestations qui naissent entre les *Corps Politiques* de l'Etat, & même de celles qui s'élevent entre particuliers lorsqu'il est question d'affaires relatives à l'administration.

L'Almanach Royal indique les noms & demeures de tous les Magistrats & autres personnes qui occupent toutes ces places.

DIFFERENS BUREAUX *où l'on est dans le cas d'avoir souvent des affaires.*

Bureau du Trésor Royal, rue S. Honoré, près la Place Vendôme.

Bureau pour le Paiement des Effets Royaux, Place de Louis le Grand.

Bureau des Rentes des Domaines de la Ville, à l'Hôtel-de-Ville.

Bureau des Rentes de la Ville sur les Aides & Gabelles : il y a 70 Payeurs qui ont chacun un jour dans la semaine : l'on indique à l'Hôtel-de-Ville leurs demeures.

Bureau des Rentes sur le Clergé, rue neuve des Petits Champs.

Bureau des Rentes sur les Etats de Bretagne, rue Grange-Bateliere.

Bureau des Rentes sur la Compagnie des Indes, à l'Hôtel du même nom, rue neuve des Petits Champs.

Bureau des Economâts, rue des Fossés Montmartre.

Bureau des Gazettes, rue d'Enfer, vis-à-vis la rue S. Thomas

Hôtel & Bureau de la Grande Poste, rue Plâtriere.

Bureau des Parties Casuelles, rue de la Jussienne.

Bureau général des affaires litigieuses & de Rentes, Place des Victoires.

Bureau des Insinuations, rue Croix des Petits Champs.

Bureau des Contrôleurs des Exploits, rue de la Sonnerie.

Bureaux du Papier & Parchemin Timbré, rue des Lombards. Rue Cloche Perche.
Rue Dauphine. Rue du Harlai.
Rue de la Chanverrerie. Rue S. Honoré.

Quai Pelletier. Rue Bretonvilliers.

Bureaux de la Sûreté, pour faire sans frais la déclaration de ce qui a été volé, rue de la Sourdiere. Rue des Cordeliers.

Rue de la Poterie. Rue S. Honoré.

Bureau des Domestiques, dit Bureau de Confiance, rue du Coq S. Honoré, vis-à-vis la Barriere des Sergens.

Bureau des Fiacres, rue du Coq S. Honoré.

Chaises à Porteurs, rue du Mail.

Les Brouettes, rue du Temple, vis-à-vis la rue Porte-Foin.

Bureau des Recommandaresses pour les Enfans en Nourrice, chez M. Framboisier, rue des Lavandieres, près l'Apport-Paris.

Ceux des Recommandaresses sont rues Planche-Mibray, du Crucifix Saint Jacques, & de la Vannerie.

Boëtes aux Lettres.

Le Bureau général pour recevoir les Lettres, tant de France qu'Etrangeres, est à Paris rue Plâtriere.

Pour la commodité publique, il y a 36 Boëtes placées dans les 20 quartiers de Paris; elles sont indiquées dans la Table de chaque quartier, à la page où elles se trouvent.

L'on va tous les jours lever les Lettres à huit heures du matin, à midi & à sept heures du ſoir ; & leſdites heures paſſées, les lettres demeureront pour les ordinaires ſuivants.

Obſervations.

On ne doit inſérer ni or ni argent dans les lettres ; ceux qui auront de l'argent à envoyer peuvent l'apporter au Bureau des Poſtes : l'on ſe chargera de le faire parvenir en payant le ſol pour liv. conformément à la Déclaration du Roi.

Il eſt eſſentiel d'affranchir les lettres pour les Curés, Procureurs & autres perſonnes publiques, ſans quoi elles ſont ſujettes à être refuſées.

Lorſqu'on écrit aux Officiers & Soldats au Service des Troupes de Sa Majeſté, on doit avoir attention de bien indiquer le Bataillon & la Compagnie : ceux qui ne ſont pas inſtruits du lieu de la Garniſon, peuvent s'en informer au Bureau des Poſtes.

On peut reclamer au Bureau des Poſtes, toutes les lettres qui ont pu être refuſées ou que l'on aurait oublié d'affranchir, leſquelles ſont remiſes à ceux qui repréſentent l'écriture & le cachet.

Pour le départ & arrivée des Courriers, *voyez l'Almanach Royal.*

Bureau pour les Falots.

A l'Eſtrapade, à l'entrée de la rue des Poſtes. L'on

donne à ce Bureau un Falot à des petits garçons pour éclairer dans Paris ceux qui se retirent. Ces Falots sont tous numérotés, & ceux qui les ont sont enregistrés à la Police qui leur donne pour cet effet une permission moulée & timbré.

Nouvel établissement d'un Bureau Général des Tonneaux pour les Eaux clarifiées, rue & Isle S. Louis, la porte cochere attenant l'Arcade de l'Hôtel de Bretonvilliers. Page 116, Tome I.

Le sieur *Dufaud* a imaginé une machine pour clarifier l'eau de la Seine en assez grande quantité pour fournir abondamment & en tout tems la Ville de Paris; non-seulement elle sera dépouillée de son limon, mais épurée des immondices & matiéres qui s'y mêlent.

Sur le rapport fait à la Cour au Parlement, au sujet de cette Compagnie en date du 17 Mai 1768, par M. le Lieutenant de Police & M. le Procureur du Roi au Châtelet, la Cour a homologué l'acte de Société le 20 Mai suivant : en conséquence il est permis à ladite Compagnie de vendre & faire distribuer dans la Ville de Paris de l'eau clarifiée à raison de 2 s. 6 d. la voie, tenant 36 pintes d'eau, rendue chez les particuliers, à quelqu'étage ge que soit leurs demeures ; & à l'égard des Fauxbourgs, elle augmentera de 6 d. excepté le Fauxbourg S. Germain, qui fait partie de la Ville.

A l'égard des banlieues & Villages qui avoisinent le plus la Ville, la Compagnie traitera du prix à proportion de leurs éloignemens.

Cette Compagnie donne la facilité aux Citoyens de s'abonner avec le Bureau, pour telle grande & petite quantité d'eau qu'on jugera à propos.

Les Tonneaux sont peints en dehors & marqués aux Armes du Roi & de la Ville : ils sont en outre cadénacés ; la clef desdits cadenats est toujours ès mains de ceux qui sont préposés à cet égard, chaque quartier ayant un Inspecteur pour veiller sur tout ce qui se passe.

Les Charretiers ainsi que les Porteurs d'eau attachés au service de cette Compagnie, sont distingués par une veste & une culote bleues garnies de boutons jaunes, & sur leurs bonnets il y a une plaque de cuivre sur laquelle sont gravées les Armes du Roi & de la Ville. Les Charretiers donnent du cors pour avertir le Public de leur passage dans les rues ; & ce à l'instar des *Claquettes* de la Petite Poste de cette Ville.

Les seaux destinés à porter l'eau dans les maiſons, ſont marqués de quatre cloux jaunes en dedans, pour marquer la meſure des 36 pintes que contient la voie des Porteurs d'eau ordinaires.

M. le Lieutenant de Police, toujours occupé au bien des Citoyens & à prévenir les accidents, a cru devoir engager cette Compagnie à tenir en réſerve un certain nombre de Voitures qui ſe rendent tous les ſoirs, après avoir ſatisfait aux beſoins du Public, dans les quartiers indiqués par la Police, avec leurs Tonneaux ordinaires remplis de la même eau, & ſur chaque Voiture un tuyau de cuir qui puiſſe adapter audit Tonneau; afin qu'elles puiſſent donner du ſecours en cas de beſoin aux Incendies nocturnes, & être jointes aux Dépôts des Pompes & Voitures d'eau, diſperſés dans les différens quartiers de cette Ville, dont il eſt fait mention à l'article des Corps-de-Gardes & Dépôts des Pompes & Voitures d'eau pour les Incendies, *pages 60 & 61, Tome premier.*

Bureau de la Volaille & Gibier, rue des Auguſtins.

Bureau Général d'Indication, rue & Place des Victoires.

Indépendamment de quantité de petits Bureaux répandus dans les différens quartiers pour la commodité du Public.

La Poste de Paris.

Elle a été établie en Juin 1760, pour porter toutes les lettres neuf fois le jour à leurs adresses. Toute lettre affranchie doit porter trois timbres ; celui de la Boëte où elle a été mise, ou du Facteur à qui elle a été confiée ; celui de la levée qui indique l'heure où elle a été donnée, & enfin celui du mois.

Celles qui sont contre-signées, doivent en outre porter un timbre de P. D. c'est-à-dire, port dû. Les Facteurs portent aussi les lettres dans les 94 banlieues de Paris ; leur port n'est que de deux sols par lettre, & de trois sols au-delà des Barrieres.

Timbres & Résidences des Bureaux.

A. Rue des Déchargeurs, aux Carneaux, le Bureau Général, 62 Boëtes & 16 Facteurs.

B. Rue & Cloître Culture Ste Catherine, 50 Boëtes & 22 Facteurs.

C. Rue S. Martin, au coin de la rüe Grenier S. Lazare, 38 Boëtes & 10 Facteurs.

D. Rue Neuve des Petits Champs, à côté de la petite porte du Palais Royal, 42 Boëtes & 8 Facteurs.

E. Rue

E. Rue S. Honoré, à côté de la rue de Luxembourg, 30 Boëtes & 15 Facteurs.

F. Rue du Bacq, au coin de la rue de l'Université, 33 Boëtes & 14 Facteurs.

G. Rue des Quatre-Vents, près S. Sulpice, 49 Boëtes & 18 Facteurs.

H. A l'Estrapade, à l'entrée de la rue des Postes, 54 Boëtes & 18 Facteurs.

I. Rue Neuve S. Etienne, à la Ville-Neuve, 37 Boëtes & 12 Facteurs.

Total. 395 Boëtes, & 117 Facteurs pour faire ce service tous les jours.

Foires Particulieres.

Foire S. Germain des Prés, quartier S. Germain.

Foire S. Laurent, quartier S. Denis.

Foire au Jambon, Parvis de Notre-Dame, le Mardi-Saint.

Foire S. Clair, rue S. Victor: elle dure 8 jours.

Foire S. Ovide, Place Vendôme: elle dure quinze jours, & quelquefois plus.

Foire de Bezon, à Bezon, hors Paris.

Foire S. Hyppolite, au Fauxbourg S. Marceau.

Foire du Temple, au Marais, le jour de la Saint Simon: c'est la Foire aux Manchons.

Foire de Clamard, à Clamard, à la Toussaints.

Lieux Privilégiés.

Ces endroits sont pour ceux qui n'ayant pas les moyens de se faire recevoir Maîtres ou Marchands pour pouvoir faire leur commerce dans la Ville, s'y retirent & y exercent leurs Professions sans crainte d'être inquiétés des Jurés de la Ville. Ces lieux sont :

Le Fauxbourg S. Antoine.

Le Temple : il s'y réfugie aussi ceux qui ont à craindre l'exécution des Sentences Consulaires.

L'Abbaye S. Germain des Prés.

L'Enclos du Prieuré S. Martin.

Les Quinze-Vingts.

L'Enclos de S. Jean de Latran.

L'Enclos de S. Denis de la Chartre.

L'Enclos de la Trinité.

La rue de l'Oursine & celles adjacentes, ainsi que toutes les Maisons Royales.

Des Prisons.

La Bastille, pour les Prisonniers d'Etat.

La Conciergerie, au Palais.

Le Fort-l'Evêque, rue S. Germain l'Auxerrois.

Le Grand Châtelet, l'Apport-Paris.

Le Petit Châtelet, rue du Petit-Pont.

S. Eloy, rue S. Paul.

S. Martin, rue S. Martin.

L'Abbaye, rue Sainte Marguerite.

La Charbonniere, à l'Hôtel-de-Ville.

La Maison de Force de l'Hôpital Général, dite la Salpêtriere.

La Maison de Force de Sainte Pélagie, Fauxbourg S. Marcel.

La Tournelle, Porte S. Bernard.

Le Château de Bicêtre.

Le Château de Vincenne.

La Prison de l'Archevêché, dite de l'Officialité.

Des Ports, Gares pour les Bateaux chargés de la provision de Paris, & pour les Coches d'eau, & leurs Quartiers.

Le Port de la Rapée, pour les Bateaux chargés de vin, pour y être contrôlés, & pour désigner le port de la décharge, au choix du Marchand. *S. Antoine.*

Port au Plâtre, sert de Port aux pierres à plâtre: il est au-dessous du Bois de Charenton. *S. Ant.*

Port au-dessus du Mail, pour le bois flotté, & plusieurs Bateaux chargés de fruit qui s'y garent. *S. Antoine.*

L'Isle-Louvier, Chantier de bois neuf. *Cité.*

Port au-dessous du Pont de Gramont, pour les Bateaux chargés de Charbon de terre. *S. Paul.*

Port S. Paul, où arrivent & d'où partent les Coches par eau : l'on y décharge toutes sortes de Marchandises qui viennent par les Coches, comme ce qui vient de Province, fer, vin, liqueurs. &c. *S. Paul.*

Quai de S. Paul pour les Bateaux de Charbon de terre, pour y être debité au Public. *S. Paul.*

Quai de l'Aile du Pont-Marie pour les Boutiques de Poisson d'eau douce ; c'est où on l'achete de la premiere main.

Place aux Veaux : Port au Foin pour les Bateaux & Margetats chargés de Foin & qui s'y vendent. *A la Grève.*

Le Foin d'élite est celui qui se vend aux Portes S. Michel & S. Antoine.

Port au Bled, garni de Bateaux chargés de Bled, d'Avoine, Farine, Orge, Vesce, où la vente s'en fait sur le carreau. *A la Grève.*

La Paille & Luzerne pour les Chevaux, aux Portes S. Martin & S. Antoine.

Port de la Grève pour le Bateaux chargés de Chaux & de Charbon de bois, & où ils se vendent. *A la Grève.*

François Premier octroya, à la considération d'un Charbonnier, que le commerce de Charbon setoit exempt de tout Impôt, tant par terre que par eau : voici ce qui en fut la cause.

François Premier s'étant égaré à la Chasse, entra dans la cabane d'un Charbonnier : le Mari était absent, il ne trouva que la femme accroupie auprès du feu, (c'était en hiver, il avait plû & il était tard,) Il demanda une retraite pour la nuit & à souper : l'un & l'autre lui fut accordé. A l'égard du souper, il fallait attendre le Mari : en attendant, le Roi se chauffa, assis dans une mauvaise chaise, qui était l'unique de la maison.

Vers les dix heures arrive le Charbonnier, las de son travail, fort affamé & pénétré de pluie. Le compliment d'entrée ne fut pas long : l'Épouse exposa la chose au Mari, qui ratifia la promesse du lit & du souper : mais à peine eut-il salué son Hôte & secoué son chapeau tout mouillé, que prenant la place la plus commode & le siége que le Roi occupait, il lui dit : *Monsieur, je prends votre place, parce que c'est celle où je me mets toujours ; & cette chaise, parce qu'elle est à moi* : Or & par droit & par raison, chacun est maître en sa Maison.

François Premier applaudit au proverbe rimé ; il se plaça sur un sellette de bois. On soupa, on parla des affaires du tems, de la misere, des impôts. Le Charbonnier eût voulu un Royaume sans Subsides. François Premier eut de la peine à lui faire entendre raison. *A la bonne-heure donc*, dit le Charbonnier ; *mais cette grande sévérité pour la chasse l'approuvez-vous aussi ? Je vous crois honnête homme ; je pense que vous ne me perdrez pas : j'ai là un morceau de Sanglier qui en vaut bien un autre ; mangeons-le : mais sur-tout bouche clause.*

François Premier mangea avec appétit, se coucha sur des feuilles, & dormit bien. Le lendemain il se fit connaître, paya son Hôte, lui permit la chasse, & exempta le Charbon d'impôts tant par terre que par eau.

Au Quai de l'Ecole, les Bateaux chargés de bois neuf, de Cotrets, de Fagots, &c. *Louvre.*

Port S. Nicolas, les Marchandises venant de Rouen, de Provence, du Havre, de Dieppe & de Hollande ; comme Huile, Savon, Oranges, Poivre, Caffé, Morue, Hareng, Huitres, Cidre, Vin de Languedoc, Vins étrangers, Eau-de-Vie, Liqueurs, Plomb & Bloc de Marbre. *Louvre.*

A la descente du Pont Royal, les Gaillottes de Séve & de S. Cloud : depuis Pâques à la Toussaint, l'une part à 6 heures, l'autre à 7 heures du matin ; l'on ne prend que cinq sols par Place. *P. Royal*

Port de la Conférence, où se décharge les

pierres de S. Leu, de Lierre, du bois flotté. *P. Royal.*

Port de l'Hôpital-Général ou de la Salpêtriere; les bois quarrés de charpente, de charronage: les chantiers sont adjacens. *P. Maubert.*

Barriere de la Tournelle, où se tiennent les Coches Royaux de Corbeil, de Ville-Neuve S. George: il y a aussi un chantier de Pavés, où les Maîtres Paveurs les vont prendre. *P. Maubert.*

Port S. Bernard ou la Halle au Vin, où se décharge le vin des Marchands. *P. Maubert.*

Port de la Tournelle, pour les vins Bourgeois. *P. Maubert.*

Port au-dessous du Pont de la Tournelle, pour le bois neuf en partie. *P. Maubert.*

Port des Miramionnes, pour les Ardoises, Tuiles, Briques, Fruits, Pommes, Chataignes: il y a aussi des Bateaux de Foin & de Charbon en vente. *P. Maubert.*

Port S. Landry. Il y a un Bateau public pour passer la Riviere. *Cité.*

Quai des Théatins, pour le bois neuf de compte, Charbon de bois. *S. Germ.*

Port de la Grenouillere, pour les trains de bois flotté. *S. Germ.*

Port des Invalides, pour la décharge des provisions de cet Hôtel. *S. Germ.*

L'Isle des Cygnes, Chantier public de bois flotté, de charpente & de menuiserie : tous les bateaux hors de service s'y déchirent. S. Germ.

Bains Publics de Riviere.

A la Rapée l'on trouve des Bains particuliers.
Proche l'Archevêché.
Quai des Morfondus.
Port S. Nicolas, vis-à-vis la rue des Poulies.
Quai des Quatre-Nations.
Proche la Barriere des Invalides.

Il y a chez plusieurs Perruquiers - Baigneurs-Etuvistes, des Bains de Propreté & de Santé, dans différentes Rues & Quartiers.

Les Bains de Propreté coûtent 6 l.
Les Bains de Santé . . . . . 12 l.
Les Bains publics, il y en a à 3 l. & à 5 sols.

Places des Fiacres.

	Quartiers.
Rue Mazarine, près la Comédie Franç.	S. Germ.
Rue de la Corderie, près le Temple.	Temple.
R. des Quatre-Fils, près l'Hôtel Soubise.	Ste Avo.
Rue de la Feuillade, Place Victoire.	Montm.
Quai des Augustins.	S. Andr.
Porte S. Michel.	Luxemb.
Rue de Grenelle, à la Croix-Rouge.	S. Germ.

	Quartiers.
Rue S. Benoît, près l'Abbaye.	S. Germ.
Rue Neuve S. Antoine, à la Croix.	S. Anto.
Place de Grève.	Grève.
Parvis Notre-Dame.	Cité.
Place du Palais Royal.	P. Roya.
Rue S. Honoré, près les Capucins.	P. Roya.
A l'entrée du Fauxbourg S. Antoine.	S. Antoi.
R. de Richelieu, près la Biblioth. du Roi.	P. Roya.
R. de l'Arbre-Sec & des F. S. Germ. l'Au.	Louvre.
Rue du Fauxbourg S. Victor.	P. Mau.
Rue du Marché aux Veaux, près le P. M.	S. Paul.
Rue S. Denis, près S. Sauveur.	S. Denis.
Rue de la Ferronnerie.	S. Oppo.
Rues du Bacq & de l'Université.	S. Germ.
Place Maubert.	P. Maub.

Chaises à Porteurs & Brouettes.

Place du Pont S. Michel.	S. Andr.
Pont-Marie.	Cité.
Rue de Venise.	S. Mart.
Place du Palais Royal.	P. Roya.
Croix du Trahoir.	P. Roya.
Barriere des Sergents, rue S. Honoré.	P. Roya.
Rue de l'Echelle.	Louvre.
Rue de Richelieu.	P. Roya.
Rue Montmartre.	Montm.

	Quartiers.
Rue des Bons-Enfans.	P.Royal.
Rue des Petits-Champs.	P.Royal.
Portail S. Eustache.	S. Eusta.
Place Ste Opportune.	S. Oppo.
Rue des Gravilliers.	Temple.
Rue Michel-le-Comte.	S. Mart.
Place Baudoyer.	Greve.
Rue du Temple, près la rue Porte-Foin.	Temple.

Les différentes Loteries qui se tirent dans Paris.

Loterie de l'Ecole Royale Militaire.

Cette Loterie accordée par Arrêt du Conseil du 15 Octobre 1757, pour l'entretien de cette Ecole & la construction du bâtiment. Le tirage s'en fait publiquement tous les 5 de chaque mois, à midi, dans la Salle de l'Hôtel-de-Ville, en présence & sous les ordres de MM. les Prevôt des Marchands & Echevins. Elle est agréable par la liberté que l'on a de choisir le nombre & de placer sur tel Numéro que l'on veut.

Loterie des Enfans-Trouvés.

Cette Loterie établie par Arrêt du Conseil du 9 Décembre 1754, à vingt-quatre sols le Billet : pour faciliter le Public, il y a des Billets de Société à tout prix. L'Arrêt a accordé audit Hôpital quinze pour 100 de bénéfice : le douziéme de chaque Billet est pour la reconstruction de l'Eglise de Ste Geneviéve. Le tirage de cette Loterie se fait publiquement, le 10 de chaque mois, dans la Salle de l'Hôpital des Enfans-Trouvés au Marais, à deux heures, en présence de MM. les Administrateurs dudit Hôpital.

Loterie Générale.

Cette Loterie, établie par Arrêt du Conseil en date du 13 Octobre 1763, à 3 liv. le Billet, donne un bénéfice de 15 pour 100 qui est employé à soûtenir differens établissemens qui ont besoin des plus grands secours. Pour faciliter le Public, il y a des Sociétés par moitié, par tiers & par quart, sixiéme & vingtiéme de Billet. Le tirage s'en fait publiquement le 15 de chaque mois, à trois heures, dans la Salle du Luxembourg, en présence & sous les ordres de M. le Lieutenant-Général de Police, & de M. Poulletier, Directeur & Receveur Général de cette Loterie.

Loterie des Communautés Religieuses.

Cette Loterie établie par Arrêt du Conseil du 11 Octobre 1727, à vingt-quatre sols le Billet;

& pour la facilité du Public, il y a des Sociétés à tout prix. Il a été accordé aux Communautés Religieuses 15 pour 100 de bénéfice ; & 2 sols par Billet, par autre Arrêt du Conseil du 9 Décembre 1754, pour la reconstruction de l'Eglise de Ste Geneviéve ; & deux autres sols pour augmentation des Lots. Le tirage s'en fait publiquement les 20 de chaque mois, dans la Salle des Enfans-Rouges au Marais, à deux heures précises, en présence & sous les ordres de M. le Lieutenant Général de Police, & de M. Poultier, Receveur Général de cette Loterie.

Loterie de l'Hôtel-de-Ville.

Elle est établie par Arrêt du Conseil du 30 Juillet 1760, à 24 sols le Billet : pour faciliter le Public, l'on a fait des Sociétés de 6 liv. dans lesquelles on est intéressé dans cinq Billets. Elle est pour subvenir aux frais que la Ville est obligée de faire pour l'entretien & embellissement de cette Capitale. Elle est avantageuse par son gros-lot de 50000 liv. & par la quantité des autres lots. Le tirage s'en fait publiquement les 25 de chaque mois, en présence & sous les ordres de MM. les Prevôt des Marchands & Echevins, dans la grande Salle de l'Hôtel-de-Ville.

Loterie de Piété.

Elle est établie par Arrêt du Conseil du 7 Septembre 1762, à 24 s. le Billet ; pour faciliter le Public, il y a des Billets à tout prix. Par cet Arrêt il a été accordé 15 pour 100 de bénéfice ; & le douziéme de chaque Billets, à la reconstruction de l'Eglise de Ste Geneviéve. Le Tirage s'en fait publiquement les 30 de chaque mois, dans la Salle du Luxembourg, en présence & sous les ordres de M. le Lieutenant Général de Police, & de M. Poultier, Receveur Général de cette Loterie.

TABLE

DES VINGT QUARTIERS DE PARIS.

TOME PREMIER.

Quartiers. *Pages.*

TOME SECOND.

OBSERVATIONS

Sur l'omission de quelques Rues dans plusieurs Quartiers.

Pour faciliter le Lecteur, on a cru devoir remédier à cette erreur, en portant dans la Table suivante les Rues omises, avec leurs Tenants & Aboutissans.

L'on trouvera chez le sieur *Denis*, Géographe, Rue S. Jacques, vis-à-vis le Collége de Louis le, Grand, le Plan général en grand, de la Ville & Fauxbourgs de Paris, analogue au *Géographe Parisien*, & ses environs, propre à orner des Cabinets,

Noms des Rues, Ruelles, Carrefours, Cimetières, Cloîtres, Culs-de-Sacs, Enclos, Halles, Marchés, Places, Ponts, Ports, Portes & Quais, de la Ville de Paris, par ordre Alphabétique.

Rues. A.	*Quartiers.*
Abbatiale	S. Germain.
Abreuvoir.(derriere l'Archevêc. l')	Cité.
Abreuvoir Marion.	S. André.
Abreuvoir Pepin.	Ste Opportune.
Aiguillerie.(del')	Ste Opportune.
Amandiers. (des)	S. Antoine.
Amandiers. (des)	S. Benoît.
Amboise. (Cul-de-sac d')	S. Benoît.
Anastase. (S.)	Du Temple.
Anastase. (S.)	S. Paul.
André des Arcs. (S.)	S. André.
André. (S.)	S. Antoine.
Anges. (des)	Luxembourg.
Anglade. (de l')	Place Royale.
Anglais. (des)	Place Maubert.
Anglais. (des)	S. Benoît.
Anglais. (Cul-de-sac des)	S. Martin.
Anglaises. (des)	S. Antoine.

Rues.	*Quartiers.*
Anjou. (d')	Temple.
Anjou. (d')	S. Germain.
Anjou. (d')	Palais Royal
Anjou. (d')	Montmartre.
Anne. (Ste)	Cité.
Anne. (Ste)	Palais-Royal.
Anne. (Ste)	Montmartre.
Antin. (d')	Montmartre.
Antoine. (S.)	S. Antoine.
Apolline. (Ste)	S. Denis.
Apport-Paris. (d')	S. Jacq. la Bou.
Arbalêtre. (de l')	S. Benoît.
Arbre-Sec. (de l')	Louvre.
Arche Beaufils, { *Place aux Veaux.* / *Place Beaufils.* }	S. Paul.
Arcade. (de l')	Cité.
Arcis. (des)	Grève.
Argenteuil.	Palais Royal.
Arras. (d')	Palais Royal.
Arras. (d')	Place Maubert.
Aubry-le-Boucher.	S. Jacq. de la B.
Audriettes. (des)	Grève & S. Pau.
Audriettes. (des Vieilles)	Temple.
Ave-Maria. (Cul-de-sac de l')	S. Paul.
Aumont. (cul-de-sac d')	S. Paul.
Arsenal, grand & petit.	S. Paul.

Rues.

Rues.	*Quartiers.*
Ste Avoie.	Ste Avoie.
Des Aveugles.	Luxembourg.

B.

Babille.	S. Eustache.
Babillards. (Cul-de-sac des)	S. Denis.
Babylonne. (de)	S. Germain.
Bac. (grande rue du)	S. Germain.
Bac. (Petite rue du)	Luxembourg.
Bagneux. (de)	Luxembourg.
Baillet.	Louvre.
Bailly.	S. Eustache.
Bailleul.	Louvre.
Ballets. (des)	S. Antoine.
Banquier (du)	PlaceMaubert.
Barbe. (S.te)	S. Denis.
Barbette.	S. Antoine.
Bardubec.	Ste Avoie.
Barillerie. (de la)	Cité.
Barouillere.	Luxembourg.
Barre. (de la)	PlaceMaubert.
Barres. (des)	Grève.
Barres. (des)	S. Paul.
Barriere. (de la)	PlaceMaubert.
Barthelemy. (S.)	Cité.

Rues.	*Quartiers.*
Benoît. (S.)	S. Germain.
Benoît. (cul-de-ſac S.)	S. Germain.
Bercy. (de)	Ste Avoie.
Bercy. (de)	Grève & S. A.
Bergere.	Montmartre.
Bernard. (S.)	S. Antoine.
Bernard. (cul-de-ſac S.)	S. Antoine.
Bernardins. (des)	Place Mauber.
Berry. (de)	Temple,
Berthaud. (cul-de-ſac)	S. Martin.
Bertin-Poirée.	Ste Opportun.
Bétizy.	Ste Opportun.
Beurriere.	Luxembourg.
Billettes. (des)	Ste Avoie.
Blancs-Manteaux. (des)	Ste Avoie.
Blanche.	Montmartre.
Bœufs. (cul-de-ſac des)	S. Benoît.
Bon. (S.)	Grève.
Bonne-Eau. (de la)	S. Germain.
Bonne-Morue. (de la)	Palais Royal.
Bonne-Nouvelle. (de)	S. Denis.
Bon-Puits. (du)	PlaceMaubert.
Bons Enfans. (des)	Palais Royal.
Bordet.	S. Benoît.
Boucherat.	Temple.

Rues.	*Quartiers.*
Boucherie. { *A la Bouch. des Inva.* / *Au bord de l'Eau.* }	S. Germain.
Boucherie. (de la)	Palais Royal.
Boucheries. (des)	S. Germain.
Bouttebrie.	S. André.
Boulangers. (des)	PlaceMaubert.
Boulets. (des)	S. Antoine.
Boules. (des deux)	Ste Opportune.
Bouloir. (du)	S. Eustache.
Bourbe. (de la)	Luxembourg.
Bourbon. (de)	S. Denis.
Bourbon. (de)	S. Germain.
Bourbon-le-Château. (de)	S. Germain.
Bourdonnais. (des)	SteOpportune.
Bourg-l'Abbé.	S. Denis.
Bourgogne. (de)	Temple.
Bourgogne. (de)	S. Germain.
Bourgogne. (cul-de-sac. de)	S. André.
Bourguignons. (des)	S. Benoît.
Bourtibourg.	Ste Avoie.
Bout du Monde. (du)	S. Eustache.
Bouteille. (cul-de-sac de la)	S. Eustache.
Bouteille. (cul-de-sac de la)	S. Martin.
Bouvard. (cul-de-sac) *R. S. Hilaire.*	S. Benoît.
Brac. (de)	Ste Avoie.
Brasserie. (cul-de-sac de la)	Palais Royal.

Rues.	*Quartiers.*
Brodeurs. (des)	S. Germain.
Brave. (du)	Luxembourg.
Bretagne. (de)	Temple.
Bretonnerie. (de la)	S. Benoît.
Bretonvilliers. (de)	Cité.
Briſe-Miche.	S. Martin.
Bucherie. (de la)	S. Benoît.
Buſſi. (de)	S. Germain.
Buttes. (des)	S. Antoine.

C.

Cadet.	Montmartre.
Caillou. (du Gros)	PlaceMaubert.
Calendre. (de la)	Cité.
Cannettes. (des)	Luxembourg.
Canivet.	Luxembourg.
Capucines. (des)	Palais Royal.
Capucins. (des)	S. Benoît.
Carcaiſſons. (des)	Cité.
Carcaiſſons. (cul-de-ſac des)	Cité.
Cardinal. (du)	S. Germain.
Carême-prenant. (de)	S. Martin.
Carmes. (des)	S. Benoît.
Carrouſel. (du)	Palais Royal.
Carpentier.	Luxembourg.

Carrefours les plus connus de Paris.

Carrefours.	*Quartiers.*
De Bussi.	S. André.
De la Croix-Rouge.	Luxembourg.
De l'Ecole.	Louvre.
De S. Gervais.	Grève.
Guillery.	Grève.
S. Hyppolite.	S. Benoît.
De l'Isle S. Louis.	Cité.
S. Lazare.	S. Denis.
Du Marché S. Jacques.	S. Benoît.
De la Pierre au Lait.	S. Jac. de la B.
De la Pitié.	PlaceMaubert.
Du Pont de la Tournelle.	Cité.
Du Puits l'Hermite.	PlaceMaubert.
De la rue aux Fers.	S. Denis.
De la Tannerie.	Grève.
Des Trois Maries.	SteOpportune.
Rues.	
Cassette.	Luxembourg.
Catherine. (Ste)	Luxembourg.
Censier.	Place Maubert.
Cerisaie. (de la)	S. Paul.
Chaise. (de la)	S. Germain.
Champ d'Albiac. (du)	Place Maubert.
Champ de l'Allouette. (du)	PlaceMaubert.

Rues.	*Quartiers.*
Champ-Fleury. (du)	Louvre.
Chanoinesse.	Cité.
Chantier. (du grand)	Ste Avoie.
Chantre. (du)	Louvre.
Chantres. (des)	Cité.
Chanverrerie.	Halles.
Chapitre. (du)	Cité.
Charbonniers. (des)	S. Benoît.
Charbonniers. (des)	S. Antoine.
Charenton. (de)	S. Antoine.
Charlot.	Temple.
Charonne. (de)	S. Antoine.
Chartiere.	S. Benoît.
Chasse. (de Belle-)	S. Germain.
Chat blanc. (cul-de-sac du)	S. Jac. de la B.
Chat qui pêche. (du)	S. André.
Chaume. (du)	Ste Avoie.
Chevet S. Landry. (du)	Cité.
Chemin du Banquier.	Place Maubert.
Chemin de la Grande-Pinte, ou de la Chaussée d'Antin.	Montmartre.
Chemin verd. (du)	S. Antoine.
Chemin verd. (du)	Montmartre.
Cherche-Midi. (du)	Luxembourg.
Chevalier du Guet. (du)	Ste Opportune.
Chevalier du Guet. (Place du)	Ste Opportune.

Rues.	*Quartiers.*
Cheval verd. (du)	S. Benoît.
Chevilly. (de)	Montmartre.
Chiens. (des)	S. Benoît
Cholets. (des)	S. Benoît.
Chriſtine.	S. André.
Chriſtophe. (S.)	Cité.
Cygne. (du)	Halles.
Cimiere S. André des Arcs. (du)	S. André.
Cimetiere S. Benoît. (du)	S. Benoît.
Cimetiere S. Nicolas. (du)	S. André.

Cimetieres de la Ville de Paris.

Cimetieres.	
S. André-des-Arcs.	S. André.
S. Benoît.	S. André.
De la Charité.	S. Germain.
S. Etienne du Mont.	S. Benoît.
S. Euſtache.	Montmartre.
De l'Hôtel-Dieu.	PlaceMaubert.
S. Jean.	Grève.
Des Sts Innocens.	Halles.
S. Nicolas des Champs.	S. Martin.
S. Nicolas du Chardonnet.	PlaceMaubert.
De la Pitié.	PlaceMaubert.
Paſſage S. Severin.	S. André.
De S. Sulpice.	S. Germain.

Rues.	*Quartiers.*
Cinq Diamans. (des)	S. Jac. de la B.
Ciſeaux. (des)	Luxembourg.
Claude. (S.)	Temple.
Claude. (S.)	S. Denis & M.
Claude. (cul-de-ſac. S.)	Temple.
Claude. (cul-de-ſac S.)	S. Euſtache.
Clef. (de la)	Place Maubert.
Chantier. (du)	S. Antoine.
Cleryeaux. (cul-de-ſac de)	S. Martin.
Cléry. (de)	S. Denis & M.
Cloche-Perche.	S. Antoine.

Cloîtres de la Ville & Fauxbourgs de Paris.

Cloîtres.	
S. Benoît.	S. André.
Des Bernardins.	Place Maubert.
De la Culture Ste Catherine.	S. Antoine.
Des Enfans du S. Eſprit.	Grève.
S. Etienne des Grès.	S. Benoît.
S. Germain l'Auxerrois.	Louvre.
Paſſage S. Honoré.	Palais Royal.
Des Jacobins.	Palais Royal.
De S. Jacques de la Boucherie.	S. Jac. de la B.
S. Jacques de l'Hôpital.	Halles.
S. Jean en Grève.	Grève.
Des Jéſuites.	S. Paul.

Cloîtres.	*Quartiers.*
S. Julien le Pauvre.	S. Benoît.
S. Magloire.	S. Jac. de la B.
S. Marcel.	S. Benoît.
S. Méry.	S. Martin.
S. Nicolas des Champs.	S. Martin.
Paſſage S. Nicolas du Louvre.	Louvre.
Notre-Dame.	Cité.
Grand & Petit Cloîtres S. Opport.	Ste Opportune.
S. Thomas du Louvre.	Palais-Royal.
Rues.	
Clopin.	Place Maubert.
Clos-Georgeot.	Palais-Royal.
Clugny. (de)	S. André.
Cocatrice.	Cité.
Cœur-volant. (du)	Luxembourg.
Colbert. (de)	Montmartre.
Colombe. (de la)	Cité.
Colombier. (du)	S. Germain.
Commiſſaires. (cul-de-ſac des)	Montmartre.
Comteſſe d'Artois.	S. Euſtache.
Condé. (de)	Luxembourg.
Conférence. (Barriere ou Po. de la)	Palais-Royal.
Conty. (cul-de-ſac de)	S. Germain.
Contreſcarpe.	Place M. & S. B.
Contreſcarpe.	S. André.
Contreſcarpe.	S. Antoine.

Rues.	*Quartiers.*
Coq. (du)	Grève.
Coq. (du)	Louvre.
Coq. (du)	Montmartre.
Coquelard.	Montmartre.
Coquerel. (cul-de-ſac)	S. Antoine.
Coquéron.	S. Euſtache.
Coquillere.	S. Euſtache.
Coquilles. (des)	Grève.
Cordeliers. (des)	S. André.
Corderie. (de la)	Temple.
Corderie. (cul-de-ſac de la)	Palais-Royal.
Cordiers. (des)	S. André.
Cordonnerie. (de la)	Halles.
Coſſonnerie. (de la)	Halles.
Coupeaux.	Place Maubert.

Cours de Paris qui ſont autant de Paſſages ou traverſes d'une Rue à une autre.

Du Palais Abbatial- De l'Abbaye S. Germain des P.	S. Germain.
S. André des Arcs.	S. André.
Du Collége d'Autun.	S. André.
De Baviere.	S. Benoît.
S. Benoît.	S. Germain.
Du Dragon Ste Marguerite.	S. Germain.
Des Carmelites.	Luxembourg.

Rues.	*Quartiers.*
Croix-Faubin. (cul-de-sac de là)	S. Antoine.
Croule-Barbe. (de)	PlaceMaubert.
Crucifix (cul-de-sac du)	Montmartre.
Crucifix S. Jacques. (du)	S. Benoît
Culture Ste Catherine.	S. Antoine.
Culture S. Gervais.	Temple.

D

D'aguesseau.	Montmartre.
D'Albert. (cul-de-sac)	S. Benoît.
D'Argenson. (cul-de-sac) { *VieilleR. du Temp.* }	S. Antoine.
Dauphin.	Palais Royal.
Dauphine.	S. André.
Déchargeurs. (des)	SteOpportune.
Demi-Saint. (du)	Louvre.
Denis. (S.)	S. Denis.
Deux Anges. (des)	S. Germain.
Deux Boules. (des)	SteOpportune.
Deux Ecus. (des)	S. Eustache.
Deux Hermites. (des)	Cité.
Deux Ponts. (des)	Cité.
Deux Portes. (des)	S. André.
Deux Portes. (des)	S. Denis.
Deux Portes. (des)	Grève.
Dominique. (S.)	S. Germain.

Rues.	*Quartiers.*
Dominique. (S.)	Luxembourg.
Dominique.(cul-de-ſac S.)	Luxembourg.
Douze Portes. (des)	Temple.
Doyenné-Matignon. (du)	Palais Royal.
Duras. (de)	Montmartre.

E.

Echarpe. (de l')	S. Antoine.
Echaudé. (de l')	Temple.
Echaudé. (de l')	S. Germain.
Echelle. (de l')	Palais Royal.
Echiquier. (cul-de-ſac de l')	Temple.
Ecoſſe. (d')	S. Benoît.
Ecouffes. (des)	S. Antoine.
Ecrivains. (des)	S. Jac. de la B.
Egoût Ste Catherine. (de l')	S. Antoine.
Egoût. (de l')	S. Germain.
Egoût. (de l')	Montmartre.
Egoût du Ponceau. (de l')	S. Denis.
Eloy. (cul-de-ſac S.)	S. Paul.
Eloy. (S.)	Cité.
Empereur. (cul-de-ſac. l')	S. Denis.

Enclos de la Ville & des Fauxbourgs de Paris.

Enclos de l'Abbaye S. Germain.	S. Germain.

Enclos.	*Quartiers.*
La Command. de S. Jean de Lat.	S. Benoît.
De la Commanderie du Temple.	Temple.
S. Denis de la Chartre.	Cité.
Des Enfans de la Trinité.	S. Denis.
Du Prieuré S. Martin.	S. Martin.

Rues.	*Quartiers.*
Enfans Rouges. (des)	Temple.
Enfer. (d')	Cité.
Enfer. (d')	Luxembourg.
Enfer. (d')	Montmartre.
Epée de bois. (de l')	Place Maubert.
Eperon. (de l')	S. André.
Eſtrapade. (Place de l')	S. Benoît.
Etienne du Mont. (cul-de-ſac S.)	S. Benoît.
Etienne des Grès. (S.)	S. Benoît.
Etoile. (de l') { *Au Quai S. Paul.* / *Rue des Barres.* }	S. Paul.
Etoile. (cul-de-ſac de l')	S. Denis.
Etuves. (cul-de-ſac des	S. Jac. de la B.
Evêché. (de l')	Cité.
Evêque. (l')	Cité.

F.

Faron. (cul-de-ſac)	Grève.
Fauconniers. (des)	S. Paul.

Fauxbourgs de Paris.

Fauxbourgs.	*Quartiers.*
S. Antoine.	S. Antoine.
S. Denis.	S. Denis.
S. Germain.	S. Germain.
S. Honoré.	Palais Royal.
S. Jacques.	Luxembourg.
S. Laurent.	S. Denis.
S. Lazare.	S. Denis.
S. Marcel.	Place Maubert.
S. Martin.	S. Martin.
S. Michel.	Luxembourg.
Montmartre.	Montmartre.
Du Temple.	Temple.
S. Victor.	Place Maubert.

Rues.

Feydeau.	Montmartre.
Fer-à-Moulin.	Place Maubert.
Féronnerie. (de la)	Ste Opportune.
Férou.	Luxembourg.
Fers. (aux)	Halles.
Fermée.	Place Maubert.
Feuillade. (de la)	Montmartre,
Feuillans. (Passage des)	Palais Royal.
Fiacre. (S.)	Montmartre.

Rues.	*Quartiers.*
Fiacre. (cul-de-sac S.) { *Rue Saint Martin.* }	S. Martin.
Figuier. (du)	S. Paul.
Filles Anglaises. (des)	Place Maubert.
Filles du Calvaire. (des)	Temple.
Filles-Dieu. (des)	Denis.
Filles-Dieu. (cul-de sac des) { *Rue Basse S. Denis.* }	S. Denis.
Florentin. (de S.)	Palais Royal.
Foy. (Ste)	S. Denis.
Foin. (du)	S. Antoine.
Foin. (du)	S. André.
Folie. (de la)	Place Maubert.
Folie Regnault. (de la)	S. Antoine.
Fontaines. (des)	S. Martin.
Forêt.	Temple.
Fort aux Dames. (cul-de-sac du)	S. Jac. de la B.
Fossés S. Antoine. (des)	S. Antoine.
Fossés S. Bernard. (des)	Place Maubert.
Fossés S. Germain l'Auxerrois. (des)	Louvre.
Fossés S. Germain des Prés. (des)	S. André.
Fossés S. Jacques. (des)	S. Benoît.
Fossés S. Marcel. (des)	P. Mau. & S. B.
Fossés S. Martin. (des)	S. Martin.
Fossés Montmartre. (des)	S. Eustache.

Rues.	*Quartiers.*
Foſſés M. le Prince. (des)	S. And. & Lu.
Foſſés du Temple. (des)	Temple.
Foſſés S. Victor. (des)	PlaceMaubert.
Foſſoyeurs. (des)	Luxembourg.
Fouare. (du)	S. Benoît.
Four. (du)	S. Benoît.
Four. (du)	S. Euſtache.
Four. (du)	Luxembourg.
Fourcy. (de)	S. Benoît.
Fourcy. (de)	S. Paul.
Fourcy. (cul-de-ſac de)	S. Paul.
Fourreurs. (des)	SteOpportune.
François. (S.)	Temple.
Françaiſe.	S. Denis.
Françaiſe.	PlaceMaubert.
Francs-Bourgeois. (des)	S. Antoine.
Francs-Bourgeois. (des)	Luxembourg.
Francs-Bourgeois. (des)	PlaceMaubert.
Frepillon.	S. Martin.
Friperie. (de la grande)	Halles.
Friperie. (de la petite)	Halles.
Fromagerie. (de la)	Halles.
Fromanteau.	Lou. & Pal.R.
Fromentel.	S. And.& S.B.
Frondeurs. (des)	Palais Royal.
Fuſeaux. (des)	SteOpportune.

Rues.	*Quartiers.*
G.	
Gaillon.	Montmartre.
Galande.	S. Benoît.
Garanciere.	Luxembourg.
Geneviéve. (Rue & Montagne Ste)	S. Benoît.
Geoffroy-Langevin.	S. Martin.
Geoffroy-Lasnier.	S. Paul.
Gérard-Bocquet.	S. Paul.
Germain. (S.)	Montmartre.
Germain l'Auxerrois. (S.)	SteOpportune.
Germain l'Auxerrois.(cul-de-sacS.)	Louvre.
Gervais. (S.)	Temple.
Gervais-Laurent.	Cité.
Gêvres. (de)	S. Jac. de la B.
Gilles-Cœur.	S. André.
Gyndre. (du)	Luxembourg.
Glatigny. (de)	Cité.
Gloriette. (cul-de-sac.)	S. André.
Gobelins. (des)	PlaceMaubert.
Gracieuse.	PlaceMaubert.
Gramont. (de)	Montmartre.
Grand Heurleur. (du)	S. Denis.
Grands Dégrés. (des)	PlaceMaubert.
Grange-Bateliere.	Montmartre.
Grange-Bateliere. (cul-de-sac)	Montmartre.
Gravilliers. (des)	S. Martin.

Rues.	*Quartiers.*
Grenelle. (de)	S. Eustache.
Grenetat.	S. Denis.
Grenier S. Lazare.	S. Martin.
Grenier sur l'eau.	Grève.
Grosnier. { *R. de la Friperie.* / *R. de la Corderie.* }	Halles.
Gros Chenet. (du)	Montmartre.
Grosse Tête. (cul-de-sac de la)	S. Denis.
Guenegaud.	S. Germain.
Guerin-Boisseau.	S. Denis.
Guichet. (cul-de-sac du)	S. Germain.
Guillaume. (S.)	S. Germain.
Guillaume.	Cité.
Guillerin. { *Rue du Four.* / *R. du vieux Colombier.* }	S. Germain.
Guimenée. (cul-de-sac)	S. Antoine.
Guisarde.	Luxembourg.

H.

Rues.	*Quartiers.*
Harlay. (du) { *Rue S. Claude.* / *Rue du Rempart.* }	S. Antoine.
Harlay. (du)	Cité.
Harpe. (de la)	S. André.
Hasard. (du)	Palais-Royal.
Haute-Feuille.	S. André.
Hautefort. (cul-de-sac d')	S. Benoît.

Rues.	*Quartiers.*
Haut-Moulin. (du)	Cité.
Haute des Urſins.	Cité.
Haut-Pavé. (du)	S. Benoît.
Heaumerie. (de la)	S. Jac. de la B.
Hyacinte. (Ste)	Luxembourg.
Hyacinte. (cul-de-ſac Ste { *R. de la Sourdiere.* }	Palais-Roya.
Hilerin-Bertin.	S. Germain.
Hirondelle. (de l')	S. André.
Homme armé. (de l')	Ste Avoie.
Honoré. (S.)	SteOp.Ha.P.R.
Honoré-Chevalier.	Luxembourg.
Hoſpitalieres. (cul-des-ſac des)	S. Antoine.
Huchette (de la)	S. André.
Hurepoix. (du)	S. André.
Hyppolite. (S.)	PlaceMaubert.

J.

Jacinte.	S. Benoît.
Jacob.	S. Germain.
Jacques. (S.)	S. Benoît.
Jacques. (Ruelle S.)	Luxembourg.
Jacques de laBoucherie. (S.)	S. Jac. de la B.
Jardinet. (du)	S. André.
Jardin Royal. (cul-de-ſac du)	Place Maubert.

Rues.	*Quartiers.*
Jardin Royal. (du)	Place Mauber.
Jardins. (des)	S. Paul.
Jean de Beausire.	S. Antoine.
Jean de Beausse.	Halles.
Jean de Beauvais.	S. Benoît.
Jean de Latran. (S.)	S. Benoît.
Jean de l'Epine.	Grève.
Jean Lantier.	SteOpportune.
Jean Pain-molet.	Grève.
Jean-Robert.	S. Martin.
Jean S. Denis.	Louvre.
Jean-Tison.	Louvre.
Jérôme. (S.)	S. Jac. de la B.
Jérusalem. (de)	Cité.
Jérusalem. (cul-de-sac de)	Cité.
Jeu de Merz. (cul-de-sac du)	S. André.
Jeûneurs. (des)	Montmartre.
Indien. (Passage de l')	S. Martin.
Jolivet.	Montmartre.
Jocquelet.	Montmartre.
Joseph. (S.)	Montmartre.
Jouy. (de)	S. Paul.
Jour. (du)	S. Eustache.
Jouaillerie. (de la)	S. Jac. de la B.
Judas.	S. Benoît.

Rues.		*Quartiers.*
Juifs. (des)	*R. du Roi de Sicile.* *Rue du Rosier.* 180 . . . . . . ccc.	S. Paul.
Juiverie. (de la)		Cité.
Juiverie. (cul-de-sac de la)		S. Antoine.
Jussienne. (de la)		S. Eustache.

L.

Laboureur. (Passage du bon)		Luxembourg.
Landry. (S.)		Cité.
Landry. (cul-de-sac S.)		Cité.
Lanterne. (de la)		Cité.
Lanterne. (de la)	*Rue des Arcis.* *Rue S. Bon.* 80 . . . . . . c.	Grève.
Lard. (au)		Halle.
Lavandieres. (des)		Ste Opportune.
Lavandieres. (des)		S. Benoît.
Laurent. (S.)		S. Mar. & S. D.
Laurent. (cul-de-sac S.)		S. Denis.
Lazare. (S.)		Montmartre.
Lesdiguiere. (de)		S. Paul.
Leufroy. (S.)		S. Jac. de la B.
Levrette. (de la)		Grève.
Licorne. (de la)		Cité.

Rues	*Quartiers.*
Limace. (de la)	Ste Opportune.
Limoges. (de)	Temple.
Lingerie. (de la)	Halles.
Lyonnais. (des)	S. Benoît.
Lions. (des)	S. Paul.
Lombards. (des)	S. Jac. de la B.
Long-Pont. (de)	Grève.
Longue Allée. (de la)	S. Denis.
Louis. (S.)	S. Antoine.
Louis (S.)	Cité.
Louis. (S.)	Cité.
Louis. (S.)	S. Martin.
Louis. (S.)	Palais Royal
Louis. (S.)	Temple.
Louis le Grand. (de)	Montmartre.
Lune. (de la)	S. Denis.

M.

Macon.	S. André.
Maçons. (des)	S. André.
Madeleine de la Ville-l'Evêque.	Montmartre.
Magloire. (S)	S. Jac. de la B.
Mail. (du)	Montmartre.
Maillets. (des)	Luxembourg.
Malthois. (du)	Grève.

Rues.	*Quartiers.*
Marais. (des)	S. Germain.
Marais. (des)	S. Martin.
Marc. (S.)	Montmartre.
Marche. (de la)	Temple.

Marchés de la Ville, & de ses Fauxbourgs.

Marchés.	*Rues.*
De la rue S. Antoine.	S. Antoine.
De l'Apport-Paris.	S. Jac. de la B.
Aux Chevaux.	Place Maubert.
Rue du Marché aux Chevaux.	Place Maubert.
Du Cimetiere S. Jean.	Grève.
Du Fauxbourg S. Germain.	S. Germain.
Marché-Neuf.	S. Martin.
De la Place Maubert.	Place Maubert.
Des Quinze-Vingts.	Palais Royal.
De la Croix-Rouge.	Luxembourg.
Du Carrefour S. Jacques.	S. Jac. & S. B.
De Saint Martin.	S. Martin.
De la Porte S. Michel.	Luxembourg.
De l'Enclos du Temple.	Temple.

Rues.	
Marché Palu. (du)	Cité.
Marguerite. (Ste)	S. Antoine.
Marguerite. (Ste)	S. Germain.

Rues.	Quartiers.
Marie. (Ste)	S. Germain.
Marigny. (de)	Palais Royal.
Marine. (cul-de-ſac Ste)	Cité.
Marivaux. (de)	S. Jac. de la B.
Marivaux. (Petite rue de)	S. Jac. de la B.
Marmouzets. (des)	Cité.
Marmouzets. (des)	PlaceMaubert.
Martial. (cul-de-ſac S.)	Cité.
Martin (S.)	S. Martin.
Martyrs. (Chauſſée des)	Montmartre.
Mathurins. (des)	S. André.
Mathurins. (Paſſage des)	S. André.
Matignone.	PlaceMaubert.
Maubuée.	S. Martin.
Mauconſeil.	S. Denis.
Maur. (S.)	Luxembourg.
Mauvais Garçons. (des)	Grève.
Mauvais Garçons. (des)	S. Germain.
Mauvaiſes Paroles. (des)	SteOpportune.
Mazarine.	S. Germain.
Mazure.	S. Paul.
Menard. (de)	Palais Royal.
Ménétriers. (des)	S. Martin.
Merciere.	S. Euſtache.
Mêlée.	S. Martin.
Ménil-Montant. (de)	S.Ant. & Tem.

Rues.	*Quartiers.*
Mézieres.	Luxembourg.
Michel. (cul-de-ſac. S.)	S. Martin.
Michel-le-Comte.	S. Martin.
Mignon.	S. André.
Milieu des Urſins. (du)	Cité.
Minimes. (des)	S. Antoine.
Minimes. (de laChauſſée des)	S. Antoine.
Moineaux. (des)	Palais Royal.
Molle, ou de la Fontaine.	PlaceMaubert.
Monceau S. Gervais. (du)	Grève.
Mondétour.	Halles.
Mongallet.	S. Antoine.
Monnoie. (de la)	Ste Opportune.
Montmartre.	S. Euſtache.
Montmorency.	S. Martin.
Montorgueil. { *R. Comteſſes d'Art.* / 300. . . . .ccc { *R du Petit Carreau.*	S. Denis.
Mont-S. Hilaire. (du)	S. Benoît.
Moreau.	S. Antoine.
Mortagne. (cul-de-ſac de) { *R. de Charonne.*	S. Antoine.
Mortellerie. (de la)	Grève. & S. P.
Mouffetard.	P. Maub. S. B.
Moulins. (des)	Palais Royal.
Mouſſi. (de)	Ste Avoye.
Mouton. (du)	Grève.

Rues.	*Quartiers.*
Neuve des Petits Champs.	Palais-Royal.
Neuve de Richelieu.	S. André.
Neuve S. Roch.	Palais Royal.
Neuve S. Sauveur.	S. Denis.
Nicaiſe. (S.)	Palais Royal.
Nicolas. (S.)	S. Antoine.
Nicolas du Chardonnet. (S.)	Place Maubert.
Noir. (du)	Place Maubert.
Nonaindieres. (des)	S. Paul,
Normandie. (de)	Temple,
Notre-Dame.	Cité.
Notre-Dame des Champs.	Luxembougr.
N. D. des Champs. (cul-de-ſac)	Luxembourg.
Notre-Dame de Nazareth.	S. Martin.
Notre-Dame de Recouvrance.	S. Denis.
Notre-Dame des Victoires.	Montmartre.
Nouvelle Rue Royale.	Palais Royal.
Noyers. (des)	S. Benoît

O.

Oblin.	S. Euſtache.
Obſervance. (de l')	S. André.
Obſervatoire. (de l')	Luxembourg.
Ognard.	S. Jac. de la B.
Olivet. (d')	S. Germain.
Oratoire. (cul-de-ſac de l')	Louvre.
Orfévres. (des)	Ste Opportune.

Rues.	*Quartiers.*
Orléans. (d')	S. Euſtache.
Orléans. (d')	Temple.
Orléans. (d')	PlaceMaubert.
Orties. (des)	Louvre.
Orties. (des)	Palais Royal.
Oſeille. (de l')	Temple.
Ours. (aux)	S. Denis.
Ourſine. (de l')	Place M. S. B.
P.	
Pagevin.	S. Euſtache.
Palatine.	Luxembourg.
Paon.	PlaceMaubert.
Paon blanc.	S. Paul.
Paon. (du)	S. André.
Paon. (cul-de-ſac du)	S. André.
Paradis.	Ste Avoie.
Paradis.	S. Denis.
Parcheminerie. (de la)	S. André.
Parc-Royal. (du)	S. Antoine.
Parc-Royal. (du)	Temple.
Pas de la Mule. (du)	S. Antoine.
Paſtourelle.	Temple.
Pavée.	S. André.
Pavée.	S. Antoine.
Pavée.	S. Denis.
Paul. (S.)	S. Paul.

Rues.	*Quartiers.*
Payenne.	S. Antoine.
Pelican. (du)	S. Eustache.
Pelleterie. (de la)	Cité.
Péquet. (cul-de-sac)	Ste Avoye.
Percée.	S. André.
Percée.	S. Paul.
Perche. (du)	Temple.
Perdue.	Place Maubert.
Peres. (des Saints)	S. Germain.
Périgueux. (de)	Temple.
Perle. (de la) { *Rue de Thorigny.* 150. . . . . . cc. { *Vieille R. du Tem.*	Temple.
Perpignan. (de)	Cité.
Perrin-Gasselin.	Ste Opportune.
Pet-au-Diable.	Grève.
Petit Bourbon. (du)	Luxembourg.
Petit Carreau. (du)	S. Eustache.
Petite Bastille. (cul-de-sac de la)	Louvre.
Petite Sonnerie. (de la)	Ste Opportune.
Petite Friperie. (de la)	S. Denis.
Petite rue S. Gilles.	Temple.
Petit Heurleur. (du)	S. Denis.
Petit Jardinet (du)	S. Antoine.
petit Jardinet. (cul-de-sac du)	S. Antoine.
Petit Lion. (du)	S. Denis.
Petit Lion. (du)	Luxembourg.

Rues	*Quartiers.*
Place du Carrousel.	Palais Royal.
Place du Chevalier du Guet.	SteOpportune.
Place de Louis Quinze.	Palais Royal.
Place de Louis le Grand.	Palais Royal.
Place Dauphine.	Cité.
Place de l'Ecole.	Ste Avoye.
Place Gatine.	SteOpportune.
Place S. Etienne du Mont.	S. Benoît.
Place de Grève.	Grève.
Place d'Henri IV, Pont-Neuf.	Cité.
Place Royale.	S. Antoine.
Place du Louvre.	Louvre.
Place Maubert.	Place Maubert.
Place S. Michel.	S. André.
Place Ste Opportune.	SteOpportune.
Place & Parvis Notre-Dame.	Cité.
Place du Palais Royal.	Palais Royal.
Place du Pilory.	Halles.
Place S. Michel.	Luxembourg.
Place du Pont-S. Michel.	S. André.
Place du Puits d'Amour.	Halles.
Place de Sorbonne.	S. André.
Place S. Sulpice.	Luxembourg.
Place aux Veaux.	S. Paul.
Place des Victoires.	Montmartre.

Rues.	*Quartiers.*
Placide. (Ste)	Luxembourg.
Planche. (de la)	S. Germain.
Planche-Mibray.	Grève.
Planchette. (de la)	S. Antoine.
Planchette- (cul-de-ſac de la)	S. Martin.
Plat d'étain. (du)	SteOpportune.
Plâtre. (du)	S. Benoît
Plâtre. (du)	Ste Avoye.
Plâtriere.	S. Euſtache.
Plumet. (du)	S. Germain.
Plumets, ou Pernelle. (des)	Grève.
Pointe S. Euſtache. (de la)	S. Euſtache.
Poirées. (des)	S. André.
Poirier. (du) { *R.Neuve S.Merry.* / *R.Simon-le-Franc.* }	S. Martin.
Poiſſonniere.	Montmartre.
Poitevins. (des)	S. André.
Potiers. (des)	S. Germain.
Poitou. (de)	Temple.
Poliveau. (de)	PlaceMaubert.
Pologne. (de la)	Montmartre.
Pont aux Biches. (du)	PlaceMaubert.
Pont aux Biches. (du)	S. Martin.
Pont de Bois, ou Pont-Rouge.	Cité.
Pont au Change.	Cité.

Rues.	*Quartiers.*
Pont aux Doubles.	Cité.
Pont de Gramont.	Cité.
Pont-Marie.	Cité.
Pont S. Michel.	S. André.
Pont-Neuf.	Cité.
Pont Notre-Dame.	Cité.
Petit-Pont.	S. Benoît.
Pont-Royal.	S. Germain.
Pont de la Tournelle.	Cité.
Pont aux Biches. (du)	S. Martin.
Pont aux Choux. (du)	Temple.
Porcherons. (des)	Montmartre.
Port S. Bernard.	PlaceMaubert.
Port au Bled.	Grève.
Port au Bois neuf.	Louvre.
Port au Charbon.	Grève.
Port au Foin.	Grève.
Port de la Grève.	Grève.
Port & place S. Landry.	Cité.
Port au Marbre.	Palais Royal.
Port S. Nicolas.	Louvre.
Port aux Pavés.	P. Mau. S. Ant.
Port S. paul.	S. Paul.
Port aux Pierres.	Palais Royal
Port au Plâtre.	S. Antoine.

Rues.	*Quartiers.*
Port de la Rapée.	S. Antoine.
Port au Sel.	SteOpportune.
Port au Vin.	P.Mau. & Grè.
Port aux Tuiles.	PlaceMaubert.
Port aux Oeufs.	Cité.
Porte-Foin.	Temple.
Porte auxPeintres.(cul-de-sac de la)	S. Denis.
Porte S. Antoine.	S. Antoine.
Porte S. Bernard.	PlaceMaubert.
Porte S. Martin.	S. Martin.
Porte de Paris.	S. Jacq.de la B.
Postes. (des)	S. Benoît.
Pot de fer. (du)	Luxembourg.
Pot de fer. (du)	S. Benoît.
Poterie. de la)	Grève.
Poterie. (de la)	Halles.
Poules. (des)	S. Benoît.
Poulies. (des)	Louvre.
Poultier.	Cité.
Poupée.	S. André.
Pourtour. (du)	Grève.
Prêcheurs. (des)	Halles.
Prêtres de la Doct. Chrét.(des)	PlaceMaubert.
Prêtres S. Etienne du Mont. (des)	S. Benoît.
Prêtres S.Germain l'Auxerrois.(des)	Louvre.

Rues.	*Quartiers.*
Prêtres S. Paul (des)	S. Paul.
Prêtres S. Paul. (cul-de-ſac des)	S. Paul.
Prêtres S. Severin. (des)	S. André.
Prêtres S. Sulpice. (cul-de-ſac des)	Luxembourg.
Princeſſe.	Luxembourg.
Proceſſion. (de la)	S. Antoine.
Provençaux. (cul-de-ſac des)	Louvre.
Prouvaires. (des)	S. Euſtache.
Puits. (du)	Ste Avoye.
Puits-l'Hermite. (du)	Place Maubert.
Puits qui parle. (du)	S. Benoît.
Putigneux. (cul-de-ſac de)	S. Paul.

Quais.

D'Alençon, ou d'Anjou.	Cité.
Des Auguſtins.	S. André.
Des Balcons, ou Dauphin.	Cité.
De Bourbon.	Cité.
Des Céleſtins.	S. Paul.
De Conty.	S. Germain.
De l'Ecole.	Louvre.
De la Ferraille, ou de la Mégiſſerie.	Ste Opportune.
Des Galleries du Louvre.	Louvre.
De Gèvres.	S. Jacq. la Bou.
De la Grève.	Grève.

Quais.	*Quartiers.*
De l'Horloge du Palais.	Cité.
Malaquais, ou des Théatins.	S. Germain.
Du Marché-Neuf. { *Pont S. Michel.* / *Marché-Neuf.* }	Cité.
Des Miramionnes.	PlaceMaubert.
D'Orléans.	Cité.
Des Orfévres.	Cité.
Des Ormes.	S. Paul.
D'Orçay, ou de la Grenouillere.	S. Germain.
Pelletier.	Grève.
Des Quatre-Nations.	S. Germain.
Saint Paul.	S. Paul.
De la Tournelle.	PlaceMaubert.
Des Tuileries.	Palais Royal.

Rues.	
Quatre-Fils. (des)	Temple.
Quatre-Vents. (des)	Luxembourg.
Quatre-Vents. (cul-de-sac des)	Luxembourg.
Quenouilles. (des)	SteOpportune.
Quinquempoix.	S. Jac. d e la .

R.

Rambouillet. (de)	S. Antoine.

Rues.	*Quartiers.*
Rapée. (de la)	S. Antoine.
Rats. (des)	S. Antoine.
Rats. (des)	Halles.
Réale. (de la)	S. Martin.
Récolets. (des)	Luxembourg.
Regard. (du)	Cité.
Regratiere.	S. Benoît.
Reims. (de)	Place Maubert.
Reine Blanche. (de la)	S. Antoine.
Rempart. (du)	Place Royale.
Rempart. (du)	S. Denis.
Renard. (du)	S. Martin.
Regnaud le Févre.	Grève.
Reuilly.	S. Antoine.
Richelieu. (de)	Palais Royal.
Roch. (S.)	Montmartre.
Roch. (cul-de-sac S.)	Palais Royal.
Rochefoucault. (de la)	Montmartre.
Rohan. (cul-de-sac de)	S. André.
Roi doré. (du)	Temple.
Roi de Sicile. (du)	S. Antoine.
Robin prend gage. (cul-de-sac.)	Ste Opportune.
Romain. S. { *Rue de Séve.* / *R. du Petit Vaugirar.* }	S. Germain.

Rues.	*Quartiers.*
Sauveur. (S.)	S. Denis.
Sébastien. (S.)	S. Antoine.
Seine. (de)	Place Maubert.
Seine. (de)	S. Germain.
Sentier. (du)	Montmartre.
Sept-Voies. (des)	S. Benoît.
Sépulchre. (du)	S. Germain.
Serpente.	S. André.
Sève. (de)	S. Germain
Severin. (S.)	S. André.
Simon le Franc.	S. Martin.
Singes. (des)	Ste Avoye.
Soli.	S. Eustache.
Sorbonne. (de)	S. André.
Soubise. (de)	Ste Avoye.
Sourdiere. (de la)	Palais Royal.
Sourdis. (cul-de-sac de)	Louvre.
Spire. (S.)	S. Denis.
Suresne. (de)	Montmartre.

T.

Tabletterie. (de la)	Ste Opportune.
Tacherie. (de la)	Grève.
Taille-Pain.	S. Martin.

Rues.	*Quartiers.*
Tannerie. (de la)	Grève.
Tuerie. (de la petite)	Grève.
Taranne. (de)	S. Germain.
Taranne. (petite de)	S. Germain.
Teinturiers. (des)	Place Maubert.
Teinturiers. (des)	Grève.
Temple. (du)	Temple.
Terres-Fortes. (des)	S. Antoine.
Thérèse. (Ste)	Palais Royal.
Thévenot.	S. Denis.
Thibotaudé.	Ste Opportune.
Thomas. (S.)	Luxembourg.
Thomas du Louvre. (S.)	Palais Royal.
Thomas du Louvre. (cul-de-sac S.)	Palais Royal.
Tiquetonne.	S. Eustache.
Tire-Boudin.	S. Denis.
Tire-Charpe.	Ste Opportune.
Tiron.	S. Antoine.
Tisseranderie. (de la)	Grève.
Tonnellerie. (des Grands Pil. de la)	Halles.
Thorigny.	Temple.
Touraine. (de)	Temple.
Tour des Dames. (de la)	Montmartre.
Tournelles. (des)	S. Antoine.
Tournon. (de)	Luxembourg.

Rues.	*Quartiers.*
Transnonain.	S. Martin.
Traverse. (de la)	S. Germain.
Traversiere.	Palais Royal.
Traversine.	S. Antoine.
Traversine.	PlaceMaubert.
Traînée.	S. Eustache.
Treille. (Passage de la)	S. Germain.
Triplet.	PlaceMaubert.
Triperie (du Marché de la)	S. Jac. de la B.
Trois Canettes. (des)	Cité.
Trois Chandeliers. (des)	S. André.
Trois Couronnes. (des)	PlaceMaubert.
Trois Maures. (des)	S. Jac. de la B.
Trois Pavillons. (des)	S. Antoine.
Trois Pistolets. (des)	S. Paul.
Trois Portes. (des)	S. Benoît.
Trois Visages.(des) { *R.Thibotaudé.* / *R. Bertin-Poi.* }	SteOpportune.
Trône. (du)	S. Antoine.
Tronion.	S. Jac. de la B.
Truanderie. (de la Grande)	Halles.
Truanderie. (de la Petite)	Halles.
Tuerie. (de la)	S. Jac. de la B.
Turenne. (de)	S. André.

Rues.	*Quartiers.*
V.	
Vallée de Fécamp.	S. Antoine.
Vanne. (de)	S. Eustache.
Vannerie. (de la)	Grève.
Vantadour. (de)	Palais Royal.
Varenne. (de)	S. Eustache.
Varenne. (de)	S. Germain.
Vaugirard (de)	Luxembourg.
Vendôme. (de)	Temple.
Venise. (de)	S. Jac. de la B.
Venise. (cul-de-sac de)	S. Jac. de la B.
Verdelet.	Halles.
Verderet.	S. Eustache.
Verrerie. (de la)	Ste Av. S. M.
Versailles. (de)	Place Maubert.
Vertbois. (du)	S. Martin.
Vertus. (des)	S. Martin.
Viarmes. (de)	S. Eustache.
Victor. (S.)	place Maubert.
Vieille Bouclerie. (de la)	S. André.
Vieille Draperie. (de la)	Cité.
Vieille Harangerie. (de la)	Ste Opportune.
Vieille Place aux Veaux.	S. Jac. de la B.
Vieille Monnoie. (de la)	S. Jac. de la B.

Rues.	*Quartiers.*
Vieille N. D. { *Rue Censier.* / *Rue d'Orleans.* }	PlaceMaubert.
Vieille du Temple.	Ste Avoye.
Vieilles Audriettes. (des)	Temple.
Vieilles Etuves. (des)	S. Eustache.
Vieille Etuves. (des)	S. Martin.
Vieilles Garnisons. (des)	Grève.
Vieilles Tuileries. (des)	Luxembourg.
Vieille Tannerie. (de la)	S. Jac. de la B.
Vieux Augustins. (des)	S. Eustache.
Vieux Colombier. (du)	S. Germain,
Vignes. (cul-de-sac des)	S. Benoît.
Villedot.	Palais Royal.
Ville-l'Evêque. (la)	Montmartre.
Vinaigriers. (des)	S. Eustache.
Université. (de l')	S. Germain.
Voyerie. (de la)	Montmartre.
Vivienne.	Montmartre.
Vrilliere. (de la)	S. Eustache.
Vrilliere. (de la Petite)	S. Eustache.
Vuide-Gousset.	Montmartre.

Z.

Zacharie.	S. André.

TABLE
DES MATIERES

Contenues dans les deux Volumes de cet Ouvrage.

On s'est dispensé de répéter Tome I, Tome II, *aux Articles du même Tome qui se trouvent de suite, & sans aucune interruption.*

A.

Tome Deuxieme.

E.

G.

H.

J.

L.

O.

P.

T.

Temple

V.

Omiſſion à la Lettre H.

Fin du second & dernier Volume.

APPROBATION.

J'Ai lû, par ordre de Monſeigneur le Vice-Chancelier, un Manuſcrit qui a pour Titre *Le Géographe Pariſien, ou le Conducteur Chronologique & Hiſtorique des Rues de Paris* : je n'y ai rien trouvé qui puiſſe en empêcher l'impreſſion, & j'ai cru qu'il ſerait bien accueilli du Public. A Paris, ce 14 Juillet 1768.

ALBARET.

PRIVILÉGE DU ROI.

LOUIS, PAR LA GRACE DE DIEU, ROI DE FRANCE ET DE NAVARRE : A nos amés & féaux Conſeillers les Gens tenant nos Cours de Parlement, Maîtres des Requêtes ordinaires de notre Hôtel, Grand-Conſeil, Prevôt de Paris, Baillifs, Sénéchaux, leurs Lieutenans Civils & autres nos Juſticiers qu'il appartiendra; *SALUT*. Notre amé le Sieur LE SAGE Nous a fait expoſer qu'il deſireroit faire imprimer & donner au Public un Ouvrage intitulé : *Le Geographe Pariſien, ou le Conducteur Chronologique & Hiſtorique des Rues de Paris*, s'il nous plaiſoit lui accorder nos Lettres de Privilége pour ce néceſſaires. *A CES CAUSES*, voulant favorablement traiter l'Expoſant, Nous lui avons permis & permettons par ces Préſentes, de faire imprimer ledit Ouvrage autant de fois que bon lui ſemblera, & de le vendre, faire vendre & débiter dans tout notre Royaume, pendant le temps de ſix années conſécutives, à compter du jour de la date des Préſentes : *FAISONS* défenſes à tous Imprimeurs, Libraires, & autres perſonnes, de quelque qualité & condition qu'elles ſoient, d'en introduire d'impreſſion étrangère dans aucun lieu de notre obéiſſance, comme auſſi d'imprimer, ou faire imprimer, vendre, faire vendre, débiter, ni contrefaire le dit ouvrage, ni d'en faire aucun extrait ſous quelque prétexte que ce puisse être, sans la Permission expresse & par écrit dudit Exposant, ou de ceux qui auront droit de lui, à peine de confiscation des Exemplaires contrefaits, de trois mille livres d'amende contre chacun des contrevenans, dont un tiers à Nous, un tiers à l'Hôtel-Dieu de Paris, & l'autre tiers audit Exposant, ou à celui qui aura droit de lui, & de tous dépens, dommages & intérêts; *A LA CHARGE* que ces Présentes seront enregistrées tout au long sur le Registre de la Communauté des Imprimeurs & Libraires de Paris, dans trois mois de la date d'icelles; que l'impression dudit Ouvrage sera faite dans notre Royaume, & non ailleurs, en bon papier & beaux caractères; conformément aux Réglemens de la Librairie, & notamment à celui du dix Avril 1725, à peine de déchéance du présent Privilége: qu'avant de l'exposer en vente, le Manuscrit qui aura servi de copie à l'impression dudit Ouvrage, sera remis dans le même état où l'Approbation y aura été donnée ès mains de notre très-cher & féal Chevalier, Chancelier de France, le Sieur *DE LA MOIGNON*, & qu'il en sera remis deux exemplaires dans notre Bibliotheque publique, un dans celle de notre Château du Louvre, un dans celle de notredit Sieur *DE LA MOIGNON*, & un dans celle de notre très-cher & féal Chevalier Vice-Chancelier & Garde des Sceaux de France, le Sieur *DE MAUPEOU*: le tout à peine de nullité des Présentes: *DU CONTENU* desquelles Vous *MANDONS* & enjoignons de faire jouir ledit Exposant & ses ayans-causes, pleinement & paisiblement, sans souffrir qu'il leur soit fait aucun trouble ou empêchement. *VOULONS* qu'à la Copie des présentes qui sera imprimée tout au long au commencement ou à la fin dudit Ouvrage, soit tenue pour duement signifiée & qu'aux copies collationnées par l'un de nos amés & féaux Conseillers-Secrétaires, foi soit ajoutée comme à l'original. *COMMANDONS* au premier notre Huissier ou Sergent sur ce requis, de faire pour l'exécution d'icelles tous actes requis & nécessaires, sans demander autre permission & nonobstant clameur de haro, charte Normande & Lettres à ce contraires: Car tel est notre plaiſir. Donné à Compiegne, le dix-ſeptiéme jour du mois d'Août, l'an de grace mil ſept cent ſoixante-huit, & de notre regne le cinquante-troiſieme.

Par le Roi en ſon Conſeil, LE BEGUE.

Regiſtré le préſent Privilége ſur le Regiſtre XVII. de la Chambre Royale & Syndicale des Libraires & Imprimeurs de Paris, N°. 45. fol. 532, conformément au Réglement de 1723. qui fait défenſes, art. 41, à toutes perſonnes, de quelque qualité & condition qu'elles ſoient, autres que les Libraires & Imprimeurs, de vendre, débiter, faire afficher aucuns Livres pour les vendre en leurs noms, ſoit qu'ils s'en diſent les Auteurs ou autrement, & à la charge de fournir à la ſuſdite Chambre neuf Exemplaires preſcrits par l'art. 108 du même Reglement. A Paris, ce 6 Octobre 1768.

Signé, BRIASSON, Syndic.